高等学校商科教育应用系列教材

货币金融学

王佳方 罗嘉熙 张泽凡 主　编
冯博 齐璇 刘天雪 于林卉 尤慧君 徐小凡 副主编

清華大學出版社
北京

内容简介

本书从高等院校金融学专业培养目标出发，理论联系实际，以货币、信用理论为基础，以市场经济体系下金融的整体运行为主线，以金融市场构成、商业银行经营管理、中央银行宏观调控为核心，系统全面地介绍了货币、信用的基本理论，金融体系、金融市场的特征及运行，商业银行及非银行金融机构的业务经营与管理，中央银行与金融调控，以及开放条件下的金融运行等内容。本书在系统阐述金融学基本原理和现实问题的基础上加入相应的案例，突出了应用性和实践性，难度适中，便于读者理解，是金融学的入门教材。本书既可作为高等院校金融类相关专业本科生的教学用书，也可作为高等院校经管类专业学生或金融从业者、投资者及相关行业人员了解金融学的参考读物。

图书在版编目（CIP）数据

货币金融学 / 王佳方，罗嘉熙，张泽凡主编. -- 北京 ：清华大学出版社，2025. 6. --（高等学校商科教育应用系列教材）.
ISBN 978-7-302-69198-3

Ⅰ. F820

中国国家版本馆 CIP 数据核字第 2025J5T008 号

责任编辑：强　溦
封面设计：傅瑞学
责任校对：袁　芳
责任印制：丛怀宇

出版发行：清华大学出版社
网　　址：https://www.tup.com.cn，https://www.wqxuetang.com
地　　址：北京清华大学学研大厦 A 座　　**邮　　编**：100084
社 总 机：010-83470000　　**邮　　购**：010-62786544
投稿与读者服务：010-62776969，c-service@tup.tsinghua.edu.cn
质量反馈：010-62772015，zhiliang@tup.tsinghua.edu.cn
课件下载：https://www.tup.com.cn，010-83470410
印 装 者：三河市铭诚印务有限公司
经　　销：全国新华书店
开　　本：185mm×260mm　　**印　　张**：16.75　　**字　　数**：383 千字
版　　次：2025 年 7 月第 1 版　　**印　　次**：2025 年 7 月第 1 次印刷
定　　价：59.00 元

产品编号：106521-01

Preface 前言

党的二十大报告指出，要深化金融体制改革，建设现代中央银行制度，加强和完善现代金融监管，强化金融稳定保障体系，依法将各类金融活动全部纳入监管，守住不发生系统性风险底线。健全资本市场功能，提高直接融资比重。加强反垄断和反不正当竞争，破除地方保护和行政性垄断，依法规范和引导资本健康发展。

“货币金融学”作为高等院校经济类专业的核心课程和金融学专业的基础必修课程，主要任务是以党的二十大精神为指引，使学生对货币金融的基本概念、基本理论有较全面的理解和较完整的认识，帮助学生掌握观察和分析金融问题的正确方法，培养其辨析金融理论和解决金融实际问题的基本技能，为其今后学习金融学专业知识和理解金融业的诸多现象打下良好的基础，同时鼓励学生立志做有理想、敢担当、能吃苦、肯奋斗的新时代好青年，让青春在全面建设社会主义现代化国家的火热实践中绽放绚丽之花。

全书分为五篇，共有十七章，具体内容如下。

导论篇，包括第一章至第三章，阐述货币金融学的基础知识。第一章货币与货币制度，是研究货币金融学的前提。在现代经济条件下，货币运行的主要方式是以信用形式出现的，货币经济从某种意义上说也是信用经济，进而引出了第二章信用与信用形式。第三章利息与利率，全面介绍了利率体系及利率决定、利率期限结构理论，这些内容是金融工具定价的基础。

金融市场篇，包括第四章至第七章。第四章金融市场体系，主要介绍金融市场的基本概念，继而引出第五章货币市场和第六章资本市场，解读金融市场的不同分类。随着金融市场的发展，出现了大量的衍生工具产品，金融衍生工具产品的出现不仅丰富了金融市场交易品种，而且由于其交易结构设计的复杂性，还推动了金融产品定价方式及理论的发展。因此，第七章介绍了金融衍生工具市场。

银行篇，包括第八章至第十章，这部分是货币金融学的重要内容。第八章对金融机构体系进行了概述性介绍。第九章商业银行及经营管理，介绍了金融体系的主体——商业银行的主要业务和经营管理。第十章介绍了金融体系的主导和权威——中央银行的产生及主要业务。

宏观调控篇，包括第十一章至第十四章。第十一章主要介绍货币需求理论，回答了“为什么需要货币”“需要多少货币”等基础性问题。第十二章货币供给理论，主要介绍货币的供给过程及货币供给模型，回答了“如何投放货币”

的问题。货币供给与货币需求的不均衡导致通货膨胀或通货紧缩，就引出了第十三章通货膨胀与通货紧缩。无论出现通货膨胀还是通货紧缩，对一国经济都会带来不利的影响，所以就需要运用货币政策进行宏观调控。这就是第十四章货币政策要回答的问题。

开放金融篇，包括第十五章至第十七章。当今的中国已是“开放型经济体”，研究货币金融相关问题，必然涉及开放金融。第十五章和第十六章介绍了诸如外汇、汇率、国际收支、国际货币制度等基础性的开放金融知识，第十七章介绍了金融创新与金融发展的问题，以保证本书的知识体系与当前中国经济发展状况相适应。

总的来说，本书通过探讨货币的相关理论及考察金融市场和金融机构如何运行，回答了货币的作用、银行及金融市场、国际金融方面许多令人关注的话题。本书既可作为财经类、管理类和金融学专业学生修读“货币银行学”“货币金融学”课程的教材，也可作为投资者了解金融学基础知识的参考资料。

由于编者水平有限，本书难免有不足之处，希望广大读者提出宝贵的指导意见，使本书臻于完善。

编　者

2025 年 2 月

Contents 目 录

导 论 篇

金融市场篇

银 行 篇

宏观调控篇

开放金融篇

导　论　篇

第一章　货币与货币制度

第二章　信用与信用形式

第三章　利息与利率

第一章

货币与货币制度

学习目标

- 认识货币在经济社会中的重要性。
- 理解货币的含义。
- 理解货币职能的内涵。
- 了解货币形式的演变与发展。
- 明确不同层次货币供给量的含义。

素养目标

- 认识货币制度对于维护经济稳定、促进社会发展的重要作用。
- 了解货币演进历程,形成分析问题的逻辑思维。
- 树立正确的金钱观和价值观,正确使用和管理货币。

本章导读

货币在日常经济生活中有着不可忽视的作用。个人和家庭的收入以货币形式取得,而当他们的角色转变为消费者,对相关商品和服务产生需求时,又以货币形式进行购买;企业日常的经营运转和生产流通离不开货币的收支;政府机构的财政收入、政府购买等支出项目乃至国际业务往来等也都依赖货币。由此可见,国民经济体系各部门皆以货币为纽带,相互联系,相互作用,维系着整体国民经济体系的平稳运行。货币的运行状况会对国民经济的发展产生广泛的影响。那么货币的本质是什么?货币在经济运行中究竟具有什么作用?本章从货币的含义、职能、形式的演变、计量及货币制度五个方面对货币与货币制度进行阐述。

第一节　货币的含义

货币的存在已有数千年的历史。随着人类社会的不断发展和进步,货币的形态、职能等也发生着相应的变化。对于货币的经济学定义,目前尚未形成统一定论,从不同的角度和层面出发,对货币含义的解释也有所不同。

一、货币的范围

人们日常生活中所谈论的货币有多层含义，也可指代很多东西。例如，“临近月底，我的钱快花光了”，此时的货币（钱）指的是通货，主要由纸币和硬币组成。同时，随着经济的发展和社会的进步，银行的定期存款、活期存款、支票存款等也可以作为货币进行流通和使用，同样执行着货币的职能，因此货币的范围比通货更加广泛。从经济学角度上来说，货币是指在商品和服务支付及债务偿还过程中被普遍接受的东西。

又如，“世界首富有很多钱”，这里的货币（钱）则指的是财富。资产阶级重商主义学说是货币即财富说的典型代表。他们认为，财富就是金银，金银是货币的唯一形态，然而，随着时代的发展，现代社会的财富已远不止货币一种形态，因此财富的范围相较于货币要大很多。

二、货币与商品

马克思认为，货币是固定充当一般等价物的特殊商品。首先，货币与普通商品一样，是人类劳动的产物，是价值和使用价值的统一。货币作为一般等价物，既是一定社会关系的产物，又体现着一定的生产关系。商品经济的根本原则是等价交换原则，即商品生产者之间互相交换劳动，商品的价格应与价值相符，即以价值量为基础等价交换。

三、货币与流动性

自凯恩斯经济理论流行以来，“流动性”几乎成了货币的同义词。就金融资产而言，流动性是指获取现金或现金等价物的能力，而这里的“现金或现金等价物”指的就是货币。金融资产流动性的高低主要由资产变现的便利程度和交易成本决定，即某种资产的变现速度越快或交易成本越低，其流动性越强。与任何其他商品及有价证券相比较，货币的流动性都是最强的，因为货币本身就可以直接用来购买商品或劳务及清偿债务等。

第二节　货币的职能

货币的职能由货币的本质决定，是货币所固有的功能。研究货币的职能是理解货币现象和其他货币相关问题的切入点。在漫长的理论演进历程中，学者们对货币职能的认识没有实质性的分歧，但划分标准存在细微差别。例如，凯恩斯从货币本身的特性出发，论证了货币不仅具有交换媒介的职能，还具有储藏财富的职能；米什金在其著作《货币金融学》中指出，在任何经济社会中，无论货币是贝壳、岩石、黄金还是纸张，都具有交易媒介、记账单位和价值储藏三个主要功能；马克思则从历史和逻辑统一的角度，将货币的职能分为价值尺度、流通手段、支付手段、价值储藏和世界货币五种。本章以马克思的“货币五职能论”为主，对货币的职能进行论述和阐释。

一、价值尺度

日常生活中，人们用秤来度量重量，用尺来度量距离。同样，人们用货币来度量商品和服务的价值。马克思将货币赋予交易对象以价格形态的职能定义为价值尺度，即货币是衡量和表现其他一切商品和劳务价值大小的工具，并作为商品和劳务的交换标价。马克思基于其劳动价值学说对价值尺度进行剖析，即商品之所以具有用货币表示的价格，是因为它们都是劳动产品，其价值是凝结在其中的人类无差异劳动。

（一）货币发挥价值尺度职能的特点

货币在发挥价值尺度职能时，不需要现实中的货币，只需要想象中或者观念上的货币。价值尺度与价格标准有着密切联系，两者间又有区别：一是货币发挥价值尺度的职能是在商品交换过程中自发形成的，不依赖人们的主观意志，而价格标准则是人为的，通常由国家法律加以规定，是为价值尺度服务的一种技术性规定。二是货币发挥价值尺度职能代表的是一定量的社会劳动，用来衡量商品的价值；而货币的价格标准代表的是一定的金属重量，用来衡量金属货币本身的数量。三是货币作为价值尺度，它的价值随着劳动生产率的变动而变动，而价格标准是货币单位本身金属的含量，不随着劳动生产率的变动而变动。

（二）货币发挥价值尺度职能的作用

在原始社会还未出现货币时，人们通常用自己多余的物品与他人直接交换自己需要的物品，这种物品与物品之间的直接交换称为物物交换。在物物交换制度下，商品或服务之间的交换需要确定相应的交换比率，随着交换商品种类的不断增加，以及人们对不同商品的需求越来越多，需要确定的交换比率数量也逐渐增加。若市场上商品数量为 n，那么能够让 n 种商品两两之间表示彼此价格需要确定的交换比率数量为 $\frac{n(n-1)}{2}$，也就是说当 n 的取值很大时，交换比率的数量将是一个天文数字，这大幅降低了交换效率。

在了解过没有货币的物物交换制度所带来的效率低下和高昂成本后，现在，我们将货币引入经济社会，再来确定交换比率的数量。假设在共有 n 种商品的经济社会中存在发挥价值尺度的货币，所有商品的价格均可以用货币进行衡量，那么需要确定的交换比率的数量仅为 n 种，即用货币表示的 n 种价格，交换过程轻松简单，交换效率大幅提高。由此可以看出，货币的存在大大缩短了产品或服务交换的时间，降低了交易成本，促进了经济运行的效率。

二、流通手段

当货币在商品交换过程中起媒介作用时，其所发挥的是流通手段职能。有了货币的存在，整个商品交换的过程通过“买”与“卖”两个阶段结合起来。商品买与卖所构成连续阶段的过程就是商品流通；而在商品的买与卖之间，货币从一个商品所有者手中流动到另一个商品所有者手中的过程，就是货币流通。货币在商品流通过程中充当媒介，因而具有了流通手段职能。

货币一方面大大缩短了商品交易的时间，另一方面也使得人们可以专门从事其擅长的工作，从而提高了经济效率，促进了经济发展。因此，货币是经济社会中至关重要的存在，既能够降低交易成本，又能够鼓励专业化和劳动分工，是经济系统顺利高效运行的润滑剂。

（一）流通手段与价值尺度的关系

1. 流通手段与价值尺度的联系

货币是流通手段与价值尺度的统一。在马克思关于货币职能的论证中，二者是货币的两个最基本的职能：商品要使自己的价值表现出来，就需要一个共同的、一般的尺度；而当商品要实际转化为与自己价值相等的另一种商品时，又需要一个社会公认的流通媒介。当上述两个最基本的需要由一种商品来满足时，这种商品就取得了充当货币的资格。马克思指出，一种商品变成货币，首先是作为价值尺度和流通手段的统一。因此，价值尺度和流通手段构成了货币的核心。

2. 流通手段与价值尺度的区别

(1) 与价值尺度职能不同，货币作为流通手段时，必须使用现实的货币，而非观念上的货币，要一手交钱、一手交货，没有任何一个商家允许有人用空话和虚无缥缈的想象来换取他的商品。

(2) 货币在发挥流通手段职能时只作为交换的媒介。商品所有者卖出商品不是为了获得货币，而是为了能够用得到的货币换取自己需要的商品，而不是货币本身是否足值。即人们关注的是货币的购买力，而非货币自身的价值。无论币材是什么，只要具有购买力，就能作为货币进行流通，所以货币可以由不足值的甚至是完全没有价值的货币符号来替代，这也就是现代社会纸币、支票等不具有自身价值的信用货币能够大范围流通的原因。而作为价值尺度的货币，由于其所衡量的是商品的价值，所以必须是足值的货币，否则商品的价值就可能会被错误地放大或缩小，甚至可能导致市场的混乱。

（二）货币发挥流通手段职能的要求

除了原始社会，几乎每个经济社会都发明了自己的货币。但要有效地发挥货币的功能，必须符合以下要求。

(1) 易于标准化，从而可以较为方便地确定价值。

(2) 必须被社会群众普遍接受。

(3) 必须易于分割，以方便找零。

(4) 易于携带。

(5) 不会轻易腐化变质。

三、支付手段

支付手段是指货币作为延期支付的手段来结清债权债务关系的职能。在现实生活中，除了一手交钱、一手交货这种交易形式外，还存在大量的赊销现象：随着商品经济的发展和市场上商品流动的不断加快，出现了商品的交换与货币支付在时间上不一致的情况，在买卖双方达成约定的情况下，有的先收货后付款，有的则是先付款后取货，这样就在信用交易的同时建立了债权债务关系，货币也就成为跨期支付的手段。赊买赊卖交易过程结束的标志是货币支付完成，此时的货币已经不再简单地作为流通手段完成等值的商品和货币之间的互换，而是作为跨期交换行为的结清环节，成为在信用交易中补足交换过程的一个独立环节,即作为价值的独立存在而使早先发生的流通过程结束。结束流通过程的就是发挥支付手段这一职能的货币。

(一)货币执行支付手段职能的条件

1. 货币的购买力在赊销期间没有大幅度波动

在货币大幅度贬值导致购买力急剧下降的情况下,卖方通常出于对自己利益的关心,不愿意赊销商品。为防止此种现象的发生,卖方在货币购买力大幅降低期间不会进行赊销交易,这样就会导致货币作为支付手段发挥作用的程度受到极大限制。

2. 买方应付一定数量的利息

延期付款的行为会使卖方失去在这段时间利用该笔款项获得收益的机会,因此在零息或低息的情况下,卖方通常会因为机会成本过大而选择不进行商品的赊销,贷款者也会因此选择不发放贷款,此时货币作为支付手段难以充分发挥作用。

3. 确保到期偿还债务

卖方在进行赊销之前,会对买方的偿债能力、经营状况、信用状况等多个方面进行调查和评估,如果卖方认为买方缺乏偿债能力或欠款难以收回时,一般不会进行商品赊销,因此货币也难以执行支付手段职能。

(二)货币发挥支付手段职能的作用

1. 促进商品流通

在商品交易中,货币执行了支付手段职能,买方可以先购买商品后支付货币,使商品的生产和流通突破交易限制,促进了商品的流通和整体经济的发展。

2. 节约现金流通

货币通过执行支付手段职能,得以形成信用关系。债权债务关系在赊销过程中可以相互抵销和清算,债务人只需支付债务余额即可,从而大大减少了现金的需求量。

货币作为流通手段时商品的转移和货币的支付是同时进行的,而在商品的赊销活动出现以后,货币和商品就不再在买卖过程中同时出现,从而在买方和卖方之间形成了错综复杂的债权债务关系,如果其中某个人不能按期偿还债务,就会影响一系列债权人资金的正常周转,从而引起一系列的连锁反应,甚至有可能导致大范围的破产,为社会经济的发展带来不良后果。因此,货币在发挥支付手段职能时,既有优势,也可能带来相应的风险和危机。

四、价值储藏

货币的价值储藏职能是指货币被人们当作独立的价值形态和社会财富的一般代表保存起来的职能。价值储藏职能是在流通手段职能基础上延伸出来的,流通手段使得货币能够购买其他一切商品,因此货币成为社会财富的一般代表,进而具有储藏价值。

商品流通过程包含买、卖两个环节,这两个环节有时候紧密相连,但在更多时候是彼此分离的;在现代商品生产条件下,很多经济行为必须在积累了一定财富后才能实施。例如,企业家必须积累一定规模的启动资金才能进一步扩大生产规模,房产等价值较高的固定资产的购买也需要消费者有一定的财富积累。货币在这些情况下便执行着价值储藏职能。此外，当退出流通领域后被人们当作独立的价值形态保存、收藏的法定货币，以及一个国家为纪念国际或本国的政治、历史、文化等方面的重大事件、杰出人物、名胜古迹、珍稀动植物、体育赛事等而发行的纪念币等，都可以作为价值储藏的对象。

拓展阅读

我国的纪念币

纪念币是法定货币，可分为贵金属纪念币和普通纪念币两类，均执行限量发行制度。普通纪念币不仅是单纯的货币，还是以某一重要主题为纪念对象而专门发行的货币，因而具有纪念意义。这种纪念意义通过图案的寓意、文字的表达来表现。普通纪念币主要以中外重大事件、节日、纪念日和珍稀动物为题材而设计铸造，发行后可以与流通人民币一样等值流通，其面额计入市场现金流通量，成为货币供给量的一部分，其面额有 1 角、1 元、5 元、10 元等。

贵金属纪念币包括金币、银币、铂币、钯币等贵金属或其合金铸造的纪念币，题材广泛、工艺考究、观赏性强，多为成套分组发行。这种币的发行价一般是其面额的几十倍或上百倍。因此，面额只是象征性的货币符号，并不表明其真实价值，所以不能流通，其面额不计入市场现金流通量。贵金属纪念币的币形有圆形币、方形币、彩币和扇形币之分，其面额有 5 角、5 元、10 元、50 元、100 元、200 元、300 元、500 元、800 元、1500 元、2000 元等。

我国的纪念币是具有特定主题的，由中国印钞造币总公司设计制造、由中国人民银行发行的法定货币。中国人民银行可根据宣传党和国家重大活动、伟大建设成就、中华民族优秀文化、人类文明成果的实际需要，对贵金属纪念币项目发行计划进行调整，具体发行信息在发行前进行公告。

（一）货币执行价值储藏职能的条件

执行价值储藏职能的货币必须是现实且足值的货币。人们储藏货币的目的是使财富保值并获得资本的积累，这就决定了作为财富代表的货币不能是虚幻的和无价值的。储藏金银就是积累和储藏价值的典型方式。由于金银本身具有价值，储藏金银不论是对个人还是社会来说，都是价值或财富在货币形态上的实际积累。随着社会经济的不断发展，当前世界各国的货币大多以纸币和合金制硬币的形式流通，与黄金不发生任何形式的直接法定联系，同时，人们也愿意将自己多余的财富换成黄金作为积累保值。

（二）货币执行价值储藏职能的作用

1. 自发调节货币流通数量的蓄水池

货币在金本位制度下执行价值储藏职能时，可以自发调节货币流通数量，起到蓄水池的作用。当流通中的货币数量过多，供过于求时，多余的货币就会退出流通领域，被人们储藏或融化；而当流通中的货币数量过少，就会供不应求。由此可以看出，货币的价值储藏职能能够自发调节市场上的货币流通数量，使商品价格能够保持相对稳定，不会出现恶性通货膨胀现象，为商品经济的发展提供了良好、稳定的货币环境。

2. 信用货币制度下价值储藏职能的变化

随着社会经济的发展和货币制度的不断完善，黄金等贵金属货币逐渐退出商品流通市场，取而代之的是信用货币。目前世界各国广泛流通的纸币只是一种货币符号，其本身不具有实际价值，一旦退出流通市场就不再执行价值尺度和流通手段职能，因此信用货币作为储藏手段也毫无意义，人们也很少采用这种方式来储存财富、积累价值，而是用银行存款取而代之。这种价值储藏形式与金本位下的贵金属货币储藏有所不同，但是，从整体经济运行的角度来看，货币存入银行这一举动并不会使其退出流通市场，而是以其他方式继续在经济社会中继续流通。

（三）货币发挥价值储藏职能的本质

货币作为价值储藏手段主要与物价水平相关。如果人们持有一定数量的货币，在物价水平翻一倍之后，货币的价值相应地变成之前的一半；而如果物价水平下跌至原来的一半，那么货币的价值则会翻一番。在物价水平上涨较为迅速的通货膨胀时期，货币价值迅速流失，此时人们普遍不会采用储藏货币的形式来储藏财富。历史上曾经多次出现恶性通货膨胀事件，在此期间，货币贬值速度飞快，无人愿意持有货币，货币的价值储藏职能也随之失灵。

五、世界货币

随着国际贸易的发展，各国之间的贸易往来和联系越来越密切，货币随着国际经济、科技、文化和政治外交等多方面活动在国际舞台上发挥着越来越重要的作用。当货币超越了国界，在国际市场上发挥着价值尺度、流通手段、支付手段等一般等价物的作用时，货币就具有了世界货币的职能。世界货币职能并不是一种独立职能，它以货币在国内执行前四种职能为前提和基础。

（一）世界货币的组成和演进

20 世纪以前，世界范围内广泛流通的货币是贵金属和金属铸币，黄金、白银等贵金属可以在各国之间自由地输入输出，因此各国货币的相对价格能够保持在一个比较稳定的水平。在此背景下，马克思以“世界货币”的提法概括了货币在国际贸易和往来之间发挥职能的特征和规律。马克思指出，“作为世界货币，其职能是充当国际一般支付手段、国际一般购买手段和国际转移财富手段”，同时强调，只要是世界货币，货币必然是脱去了“本国制服”，而以贵金属本身的价值发挥作用，即执行世界货币职能的货币是以贵金属本身的成色和重量等来体现价值、发挥作用的。

随着社会经济的发展与进步，黄金、白银等贵金属逐渐退出货币流通市场的舞台，相应的货币作为世界货币的贵金属约束条件也不适用于经济发展。在目前的信用货币体系中，货币执行世界货币职能时，不仅不能脱下“本国制服”，还要以身穿“他国制服”为必要条件。同时，世界货币必须在世界范围内被认可并具有普遍的接受性，这种接受性是货币要被各个国家普遍用于国际支付和国际结算并能够自由兑换。现代社会中一些发达国家或地区的信用货币，如美元、英镑、欧元等，这些货币由于国际信用较好、币值相对稳定、汇价比较坚挺，成为世界各国普遍接受的硬通货，同时也有许多国家将这些硬通货作为本国货币储备的一部分，用作国际结算和支付手段；而与硬通货相对应的软通货则是指在国际金融市场上币值相对不够稳定、不能在国际自由兑换的货币，其只能在有限的范围内行使世界货币职能。

（二）世界货币的作用

（1）世界货币作为国际一般支付手段，用以平衡国际收支的差额，这是世界货币的主要职能。当两国的贸易往来达到一定时期需要进行结算时，收支的差额用世界货币进行结算。

（2）世界货币作为国际一般购买手段，用以购买国外商品，世界货币在此种情境下作为商品与普通商品进行交换。

（3）世界货币作为国际财富转移的手段，由一国转移到另一国，如战争赔款、向国外贷款或存款等。

第三节　货币形式的演变

货币从产生至今，随着支付体系的演进，其形式也在不断发展。货币形式的演进与商品经济的发展、生产力的发展以及生产方式的变迁有着密切联系，在不同的历史时期、不同国家地域、不同的经济发展形势和政治文化环境下，货币形式有着不同的体现。从整体发展历程和趋势来看，货币形式的演进经历了实物货币、金属货币、信用货币和电子货币四个阶段。

一、实物货币

实物货币又叫商品货币，是人类历史上最早出现的货币形式。在物物交换时代，人们在进行交易时，某些商品能够被人们普遍地接受和使用，充当交换的中介，进而成为货币。早期的实物货币形态多种多样，在我国最早充当货币的实物是贝类，汉字中有许多以“贝”作为偏旁部首，其文字含义都与财富相关；在日本、美洲及非洲等地也有用贝类充当货币的历史；古代欧洲、古波斯、古印度等地曾使用牛羊等充当货币；历史上的美洲还曾使用烟草、可可豆等充当货币。

实物货币的出现使商品交换大为便利，但随着商品经济的不断发展，这些实物货币逐渐显现出缺点。例如，重量和体积较大、价值小、种类和数量多、不便于携带和运输；不是均制的，不能分割为较小的单位；不同的地域实物货币材料不统一；容易腐烂、不易保管；等等。实物货币的这些缺陷阻碍了商品交换的进一步高效率发展，随着生产力的不断进步，实物货币逐渐被金属货币替代。

▶二、金属货币

金属货币是以各种金属作为一般等价物的货币，主要以金、银、铜等金属作为材料。以黄金作为货币是金属货币发展史上的鼎盛时期。自商品经济发展以来，随着商品交换数量的增多以及交易市场范围的不断扩大，实物货币已经不能满足商品交换的需求，市场上迫切需要有一种商品能够固定地充当一般等价物进行交换并能被大家普遍接受，同时又能弥补实物货币所存在的诸多缺陷。于是，金、银等贵金属就登上了历史舞台。

与实物货币相比，金属货币具有价值稳定、易于分割、易于储藏等优势，更适宜充当货币。以贵金属作为币材是货币发展史上的重要演进，我国是世界上最早使用金属货币的国家，从殷商时期开始，金属货币就已经成为货币的主要形式。

金属作为货币材料时，货币价值比较稳定，能够为交换和生产提供稳定的货币环境，有利于交换和借贷活动的发展。但金属货币也存在一定的弊端，面对数量日益增加的待交换商品和人们保存财富的需求，货币数量很难保持同步增长，因为金属货币数量受金属贮藏、开采和其本身稀缺性的限制，所以在经济急速发展时期，大量商品却往往由于货币的短缺而难以销售或价格下跌，从而引发经济萧条。

▶三、信用货币

信用货币是指以信用为担保，通过信用程序发行的货币，一般包括纸币、辅币、存款货币等形式。信用货币是金属货币进一步发展的产物，目前世界上几乎所有的国家都采用这种货币形式，如人民币、美元、日元、英镑等。信用货币的特征是其本身已完全与贵金属脱钩，成为纯粹的价值符号。信用货币的正常流通需要国家立法与公众信心。

金属货币制度崩溃后，纸币取代金属货币，与存款货币一起成为主要货币形式，政府将纸币宣布为法定偿还货币(即人们必须接受以其来偿还债务的货币)，它不能转换为硬币或贵金属。纸币比硬币和贵金属轻得多，但是只有在人们对货币发行当局充分信任，且印刷技术发展足以使伪造极为困难的高级阶段时，纸币才能够被接受为交易媒介。

▶四、电子货币

随着计算机技术的不断发展和互联网的普及，电子支付方式的成本大大降低，货币形式又得到了进一步的演进。电子货币最初是以借记卡的形式出现的，消费者可以通过借记卡购买商品和服务，资金则以电子支付的形式从消费者的银行账户转移到商户的账户。借记卡使用范围较广，且支付速度和效率均高于现金。

电子货币作为现代电子信息技术与货币发展相结合的产物，已经成为电子商务活动的重要工具和手段。其出现不仅使货币媒介商品交换的功能得到进一步提升，缩短了交换的时空距离，加快了商品流转速度，还极大地改善了人民生活质量。根据《2024—2029 年中国数字货币行业投资潜力分析及发展趋势预测研究报告》，2024 年全球电子货币用户群预计达到 5.62 亿人，相较于 2023 年的 4.2 亿人增长了约 34%。这一显著增长反映了电子货币行业的迅猛发展和用户群的快速扩大。同时，中国数字货币市场规模预计达到约 1.5 万亿元人民币，年复合增长率超过 30%。这一增长归因于数字货币作为合法交易形式的接受度增加，以及区块链技术进步和对金融科技投资的增加。

电子货币能够提高金融包容性，尤其针对传统银行服务覆盖不足的地区，根据国际货币基金组织的报告，数字货币的广泛和低成本的访问为全球约17亿没有传统银行账户的居民提供金融服务。此外，电子货币还能促进国家间的联系，便利贸易和市场整合，从而带来显著的实际影响。随着技术不断进步，电子货币的形式也在不断演变，在最新的货币发展进程中，数字货币（如数字人民币）成了新的焦点。数字货币作为电子货币的一种高级形式，以其去中心化、安全性高、交易便捷等特点，正在全球范围内掀起一场货币革命。特别是数字人民币，凭借其双层运营体系、双离线支付等创新特性，不仅在国内零售支付、中小企业贷款等领域产生深远影响，还被视为推动人民币国际化的重要手段。未来，随着技术持续创新和应用场景不断拓展，电子货币将在更多领域实现普及和应用，为全球金融体系带来更多的创新和价值。

第四节　货币的计量

一、货币层次的划分

（一）货币层次划分的依据及必要性

目前，各国中央银行在对货币进行层次划分时，都以“流动性”作为依据和标准。“流动性”有多种含义，从货币层次划分标准的角度看，流动性是指一种金融资产能够迅速转化成现金而使得持有人不发生损失的能力，也称为变现力。

中央银行发行的现钞流动性最强，像钱包里的现金，随时能够购买商品、服务以及各类资产；活期存款的流动性次之；定期存款则需要经过提现或者转成活期存款才能进行支付，有一定的交易成本，如果需要提前支取还会收到一定的损失，因此流动性更弱。流动性程度不同的金融资产在流通中周转的便利程度不同，由此形成的购买力强弱不同，从而对商品流通及其他各种经济活动的影响程度也就不同。

因此，按流动性的强弱对不同形式、不同特性的货币划分不同的层次，是科学统计货币总量、客观分析货币流通状况、正确制定实施货币政策和及时有效地进行宏观调控的必要基础。

（二）狭义货币和广义货币

由于世界各国金融体系、金融工具和金融资产类型各不相同，因此各国货币层次划分的内容有较大差异，但基本上都包含了狭义货币和广义货币两大层次。

1. 狭义货币

在根据金融资产的流动性来划分不同层次的货币供给量时，针对流动性多大才算货币，多小才不算货币这一问题，经济学家们有不同的观点。一种主张认为，货币的主要职能是交换媒介和支付手段，主张把货币的范围只限于流通中的现金和商业银行体系的支票存款，这就是狭义货币，通常用M1表示。

M1＝流通中的现金＋商业银行体系的支票存款

狭义货币量反映了整个社会对商品和劳务服务的直接购买能力，它的增减变化对商品和劳务的价格会形成直接的影响。

2. 广义货币

另一种主张认为，货币也具有价值储藏的职能，是购买力的临时储存，很容易变成现金。这样来看，商业银行体系中的储蓄存款和定期存款，当然也是货币，这就是广义货币。广义货币是指狭义货币加上准货币，准货币是能够转化成狭义货币的信用工具或金融资产，通常包括定期存款、储蓄存款及其他存款性公司债券，用 M2 表示。

M2＝M1＋准货币

准货币＝定期存款＋储蓄存款＋其他存款性公司债券

准货币的流动性小于狭义货币，它反映的是整个社会潜在的或未来的购买能力。显而易见，广义货币量所统计的货币范围大于狭义货币量，它不仅包括了直接购买力，而且包括了潜在和未来的购买力，因此广义货币总量指标可以更全面地反映货币流通状况。广义货币层次的确立，对于研究货币流通整体状况具有重要意义。

3. 其他货币层次划分

多数经济学家倾向于接受以 M1 和 M2 为基础的货币数量定义，但如果考虑非银行金融机构中的存款以及其他的短期流动资产，它们也具有一定程度的流动性，我们可以对货币层次进行进一步的划分。

如果考虑非银行金融机构中的存款同样也具有较高的货币性，我们也可将其纳入货币数量的定义中，并用 M3 表示。

M3＝M2＋其他金融机构的定期存款和储蓄存款

此外，商业银行和非银行金融机构之外的部分短期流动性资产也存在一定程度的流动性，虽然有程度上的差别，但没有本质上的区别。例如，商业票据、银行承兑汇票、国库券等，都能在货币市场上满足短期流动性资金需求，具有一定的变现能力。因此，将货币数量定义进一步扩展为 M4。

M4＝M3＋其他短期流动资产

（三）我国货币层次的划分

我国从 1994 年开始划分货币层次，按照流动性强弱，将货币划分为 M0、M1（狭义货币）和 M2（广义货币）三个层次。至今，我国货币层次一直稳定保持为三个层次，其间中国人民银行对广义货币所包含的金融资产的内容进行过几次调整：2001 年 6 月起，证券公司客户保证金存款计入 M2 层次；2011 年 10 月起，住房公积金中心存款和非存款类金融机构在存款类金融机构的存款计入 M2 层次；2018 年 1 月，人民银行完善货币供给量中货币市场基金部分的统计方法，用非存款机构部门持有的货币市场基金取代货币市场基金存款（含存单）。

目前，我国货币层次的具体划分内容为

M0＝流通中的现金

M1（狭义货币）＝M0＋活期存款

M2(广义货币)＝M1＋准货币(企业单位定期存款＋储蓄存款
＋证券公司客户保证金存款＋其他存款)

二、货币的计量

货币的计量是当今各国中央银行的一项重要职责，是中央银行制定和实施货币政策的重要基础性工作。目前，世界上绝大多数国家的中央银行都会定期按照货币层次公布货币量统计数据。

第五节 货币制度

一、货币制度的形成

货币制度是指一个国家以法律形式规定的货币流通的组织形式，简称币制。货币制度是随着资本主义经济制度的建立而逐步形成的。随着商品经济的发展变化，货币制度也在不断演变。

在前资本主义时期，金属货币流通在相当时期内占有重要地位。世界各国曾先后出现了铸币。由于铸币流通的分散性和变质性，前资本主义社会的货币流通极为混乱。为了清除这种障碍，资产阶级在取得政权后先后颁发了有关货币流通的法令和规定，改变了货币流通的混乱状况；在实施各种法令和法规的过程中逐步建立了统一的、完整的资本主义货币制度。

二、货币制度的一般结构

由于各国的社会经济条件和历史条件各不相同，这就决定了各国都有适合本国特点的货币制度。但就货币制度的基本内容和形式来说，又是共同的。从世界各国的货币制度来看，都对货币流通和使用的几个基本方面做出了规定：币材和货币单位；本位币和辅币；货币法定支付能力；货币发行的铸造、流通程序。这些规定反映了货币制度的一般内容和结构。

(一) 规定币材

选择何种材料作为本位币的币材，是货币制度首先需要规定的内容。它是整个货币制度赖以存在的基础。

币材并不是由国家意志任意决定的，而是由各国生产力水平和经济条件决定的。在资本主义发展初期，白银和黄金先后作为本位币材料，直到20世纪30年代，世界各国开始普遍实行纸币制度，纸币成为新一代“革命性”币材。

哪种或哪几种商品一旦被规定为币材，即称该货币制度为该种或该几种商品的本位制(standard)。比如，以金为币材的货币制度称为金本位(gold standard)等。由于目前世界各国都实行不兑现的信用货币制度，因此不再对货币材质做出规定。

（二）规定货币单位

货币单位是指货币计量单位。货币单位的规定主要有以下两个方面。

1. 规定货币单位的名称

货币单位的名称最早与商品货币的自然单位或重量单位相一致，如两、磅。后来由于铸造和兑现等原因，货币单位逐渐与自然单位、重量单位相脱离，有的沿用旧名，有的重立新名。按国际惯例，往往加上该国简称，如美元、英镑、日元等。

2. 规定货币单位的值

在金属货币条件下，货币单位的值就是每一货币单位所包含的金属重量和成色；在不兑现的信用货币尚未完全脱离金属货币制度时，确定货币单位的值主要是确定每单位货币的含金量。例如，美国的货币单位为"美元"，根据1934年1月的法令规定，1美元含纯金13.714格令（合0.888 671克）；当黄金非货币化后，纯粹信用货币制度一般不再硬性规定单位货币的值。在当代，世界范围流通的都是信用货币，货币单位的值只与本国货币与外国货币的比价有直接关系。

（三）规定本位币和辅币

本位币又称主币，是按照法定货币单位制造的货币，是一国的基本货币。在金属货币流通条件下，本位币是按国家规定的货币单位所铸成的。正常情况下，其名目价值（面额）与实际价值（金属含量）相一致。现在流通中完全不兑现的钞票，虽然也称为本位币，但其含义不过是用以表示它是国家承认的、标准的、基本的通货。

本位币的最小规格是1个货币单位，如中国的银铸币全部是1元。然而有些国家最小规格的金银铸币面值为5个、10个，甚至100个货币单位。

市场上的商品价格和服务付费在很多时候是不到1个货币单位或在货币单位之后有小数，因此还需要小于1个货币单位的流通手段，这就出现了辅币制度。辅币是本位币以下的小额货币，供日常零星交易与找零之用。如美元的辅币面值为美元的1%，叫"分"，其实质是本位币的一个可分部分。在金属货币流通条件下，辅币一般用较贱的金属材料制造，是不足值的货币。

（四）规定货币的法定支付能力

货币的支付偿还能力有无限法偿和有限法偿两种。

无限法偿是指不论支付数额多大，不论属于何种性质的支付（买东西、还账、缴税等），对方都不能拒绝接受。

有限法偿是指在一次支付中若超过规定的数额，收款人有权拒收，但在法定限额内不能拒收。在金属货币制度下，不足值辅币通常为有限法偿；在信用货币制度下，则没有明确的规定。

（五）规定货币发行的铸造、流通程序

本位币和辅币的铸造和使用由国家明确规定。例如，在金属货币制度下，各国曾规定

本位币可以自由铸造，即允许公民自由地把货币金属送到国家造币厂请求铸成本位币，同时允许公民将本位币熔化为金属条块，具有无限制的法定支付能力，而辅币由国家垄断铸造，其偿付能力有最高限额的规定，超过支付限额，对方可以拒绝接受。而在纸币制度下，无论本位币还是辅币，都由国家统一制造和强制推行使用。

三、货币制度的类型

货币制度的基础是对币材的规定，以什么材料作为本位币决定了货币制度的性质。一般来说，货币制度的更替以本位币的变化为标志。因此，不同类型的货币制度主要是指不同的货币本位制度。

从历史发展过程来看，以本位币的变化为标志，各国曾先后采用过银本位制、金银复本位制、金本位制和不兑现信用货币制度四种类型的货币制度。

（一）银本位制

银本位制的基本内容包括：以白银作为本位币币材，银币为无限法偿货币，具有强制流通的能力；本位币的名义价值与本位币所含的一定成色、重量的白银相等，银币可以自由铸造、自由熔化；银行券可以自由兑现银币或等量白银；白银和银币可以自由输出输入。

早在唐宋时期，白银在我国已普遍流通。宋仁宗景祐年间（1034—1038 年），银锭正式取得货币地位。从 18 世纪开始到 19 世纪末，许多国家如英国、法国、意大利、墨西哥、日本、俄国、印度等都一度实行过银本位制。

（二）金银复本位制

金银复本位制是金、银两种铸币同时作为本位币的货币制度，其基本特征是：金、银两种金属同时作为法定币材，一般情况下，大额批发交易用黄金，小额零星交易用白银。金、银铸币都可以自由铸造、自由输出入国境，都有无限法偿能力，金币和银币之间，金币、银币与货币符号之间都可以自由兑换。

根据金、银两种货币的使用范围和兑换比例不同，又可以分为平行本位制、双本位制和跛行本位制。

1. 平行本位制

若法律规定金和银均为可流通、无限法偿的货币，但未规定金、银两种货币的兑换比例，此制度为平行本位制。两种本位币按照内在的实际价值流通，其兑换比例随行就市，国家不予规定。此时的金币与银币均可以自由铸造和熔化，金币与银币的兑换比例不受国家控制，而是由经济力量参与调整。这使市场上的商品往往有两种货币标价，会因价格不断变化而造成混乱。

2. 双本位制

为了克服双重定价带来的问题，政府规定金、银的比价，将金、银的兑换关系固定在规定的比值上，这就是双本位制。双本位制克服了平行本位制所造成的价格混乱，然而由于金、银在市场上也有相对应的价格比例，当法定比例与市场比例相背离时，就会出现“劣币驱逐良币”的现象，此现象又称为格雷欣法则。

3. 跛行本位制

跛行本位制与平行本位制和双本位制具有本质上的区别，尽管仍规定金币与银币同为本位币，但金币可以自由铸造而银币不能自由铸造，此时的银币已经具备了辅币的一定特征，因此从严格意义上来说，跛行本位制不能算作复本位制，而是金银复本位制向金本位制转变的过渡性货币制度。此时的银币仍具备无限法偿能力，但其价值不再具有自主性，而是取决于金币的价值，银币和金币此时不再平等，因此称为跛行本位制。

（三）金本位制

金本位制以黄金作为本位货币，根据流通货币不同可以分为金币本位制、金块本位制和金汇兑本位制，其中金币本位制是最典型的形式。

1. 金币本位制

金币本位制是以黄金为货币金属的一种典型的金本位制。其主要特点有三个：①金币可以自由铸造、自由熔化；②流通中的辅币和价值符号可以自由兑换金币；③黄金可以自由输出与输入。在实行金本位制的国家之间，其汇率是根据两国货币的黄金含量计算出来的，称为金平价；当由于供求关系等因素导致市场汇率偏离金平价，在达到黄金输出输入点时，黄金就会在外汇市场不均衡引起的利益驱动下自由流动，从而稳定外汇汇率，有利于国际贸易的顺利开展。

2. 金块本位制

金块本位制是指没有金币的铸造和流通，而由中央银行发行以金块为准备的纸币或银行券流通的货币制度。它与金币本位制的区别是：①金块本位制以纸币或银行券作为流通货币，不再铸造、流通金币，但纸币或银行券仍是金单位，规定含金量；②金块本位制不再像金币本位制那样实行辅币和价值符号同黄金的自由兑换，规定黄金由政府集中储存，居民可按本位币的含金量在达到一定数额后兑换金块。英国、法国、荷兰、比利时等国在 1924—1928 年实行了金块本位制。

3. 金汇兑本位制

金汇兑本位制与金块本位制一样，均使用银行券作为流通货币，但金汇兑本位制在本国任何条件下都不能兑换黄金，只能兑换相对应的外国货币，这一外国货币一般由实行金币本位制或金块本位制的国家所发行。实行金汇兑本位制的国家将本国货币与兑换国家货币挂钩，同时持有黄金和外汇作为储备，通过无限制购买外汇来保证本国货币的币值。随着发达国家在大萧条后逐渐停止本国货币与黄金的兑换，金汇兑本位制与金块本位制一起被不兑现信用货币制度取代。

（四）不兑现信用货币制度

不兑现信用货币制度是以不兑现的信用货币作为流通货币主体的货币制度。在不兑现的信用货币制度下，信用货币主要包括政府（通过中央银行）发行的纸币和各种发挥货币功能的信用凭证，如不兑现的银行券、银行存款（主要指活期存款）、商业票据等。

在不兑现信用货币制度下，币值的确定和外汇汇率的制定与贵金属的价值无关，而主要取决于货币当局对纸币数量的管理。货币发行量完全由中央银行决定。黄金只作为国际储备资产的一部分,用于国际清算。

四、现行人民币制度的内容

1948年12月1日,华北银行、北海银行和西北农民银行合并成立了中国人民银行,同时正式发行人民币作为全国统一的货币。人民币发行后,在通过逐步收兑、统一解放区货币的基础上,又迅速收兑了伪法币、金圆券乃至银行券,并排除了当时尚有流通的金银外币等,建立了以人民币为唯一合法货币的、统一的货币制度。

人民币制度从产生以来,随着我国经济和金融的不断发展而逐步趋于完善。概括其内容,主要包括以下几个方面。

(1) 人民币主币的单位为“元”,辅币的单位为“角”和“分”;1元分为10角,1角分为10分。

(2) 人民币没有含金量的规定,它属于不兑现的信用货币。人民币的发行保证是国家拥有的商品物资,黄金外汇储备主要是作为国际收支的准备金。

(3) 人民币是我国唯一合法的货币,严禁伪造、变造和破坏国家货币。

(4) 人民币的发行实行高度集中统一,中国人民银行是人民币唯一合法的发行机构并集中管理货币发行基金。

(5) 人民币对外国货币的汇率,由国家外汇管理局统一制定,每日公布,一切外汇买卖和国际结算都据此执行。人民币汇率采用直接标价法。

本章小结

1. 货币的经济学定义可以从多个角度进行理解,目前被广泛认可的定义包括:货币是在商品和服务支付及债务偿还过程中被普遍接受的物品;货币是在商品交换过程中从商品世界分离出来的固定充当一般等价物的特殊商品。

2. 货币的职能是货币本质的具体体现,在发达的商品经济条件下,货币具有价值尺度、流通手段、支付手段、价值储藏、世界货币五大职能。

3. 随着支付体系的演进,货币形式也在不断发展,货币形式的演进主要经历了实物货币、金属货币、信用货币和电子货币四个阶段。

4. 在信用货币制度条件下,中央银行在统计和分析货币量时,首先要对货币划分层次。货币层次划分的标准是流动性,由于金融制度和金融产品的差异,各国货币层次划分的内容有所不同。我国中央银行从1994年开始划分货币层次。目前我国货币划分为三个层次,即M0、M1、M2。

5. 货币制度的基础是对币材的规定,以什么材料作为本位币决定了货币制度的性质。一般来说,货币制度的更替以本位币的变化为标志。从历史发展过程来看,以本位币的变化为标志,各国曾先后采用过银本位制、金银复本位制、金本位制和不兑现信用货币制度四种类型的货币制度。

复习思考

1. 如何理解货币的含义？
2. 货币的职能有哪些？请举例说明。
3. 我国居民活期储蓄存款是否应当计入 M1？为什么？
4. 货币制度的一般结构是什么？
5. 货币制度经历了怎样的演变过程？

第二章

信用与信用形式

学习目标

- 理解信用的含义和基本形态。
- 了解信用的产生和发展过程。
- 初步掌握各种信用的基本形式和信用工具。

素养目标

- 了解金融财会职业及职业发展。
- 具有信用意识,遵循诚实守信原则。
- 具备金融财会职业道德和职业操守,在工作中做到诚实守信。

本章导读

信用和货币一样,也是一个很古老的经济范畴。在中国古代的典籍中有不少关于信用的记载。

公元前 300 年,孟尝君放债的故事就是其中最有名的一则。他在自己的封邑薛地放债取息,作为奉养三千门客的财源之一。有一年,薛地歉收,很多人没交利息。他派人催收,仍“得息钱十万”。可见,放债的规模之大。孟尝君放债的操作方式相对简单:在农作物青黄不接的时候,贷给农民衣食钱财,让他们能维持正常的生活,待夏收、秋收后还付本息。孟尝君通过信用管理来维持其政治和经济地位,体现了古代信用观念的实际运用,以及信用在社会关系中的作用。

第一节 信用概述

一、信用的含义

信用一词,在现代社会中具有极高的使用频率。但在不同的语境中其内涵是有差异的。大体上可以分为两个相对独立但又具有密切联系的信用范畴:道德范畴的信用和经济范畴的信用。

（一）道德范畴的信用

道德范畴的信用主要是指诚信，即诚实守信，通过履行自己的承诺而取得他人的信任。古人云："言必信，行必果。"这里的"信"所指的就是诚信。

古往今来，人们将诚实守信视为最基本的道德规范和行为准则之一。在我国古代，孔子曾说"民无信而不立"，荀子则认为"诚信生神，夸诞生惑"。良好的信用环境不仅是个人与个人之间正常交往的基础，更是个人与机构、机构与机构乃至国与国之间相互交往的基础。

（二）经济范畴的信用

经济范畴的信用是指以还本付息为条件的借贷活动。也就是说，信用这种经济行为是以收回本金并获得利息为条件的贷出，或以偿还本金并支付利息为前提的借入，它代表着一种债权债务关系。

本章主要探讨经济范畴的信用，即借贷活动。

二、信用的基本形态

借贷活动自产生以来一直有两种基本形态：一种是实物借贷，另一种是货币借贷。随着经济发展和社会分工的专业化，货币借贷逐渐成为居于主导地位的信用形式。

（一）实物借贷

实物借贷是以实物为标的进行的借贷活动，即贷者将一定数量的实物贷给借者，借者在约定时间内以多于初始借入数量的实物归还，其中多出部分即为实物借贷的利息。

在货币经济不发达的古代，实物信用是常见的交易和借贷方式。"春借一斗，秋还三斗"描述的就是春秋战国时期农村的粮食借贷情形。《管子》中记载，战国时期借贷的形式分为"粟"和"钱"两种，"粟"就是指实物借贷。在近代，实物借贷在广大农村地区也是普遍存在的。

实物信用的优点在于它可以在没有足够货币的情况下促进交易和借贷，但它也有局限性，如实物的流动性通常不如货币，且价值评估和保管可能更加复杂。随着金融市场的发展，实物信用的使用逐渐减少，货币信用成为主流。

（二）货币借贷

货币借贷是以货币为标的进行的借贷活动，即贷者将一定数额的货币贷放给借者，借者到期用货币归还本金和利息。货币之所以会逐步成为信用的主导形态，不仅在于货币借贷和实物借贷相比，解决了需求和物品的错位问题，能够更加灵活地适应借贷双方在对象、时间、空间上的要求，还在于货币借贷更加简便，不存在实物借贷中鉴定相关实物品质时可能出现的纠纷。当然，在某些特殊的情况下，尤其是严重的通货膨胀时期，当货币剧烈贬值导致其币值不稳时，会迫使一部分货币借贷转而采取实物借贷的方式。

三、信用的产生

（一）私有制是信用产生的基础

私有财产的出现是借贷关系赖以存在的前提条件。在公有制度下，公有财产的使用要么是根据需要取用属于公有的财产，要么是按照某种既定的计划对公有财产进行分配，无论采取哪一种公有财产的使用模式，其本质都是无偿使用。只有在财产与其所有者利益息息相关的私有财产制度下，借贷作为一种经济行为才有存在的必要性，因为它解决了以不损害所有者利益为前提在不同所有者之间进行财产调剂的问题。

（二）产权制度为信用的良性发展奠定了坚实基础

产权制度的逐步建立与完善，为信用的良性发展奠定了坚实基础。产权制度是信用体系和信用秩序的基础，追求产权必须以诚实履行信用并遵守市场秩序为前提，履行信用的能力也在很大程度上受制于是否拥有产权。对产权的清晰界定、顺畅流转和严格保护，也是增强生产经营动力、稳定投资预期、规范投资和经营行为的基础条件。

第二节　信用形式和信用工具

一、信用的基本形式

信用的基本形式有商业信用、银行信用、国家信用、消费信用和国际信用。

（一）商业信用

1. 商业信用的定义

商业信用是指工商企业之间买卖商品时，卖方以商品形式向买方提供的信用。赊销是最典型的商业信用形式。作为工商企业间经常采用的一种延期付款的销售方式，赊销在促进商品销售和生产方面都扮演着极重要的角色。

典型的商业信用实际上包含两种同时发生的经济行为：商品买卖与货币借贷，相当于在商品买卖完成的同时，买方因无法实时支付货款而对卖方承担了相应的债务。在买卖完成的同时，商品的所有权由卖方转移给了买方；而在买卖完成之后，买卖双方只存在相应货币金额的债权债务关系，并且这种关系不会因为买方通过赊销方式购入的商品能否顺利销售而有任何变化。

2. 商业信用的必要性

在产业资本循环过程中，各工商企业虽然相互依赖，但它们在生产时间和流通时间上往往存在着不一致，因此以延期付款形式提供的商业信用适时出现。卖方可以向买方提供商业信用，使得后者能够顺利地实现商品的增值，卖方的利益也就随之得以实现。通过这种企业间相互提供的商业信用，整个社会的再生产得以顺利进行。商业信用直接同商品生产和商品流通相联系，直接为产业资本循环和商业资本循环服务。基于这个特点，商业信用是资本主义信用制度的基础。

商业信用还与商业资本的存在和发展有着直接联系。为了保证商品流通的顺利进行,工业企业要向商业企业提供信用,商业信用也因此得到发展。

3. 商业信用的特点

商业信用有三个主要特点:第一,商业信用所提供的资本是商品资本,仍处于产业资本循环过程中,是产业资本的一部分。第二,商业信用所体现的是工商企业之间的信用关系。它是工商企业间互相提供的信用,授信的债权人和受信的债务人都是直接参加生产、流通的工商企业。第三,商业信用与产业资本的变动是一致的。在经济复苏、繁荣时期,生产增长,产业资本扩大,商业信用的规模也随之扩大;相反,在经济危机、萧条时期,商业信用又会随生产和流通的缩小、产业资本的缩小而萎缩。

4. 商业信用的局限性

商业信用存在一定的局限性。首先,商业信用在规模上存在局限性。商业信用以商品买卖为基础,其规模受到商品买卖数量的限制,而且生产企业也不可能超出所售商品数量向对方提供商业信用,这也决定了商业信用在规模上的界限。其次,商业信用存在方向上的局限性。商业信用通常由卖方提供给买方,由生产原材料的上游企业提供给需要原材料的下游企业,一般很难逆向提供;而在那些没有买卖关系的生产企业之间,则更不容易发生商业信用。最后,商业信用在期限上也存在局限性。其期限一般较短,受到企业生产周转时间的限制,商业信用通常只能用来解决短期资金融通的需要。商业信用的这些局限性同时也决定了其流通范围的局限性。

(二)银行信用

1. 银行信用的定义

银行信用是银行或其他金融机构以货币形态提供的信用。银行信用是随着现代资本主义银行的产生,在商业信用基础上发展起来的。与商业信用不同,银行信用属于间接融资的范畴,银行在其中扮演着信用中介的角色。银行以自有资金和吸收客户存款所聚集的资金为基础,开展以贷款为主的资产业务。银行资产业务的扩张,会不断增加资金需求方在银行的存款,为经济发展源源不断地注入货币。

2. 银行信用的特点

与其他信用形式相比,银行信用具有四个突出特点:第一,银行信用的资金来源,是其自有资金和通过吸收公众存款所形成的资金积累,银行基于此资金积累进行放贷和扩张资产业务,会导致客户在银行存款的增长,从而创造出数倍的存款货币。第二,由于银行只需在其资金积累中为其存款余额保留部分准备,所以银行的资产业务扩张以及由此导致的客户存款增加的规模,通常可以数倍于其资金积累的规模。第三,银行信用是以货币形态提供的,因此它可以独立于商品买卖活动,具有广泛的授信对象。第四,作为银行信用重要组成部分的存贷款业务,在数量和期限上都具有相对的灵活性,可以满足存、贷款人在数量和期限上的多样化需求。

3. 银行信用与商业信用的关系

银行信用克服了商业信用的局限性。首先,在资金提供规模方面,银行依赖自有资金和存款净流以及部分准备金制度所形成的巨额资金积累，不仅能够满足小额资金的需求，还能够满足大额信贷资金的需要；其次，在信贷资金的方向上，所有拥有闲余资金的主体都能够将其存入银行，所有需要资金的企业，只要符合信贷条件都可以获得银行的贷款支持；最后，就银行信用的期限而言，银行吸收的存款可以是短期的也可以是长期的，其贷款也是如此，既有长期贷款又有短期贷款。由于银行信用在资金提供规模、资金流向与范围、借贷期限三个方面都克服了商业信用的固有局限，因而成为现代经济中占主导地位的最基本信用形式。

尽管相对于商业信用而言，银行信用具有诸多优势，但银行信用的发展却不会排斥商业信用。恰恰相反，银行信用通常与商业信用有着极为密切的联系，前者是在后者发展的基础上产生和发展起来的。在银行信用发展的初期，银行通常是通过办理商业票据贴现和抵押贷款、为商业汇票提供承兑服务等业务介入商业信用领域，此举不仅促进了商业信用的发展，也为银行信用的良性发展奠定了坚实的基础。在银行信贷业务独立发展且规模日趋庞大的今天，银行信用最重要的核心业务仍然与商业信用密切相关。

（三）国家信用

1. 国家信用的定义

国家信用是以国家为主体进行的信用活动，国家按照信用原则以发行债券等方式，从国内外货币持有者手中借入货币资金。国家信用是一种国家负债。

2. 国家信用的形式

按照不同的划分标准，国家信用的形式也不同。

按信用资金来源分，国家信用包括国内信用和国际信用两种。国内信用是指国家通过发行公债向国内居民、企业取得信用、筹集资金的一种信用形式，它形成国家的公债。国际信用是指国家向外国政府或国际金融机构借款，以及在国外金融市场上发行国外公债，向国外居民、企业取得信用、筹集资金的一种信用形式，它形成国家的外债。

按照发行主体不同，国家信用包括中央政府债券、地方政府债券和政府担保债券三种形式。中央政府债券也称国债，是一国中央政府为弥补财政赤字或筹措建设资金而发行的债券。根据期限的不同，国债可分为短期国债和中长期国债。地方政府债券是由地方政府发行的债券。地方政府债券又分为一般义务债券和收益债券。一般义务债券是以地方政府的税收、行政规费等各项收益为偿还来源，期限非常宽泛，从 1 年到 30 年不等。收益债券则是以某一特定工程或某种特定业务的收入为偿还来源的债券，其期限通常与特定工程项目或者业务的期限密切相关。例如，市政债券的利息所得通常享有免缴地方所得税的优惠，这使市政债券对边际税率较高的投资者具有较大吸引力。因此，即使其利率相对较低，仍受到这类投资者的欢迎。政府担保债券则是本金和利息的偿付由政府担保的债券。

（四）消费信用

1. 消费信用的定义

消费信用又称消费者信用，是工商企业、银行和其他金融机构提供给消费者用于消费支出的一种信用形式。随着生产力快速发展和人民生活水平的提高,市场消费品的供给结构在不断发生变化,越来越多的价格昂贵的耐用消费品逐步成为居民生活必需品。为提高居民对高价格耐用消费品的购买能力以及对住房的消费和投资能力,消费信贷应运而生,并发展成为提高居民当期消费能力的重要手段。

2. 消费信用的形式

(1) 赊销。赊销是工商企业对消费者提供的短期信用,即以延期付款的方式进行销售,到期后一次付清货款。

(2) 分期付款。分期付款是指消费者购买消费品或享受相关服务时,只需先支付一部分货款,然后按合同条款分期支付其余货款的本金和利息。

(3) 消费贷款。消费贷款是银行及其他金融机构采用信用放款或抵押放款方式对消费者发放的贷款。消费贷款的期限一般比较长,最长可达 30 年,属于长期消费信用。

3. 消费信用的影响

消费信用是扩大消费需求、促进商品销售的一种有效手段,通过调整消费信用的规模和投向,能够在一定程度上调节消费需求的总量和结构,有利于市场供求在总量和结构上的平衡。

消费信贷除了能够调节市场总供求外,还能针对某些行业和领域进行结构上的调节,从而起到促进或者限制某些行业和领域发展的作用。如在经济总量大致平衡但结构性矛盾突出的情况下,可以限制对过热行业和领域的消费信贷规模,提高其进入门槛,而对相对疲软且需要鼓励其发展的行业和领域而言,则可适当增加消费信贷的投放规模,降低其进入门槛。

需要说明的是,尽管消费信用具有诸多好处和便利,但其发展要遵循信贷的基本规律。如果任其盲目发展,将会给正常经济生活带来不利影响。

拓展阅读

远离不良校园贷

校园贷是指在校学生向各类借贷平台借钱的行为。校园贷以“无须任何担保,无须任何资质,只需要身份证和个人信息,就可以申请到一定金额的贷款”的话术诱导学生过度消费,甚至陷入“高利贷”陷阱,侵犯学生合法权益。

为遏制不良校园贷侵害广大学生,国家有关部门自 2016 年起先后发布了《关于进一步加强校园网贷整治工作的通知》《关于进一步加强校园贷规范管理工作的通知》等文件,相关部门多次进行联合治理,要求未经银行业监管部门批准设立的机构,一律禁止提供校园贷服务,并明令禁止互联网借贷平台以任何形式向大学生贷款。但是在国家严防严治的高压态势下,仍有部分不法机构为了获取暴利铤而走险,现实中仍存在多种不良校园贷陷阱(如培训贷、刷单贷、传销贷、多头贷、裸条贷)坑害广大学生的合法权益。因此,大学生要远离不良校园贷,保护个人财产安全。

资料来源:永安保险.常见的“校园贷”陷阱[EB/OL].(2023-11-16)[2024-04-24].https://www.yaic.com.cn/news/show?cid=110&id=7093.

（五）国际信用

1. 国际信用的定义

国际信用是指一切跨国的借贷关系和借贷活动。国际信用体现的是国与国之间的债权和债务关系，直接表现为资本在各国间的流动，是国际经济联系的一个重要方面。对债权国来说，国际信用意味着资本的流出；而对债务国而言，国际信用则意味着资本的流入，流入的资本被称为“外资”，由此形成的对外债务则被称为“外债”。

2. 国际信用的主要形式

国际信用大体上可以划分为两大类：国外借贷和国际直接投资。

（1）国外借贷。国外借贷是指一国与该国之外的经济主体之间进行的借贷活动，其基本特征是在国内经济主体与国外经济主体之间形成债权债务关系。国外借贷主要包括出口信贷、国际商业银行贷款、外国政府贷款、国际金融机构贷款、国际资本市场融资、国际融资租赁等。

（2）国际直接投资。国际直接投资也称对外直接投资，是指一国居民、企业等直接对另一个国家的企业进行生产性投资，并由此获得对投资企业的管理与控制权。

国际直接投资主要采取以下几种方式：在国外开办独资企业，包括设立分支机构、子公司等；收购或合并国外企业，包括建立附属机构；与东道国企业合资开办企业；对国外企业进行一定比例的股权投资；利用直接投资的利润在当地进行再投资。

二、信用工具

信用工具是指用来证明债权债务关系的书面凭证。信用工具是各种信用关系的反映并为其服务。

（一）信用工具概述

随着信用的发展，为多种信用形式服务的信用工具也逐渐被创造出来。

早期的信用是以口头承诺方式进行的。口头承诺仅凭双方当事人的相互信任建立起来，一般是无形的，对双方都无约束，有较大的道德风险，经常发生毁约失信情况。于是人们为了制约双方当事人的信守合约，便将信用工具从口头承诺形式发展到挂账信用形式，即将债权债务关系用记账的方式反映在账簿上。

这种书面信用工具可以将借贷双方的权利和义务反映在具有一定格式的书面凭证上。由于这种书面凭证具有一定格式，能准确记载借贷双方的权利和义务，明确偿还日期和偿还金额，又经过一定的法定程序，能有效约束双方的行为，因而具有法律效力，还可以偿还、转让、贴现。这种具有一定格式并用于证明债权债务关系的书面凭证称为票据。

（二）短期信用工具

短期信用工具一般是指期限在一年以内的商业票据、支票、银行票据、信用证等。

1. 商业票据

商业票据是以商业信用进行交易时所开出的一种证明债权债务关系的书面凭证。

商业票据可以背书进行流通转让。持票人在票据背面签字以表明其转让票据权利的意图,并依此转让票据。进行背书者称为背书人。背书人同出票人一样对票据负完全债务责任。这一措施促进了商业票据的流通。此外,票据的持有人还可提请银行贴现,以取得现款,银行则扣除自贴现日到票据到期日的利息。

2. 支票

支票是以银行为付款人的即期汇票。支票的出票人必须在付款银行拥有存款,并且签有支票协议。因此,支票是由银行的支票存款储户根据协议向银行开立的付款命令。

3. 银行票据

银行票据是在银行信用基础上产生的,由银行承担付款义务的信用流通工具。

银行票据包括银行本票和银行汇票。银行本票是由银行签发并负责兑现,用以替代现金流通的一种票据。它有两个关系人,即银行(发票人)与受款人(持票人)。银行本票可分为记名本票、不记名本票,或定期本票、不定期本票。银行汇票是指由银行签发的汇款凭证。它由银行发出交由汇款人寄给异地收款人,向指定银行兑取汇款的凭证。它涉及四个关系人,即汇款人、发票人(汇出银行)、持票人(受款人)和付款人(兑付银行)。

4. 信用证

信用证有商业信用证和旅行信用证两种。

商业信用证是商业银行受客户委托开出的,证明客户有支付能力并保障支付的信用凭证。客户申请开立信用证时,必须预先向开证银行缴纳一定的保证金。商业信用证既可用于国内商业活动,也可用于国际贸易。在国内商业活动中,购货商申请银行开出商业信用证后交卖方,卖方可以按信用证写明的条款向银行开出汇票,收取货款。在国际贸易中,商业信用证是银行保证本国进口商有支付能力的凭证,是国际贸易中的一种主要支付形式。

旅行信用证又称货币信用证,是银行发给客户据以支取现款的一种凭证。这种信用证是专门为便利旅行者出国旅行时支付款项所发行的,旅行者在出国前将款项交给银行,由银行开给旅行信用证。在开证时,旅行者须在信用证上留下自己的印鉴或签字,当旅行中发生支付需求时,旅行者可凭借信用证在指定的银行收款。旅行者收款时所出具的收票上的印鉴和签字必须与信用证上的一致。

三、信用在现代经济中的作用

(一)促进资金再分配,提高资金使用效率

信用是促进资金再分配最灵活的方式。借助于信用,闲置的货币资金以及社会各阶层的货币可以被储蓄起来,转化为借贷资本,用于满足各种临时性需要,从而使闲置资金得到充分利用。同时,在信用活动中,价值规律的作用得到充分发挥,那些具有发展和增长潜力的产业,或者是国家优先发展的部门和企业,更容易获得信用支持。信用还可以使资金从利润率较低的部门向利润率较高的部门转移,通过竞争机制在促进各部门实现利润平均化的过程中提高整体经济效率。

(二)加快资金周转,节约流通费用

信用能集中并投放各种闲置资金,使大量原本处于相对静止状态的资金运转起来,这

对于加速整个社会的资金周转无疑有巨大作用。同时，通过各种信用形式还能节约大量流通费用，增加生产资金投入。这是因为：第一，利用信用工具代替现金节约了对现金的需要，节省了与现金流通有关的费用；第二，在发达的信用制度下，资金集中于银行和其他金融机构，可以减少整个社会的现金保管、现金出纳以及簿记登录等流通费用；第三，信用能加速商品价值的实现，有助于减少商品保管费用的支出。此外，各种债权债务关系还可以非现金结算方式相互抵消，不仅节约了流通费用，而且缩短了流通时间，有助于加快货币流通和资金周转的速度，延长资金在生产领域中发挥作用的时间，有利于扩大生产和增加利润。

（三）加快资本集中，推动经济增长

信用是促使资金集中的有力杠杆，借助信用，可以加速资本集中和资金积累。信用可使零星资本合并为规模庞大的资本，也可使个别资本通过合并其他资本来扩大资本规模。在现代兼并收购活动中，很多都是利用信用方式来进行并完成资本集中的。资本集中与资金积累有利于生产社会化程度的提高，也有利于推动一国的经济增长。

（四）调节经济结构，平缓经济周期

随着经济的发展，信用在调节经济结构方面发挥着越来越重要的积极作用。信用调节经济结构的职能主要表现为国家利用货币和信用制度来制定各项重要政策和金融法规，利用各种管理杠杆来改变信用的规模及其运动趋势。国家借助信用调节经济结构的职能既能抑制通货膨胀，也能防止经济衰退和通货紧缩，刺激有效需求，调节资本流向的变化与资本转移，以实现经济结构调整，使国民经济结构更合理，经济发展的持续性更好。

当然，信用也有两面性。如果国家对信用活动管理不当，导致信用膨胀或信用萎缩，信用就会对经济发展产生负面影响。信用膨胀往往会引起通货膨胀，信用萎缩则会加剧通货紧缩。从近几十年的经济活动来看，信用膨胀比信用紧缩发生的概率更大一些，需要给予更多关注。

本章小结

1. 信用包括两个范畴：道德范畴的信用是指诚信，经济范畴的信用是指借贷活动以及由此导致的债权债务关系。尽管二者所指的是完全不同的事情，但这两个范畴却有着密切的内在联系：没有诚信，借贷活动就不可能正常进行。

2. 信用具有悠久的历史。私有制是信用产生的基础，产权制度为信用的良性发展奠定了坚实基础。

3. 根据信用活动的主体划分，信用可以分为商业信用、银行信用、国家信用、消费信用和国际信用五种主要形式。

4. 商业信用的出现虽然先于银行信用，但其局限性使得商业信用难以满足社会化大生产的需要。银行信用在资金提供规模、资金流向和范围、借贷期限三个方面克服了商业

信用的局限性，因而成为现代经济中占主导地位的，最基本的信用形式。

5. 国家信用主要表现为政府作为债务人而形成的负债。在政府履行经济职能的过程中，当财政收入无法满足财政支出的需要时，就需要借助政府信用来筹集资金，特别是当政府通过财政政策干预经济时，它通常会主动利用政府信用筹集资金，以增强政府干预经济的力量。

6. 消费信用又称消费者信用，是工商企业、银行和其他金融机构提供给消费者用于消费支出的一种信用形式。

复习思考

1. 高利贷信用的利息率为什么特别高？
2. 信用的基本形式有哪些？
3. 常用的信用工具有哪些？
4. 列举生活中遇到的信用形式和信用问题。
5. 结合实际案例，谈一谈信用对你、你的家庭及朋友的生活有哪些作用与影响。

第三章

利息与利率

学习目标

- 了解利息与利率的基本概念及应用。
- 掌握未来现金流量的现值及到期收益率的计算方法。
- 掌握影响利率风险结构的三种因素。

素养目标

- 理解金融活动对社会经济发展的重要性,培养社会责任感和担当意识。
- 掌握利息管理的基本技巧,树立正确的投资收益观,降低财务风险。
- 形成对利息和利率变化的敏感性,以及对利息风险的认识和防范意识。

本章导读

利率影响着我们在储蓄和消费之间的权衡,以及是否购买住房、投资债券或者理财产品等个人决策,还影响着企业的投资成本和投资收益,从而对经济的健康运行有着重要的意义。本章主要内容包括利息与利率概述、利息的计算及利率决定理论等。

第一节 利息与利率概述

一、利息

在现代市场经济中,利息是一个普遍存在的现象。研究利息的实质及其应用对于正确理解利率在国民经济中的杠杆作用非常重要。

(一)利息的定义

利息是指在一定时期内,资金拥有人将资金使用的自由权转让给借款人后所得的报酬。利息是债务人对债权人因为资金被借用而牺牲了当前消费以及机会成本的一种补偿。

通常,一笔资金经过一段时间的投资之后会产生利息。我们将初始投资的金额称为本金,将该投资所经历的时间段称为投资期,而将经过一段时间后回收的总金额称为积累值或终值。积累值与本金的差额就是这段时间投资所产生的利息。例如,某人将 10 000 元存入为期 5 年的储蓄账户,5 年后该账户内有存款 10 500 元。这笔 10 000 元的初始投资金额称为本金,5 年后账户内的总金额 10 500 元称为积累值,而积累值与初始投资额的差额 500 元(10 500－10 000)就是利息。

(二) 利息的本质

1. 近现代西方学者的利息理论

纳索·威廉·西尼尔提出了著名的“节欲论”。他认为,价值的生产有劳动、资本和自然(土地)三种要素,其中劳动者的劳动是对安乐和自由的牺牲,资本家的资本是对眼前消费的牺牲。产品的价值就是由这两种牺牲生产出来的。劳动牺牲的报酬是工资,资本牺牲的报酬是利润,二者构成了生产的成本。“节欲论”把利息看成货币所有者为积累资本放弃当前消费而“节欲”的报酬。西尼尔认为,“利润的定义是节制的报酬。”由于资本来自储蓄,要进行储蓄就必须节制当前的消费和享受,利息就来源于对未来享受的等待,是对为积累资本而牺牲现在享受的消费者的一种报酬。

2. 马克思关于利息来源与本质的理论

利息之所以能够转化为收益的一般形态,马克思认为主要是由于以下原因。

(1) 借贷关系中的利息是资本所有权的果实这种观念被广而化之,并取得了普遍存在的意义。在货币资本的借贷中,贷者之所以能取得利息,在于他拥有对货币资本的所有权;而借者之所以能够支付利息,在于他将这部分资本运用于生产的过程中,形成了价值的增值。一旦人们忽略整个过程中创造价值这个实质内容,而仅仅注意货币资本的所有权可以带来利息这一联系,货币资本自身天然具有收益性的概念,便根植于人们的观念之中。

(2) 就其实质来说虽然利息是利润的一部分,但同利润率有明显区别:利润率是一个事先捉摸不定的量,与企业经营状况密切相关,而利息率则是一个事先极其确定的量,不论企业的生产经营情形如何,都不会改变这个量。利息率的大小,在其他因素不变的条件下,直接影响和制约着企业主收入的多少。

(三) 利息概念的应用

利息概念存在的重要性在于它在现实经济生活中的广泛应用:一是产生了“利息作为收益的一般形态”现象;二是存在着“收益的资本化”现象。

1. 利息作为收益的一般形态

根据利息的概念可知,利息是资本所有者由于贷出资本而取得的报酬,显然,没有借贷便没有利息。但在现实生活中,利息已经被人们看成收益的一般形态,即无论资本是否贷出,利息都被看作资本所有者理所当然的收入——可能取得的或将会取得的收入。与此相对应,无论是否借入资本,企业主也总是把自己所得的利润分割为利息与企业收入两部分,似乎只有扣除利息所余下的利润才是企业的经营所得,即收益＝利息＋企业利润。于是,利息率就成为判断投资机会的一个尺度:如果投资回报率低于利息率,则认为该投资不可行。

2. 收益的资本化

由于利息已转化为收益的一般形态，对于任何有收益的事物，即使它并不是一笔贷放出去的货币，甚至不是实实在在的资本，也可以通过收益与利率的对比倒算出它相当于多大的资本金额，这种现象被称为收益的资本化。收益的资本化表现在以下几个方面。

(1) 货币资本的价格。在一般的货币贷放中，贷放的货币金额通常被称为本金，本金与利息收益和利息率的关系如下：

$$I = P \times r$$

式中，I 代表收益；P 代表本金；r 代表利率，即货币资本的价格。当我们知道 P 和 r 时，很容易计算出 I；同样，当我们知道 I 和 r 时，P 也不难求得，即

$$P = \frac{I}{r}$$

例如，假定一笔一年期贷款的年利息收益是 50 元，市场年平均利率为 5%，那么就可以计算出该笔贷款的本金为 1 000 元(50÷0.05)。

(2) 土地的价格。土地尤其是"生地"，本身不是劳动产品，没有价值，因而没有决定其价格大小的内在根据。但土地可以为所有者带来收益，因而认为其有价格，可以买卖，相应地有公式：

$$地价 = \frac{土地年收益}{年利率}$$

例如，一块土地每亩的平均年收益为 100 元，假定年利率为 5%，则这块土地就可以以每亩 2 000 元(100÷0.05)的价格买卖。

(3) 劳动力的价格。劳动力本身不是资本，但可以按工资的资本化来计算其价格，即

$$人力资本价格 = \frac{年薪}{年利率}$$

例如，球星的转会费可达数千万欧元，这个价格便是运用收益资本化原理计算的。

(4) 有价证券的价格。有价证券是虚拟资本，其价格由其年收益和市场平均利率决定。一般计算公式为

$$有价证券价格 = \frac{年收益}{市场利率}$$

例如，如果某公司股票每股能为投资者带来 0.5 元的年收益，当前的市场利率为 8%，则该股票的市场价格为 6.25 元(0.5÷0.08)。

二、利率

(一) 利率的含义

利率是金融学中一个非常重要的概念，也是经济生活中一个备受关注的经济变量。利率是利息率的简称，是指借贷期内所形成的利息额与所贷本金的比率，即一定时期的利息收益与本金之比，用公式表示为

$$利率 = \frac{利息额}{借贷资本金} \times 100\%$$

按计算利息的时间长短，利率可以分为年利率、月利率和日利率，也称为年息、月息和日息。通常，年利率以本金的百分之几(分)表示，月利率以本金的千分之几(厘)表示，日利率以本金的万分之几(毫)表示。

在我国，不论是年息、月息还是日息，习惯上都用厘作为单位，虽然都叫厘，但差别很大。例如，年息 7 厘是指年利率 7%，月息 7 厘是指月利率 7‰，日息 7 厘是指日利率 7‱。年利率、月利率、日利率之间的简单换算公式为

$$月利率=\frac{年利率}{12}$$

$$日利率=\frac{月利率}{30}$$

$$日利率=\frac{年利率}{360}或\frac{年利率}{365}$$

将当前收益率(日收益率、周收益率、月收益率)换算成年收益率的过程通常叫年化收益率。例如，根据投资在一段时间内(如 7 天)的收益，假定一年都是这个水平折算的年收益率，计算公式为

$$年化收益率=\frac{投资内收益}{本金}\times\frac{360或365}{投资天数}\times 100\%$$

注意：年化收益率不一定和年收益率相同。年收益率就是一笔投资一年实际收益的比率。年化收益率仅是把当前收益率(日收益率、周收益率、月收益率)换算成年收益率来计算，是一种理论收益率，并不是真正已取得的收益率。比如，某银行的一款理财产品宣称 91 天的年化收益率为 3.1%，假如你购买了 10 万元该理财产品，那么实际上能收到的利息是 772.88 元$\left(100\,000\times 3.1\%\times\frac{91}{365}\right)$，而不是 3 100 元。除此之外，还要注意，一般银行的理财产品不同于银行定期当天存款当天计息，到期返还本金及利息，而是会有认购期、清算期等，在这期间的本金是不计算利息或只计算活期利息的。比如，某款理财产品的认购期有 5 天，到期日到还本清算期之间又是 5 天，这样一来实际的资金占用就相当于增加了 10 天，那么实际的资金年化收益率就更小了。

(二) 利率的种类

在经济体中存在着各种各样的利率，这些利率的种类由内在因素联结成一个有机整体，形成了利率体系。一般而言，利率体系主要由中央银行利率、商业银行利率和市场利率组成。中央银行利率主要包括中央银行对商业银行和其他金融机构的再贴现利率、再贷款利率，以及商业银行和其他金融机构在中央银行的存款利率。商业银行利率主要包括商业银行的各种存款利率、贷款利率、贴现利率、发行金融债券利率，以及商业银行之间相互拆借资金的同业拆借利率。市场利率主要包括民间借贷利率，政府和企业发行各种债券、票据的利率等。本节重点介绍以下利率种类。

1. 基准利率与非基准利率

按利率在金融市场中的地位可划分为基准利率与非基准利率。基准利率在利率体系中起主导和决定作用，带动和影响着其他利率。大多数国家的基准利率为中央银行再贴

现率，非基准利率则为其他利率。

为提高金融机构的自主定价能力，指导货币市场产品定价，稳步推进利率市场化，完善货币政策调控机制，中国人民银行建立了报价制的中国货币市场基准利率。2007 年 1 月 4 日，中国基准利率雏形亮相，由全国银行间同业拆借中心发布的“上海银行间同业拆放利率”(Shanghai Interbank Offered Rate，Shibor)正式运行。

Shibor 是我国中央银行着力培育的市场基准利率。Shibor 由货币市场上人民币交易相对活跃、定价能力强、信用等级高的银行报价形成，是单利、无担保、批发性利率。

2. 名义利率与实际利率

名义利率是中央银行或其他提供资金借贷的机构所公布的未调整通货膨胀因素的利率，即利息(报酬)的货币额与本金的货币额的比率。例如，张某在银行存入 100 元的一年期存款，到期时获得 5 元利息，则利率为 5%，这个利率就是名义利率。

在借贷过程中，债权人不仅要承担债务人到期无法归还本金的信用风险，而且要承担货币贬值的通货膨胀风险。名义利率虽然是资金提供者或使用者现金收取或支付的利率，但人们应当将通货膨胀因素考虑进去。如果发生通货膨胀，投资者所得的货币购买力会贬值，因此投资者所获得的真实收益必须剔除通货膨胀的影响。实际利率与名义利率的划分，正是从这个角度区分的。实际利率，是指物价不变，从而货币购买力不变条件下的利息率。例如，假定某年物价没有变化，某甲从某乙处取得 1 年期的 10 000 元贷款，年利息额 500 元，实际利率就是 5%。

名义利率与实际利率之间存在以下关系。

(1) 当计息周期为一年时，名义利率和实际利率相等，计息周期短于一年时，实际利率大于名义利率。

(2) 名义利率不能完全反映资金时间价值，实际利率才能真实地反映资金的时间价值。

(3) 名义利率越高，周期越短，实际利率与名义利率的差值就越大。

在预期不发生通货膨胀的条件下，名义利率与实际利率相等；在预期发生通货膨胀时，名义利率与预期通货膨胀率之差就是实际利率，即

$$\text{实际利率}=\text{名义利率}-\text{预期通货膨胀率}$$

经济学家欧文·费雪给出了关于名义利率更准确的定义：名义利率为实际利率和通货膨胀预期之和。名义利率、实际利率和通货膨胀预期的关系用公式表示为

$$1+R_n=(1+R_r)(1+P^e)$$

这一公式被称为费雪方程式，也是人们所说的费雪效应(Fisher effect)。式中，R_n 为名义利率；R_r 为实际利率；P^e 为预期通货膨胀率。整理后可简化得出名义利率与实际利率之间的换算公式为

$$R_r=R_n-P^e$$

例如，某公司债券的票面利率为 4%，期限为 1 年，如果预期当年通货膨胀率为 5%，则该公司债券的实际利率为 −1%。债券的实际利率为负值，显然会降低该债券的吸引力。

3. 固定利率与浮动利率

根据利率在借贷期内是否调整，可分为固定利率与浮动利率。

(1) 固定利率。固定利率是指在借贷业务发生时，由借贷双方确定的利率，在整个借

贷期间内，利率不因资金供求状况或其他因素的变化而变化，保持稳定不变。我们国家的利率采用固定利率。

(2) 浮动利率。浮动利率是指在借贷业务发生时，由借贷双方共同确定，可以根据市场变化情况进行相应调整的利率。

4. 市场利率、公定利率与官定利率

市场利率、公定利率和官定利率是依据利率是否按市场规律自由变动的标准来划分的。

(1) 市场利率。市场利率是指在借贷货币市场上由借贷双方通过竞争而形成的利息率。市场利率能灵敏反映资金供求状况，是借贷资金供求状况的指示器。资金供应小于需求，市场利率上升，资金供应大于需求，市场利率下降。例如：我国于 1996 年 1 月 3 日开始运行全国统一银行间同业拆借交易网络，全国银行间同业拆借利率诞生，是我国目前较有代表性的市场利率。也就是说，我国现在的纯贷款利率不是市场利率而是同业拆借利率。

(2) 公定利率。公定利率是指由金融银行公会确定的各会员国必须执行的利息率。由非政府部门的民间金融组织，如银行公会等所确定的利率就是行业公定利率，对其会员银行有约束性。

(3) 官定利率。官定利率是指由一国政府通过中央银行而确定的各种利息率。例如，中央银行对各商业银行和金融机构的再贴现率。官定利率是国家调节经济的重要经济杠杆，对市场利率起着导向作用。例如，国家提供的利率高了，意味着国家采取紧缩型政策，控制投资和消费。国家提供的利率低了，意味着国家采取扩张型政策，刺激投资与消费。

三、影响利率变动的主要因素

决定和影响利率的因素非常复杂，制定和调整利率水平时应主要考虑社会平均利润率、资金供求情况、国家经济政策、物价水平、国际利率水平等因素。

(一) 社会平均利润率

从理论上分析，应以社会平均利润率作为制定利率的依据。但是在实际中，由于我国长期以来价格水平、技术装备、交通能源、资源状况存在差异，同一生产部门不同企业间的盈利差别很大，企业间的利润水平相当悬殊。在价格体系不合理，经济关系尚未理顺的条件下，以平均利润率作为制定利率的依据显然存在不合理的因素。只有在良好的经济环境中，企业在同等的条件下竞争，这时以社会平均利润率作为利率制定的依据才有意义。根据我国经济发展现状与改革实践，我国的利率水平要适应大多数企业的负担能力。也就是说，利率总水平既不能太高，太高的话大多数企业承受不了；利率总水平也不能太低，太低了不能发挥利率的杠杆作用。

(二) 资金供求情况

某一时刻具体的市场利率则由货币市场的供求状况决定。货币供求每时每刻都在变化，一般地，当借贷资本供不应求时，借贷双方的竞争结果将促进利率上升；相反，当借贷资本供过于求时，竞争的结果必然导致利率下降。在我国市场经济条件下，由于金融市场上商品的“价格”——利率，与其他商品的价格一样受供求规律的制约，因而资金的供求状况对利率水平的高低仍然有决定性作用。

（三）国家经济政策

1949年后，我国的利率基本上属于管制利率类型，利率由国务院统一制定，由中国人民银行统一管理。利率水平的制定与执行受到政策性因素的影响。例如，1949—1978年，我国长期实行低利率政策，以稳定物价、稳定市场。1978年以来，对一些部门、企业实行差别利率，体现出政策性的引导或政策性的限制。可见，在我国社会主义市场经济体制下，利率不是完全随着信贷资金的供求状况自由波动，而是取决于国家调节经济的需要，受到国家的控制和调节。

（四）物价水平

在现代信用货币流通的条件下，各国流通的货币均是纸币，流通中的货币量如果大大超过货币需求量就会产生通货膨胀，从而引起货币贬值、物价上涨。由于价格具有刚性，其变动的趋势一般是上涨，因而如何使得自己持有的货币不贬值，以及遭受贬值后如何取得补偿，是人们普遍关心的问题。为了稳定物价，国家往往会通过调整利率来调节货币供给量，同时引发物价上涨、货币贬值，这必然给资本的贷出者造成本金和利息的损失，使存款人所得的实际利率低于名义利率。因此，名义利率水平与物价水平具有同步发展的趋势，物价变动的幅度制约着名义利率水平的高低，在确定利率时必然要考虑物价因素对利息和本金的影响。

（五）国际利率水平

在现代经济社会，世界各国间的经济联系越来越密切，国际利率水平对一国国内利率水平的影响也越来越大，这种影响是通过资金的国际流动来实现的。当国际市场利率高于国内利率时，国内货币资本就会流向国外。反之，如果本国利率水平高于外国利率水平，汇率稳定，人们发现把货币存入本国银行所获取的利息会比存入国外银行所获取的利息高。于是人们把货币存入本国，引起本国货币供给增加，从而导致本国利率下降。不论国内利率水平是高于还是低于国际利率，在资本自由流动的条件下，都会引起国内货币市场上资金供求状况的变动，从而引起国内利率的变动。此外，由于资金的国际流动必然影响国际收支状况，从而直接影响本国的对外贸易。因此一国政府在调整国内利率时必须考虑国际利率水平。

第二节　利息的计算

一、单利与复利

利率的出现使各种金融工具的利息可计算、可量化，但使用不同的计算方式会得出不同的结果。利息有两种基本的计算方式，即单利和复利。

（一）单利

单利(simple interest)是指以本金为基数计算利息，而借贷期内所生利息不再加入本金计算下期利息的一种利息计算方法，即在当期产生的利息不作为下一期的本金，只是把每一期产生的利息累加到投资期末。其计算公式为

$$I = P \times r \times n$$
$$S = P + I = P(1 + r \times n)$$

式中，I 为利息额；P 为本金；r 为年利率；n 为借贷期限；S 为本金与利息之和，简称本利和。

例如，一笔 5 年期限、年利率为 6%的 10 万元贷款，在单利计息的情况下，贷款到期时利息总额为 30 000 元(100 000×6%×5)，本利和为 130 000 元(100 000+30 000)。

（二）复利

复利(compound interest)俗称"利滚利"，是指本期产生的利息自动计入下一计息期的本金，连同原来的本金一并计息的一种利息计算方法。其计算公式为

$$S = P(1 + r)^n$$
$$I = S - P$$

承上例，在复利计息的情况下，本利和大约为 133 823 元[$100\,000 \times (1+6\%)^5$]，利息则为 33 823 元(133 823－100 000)。可见，按复利计息的利息比单利计息多 3 823 元(33 823－30 000)。显然，复利反映了利息的本质，因为利息在未清偿时也相当于债权人借给债务人使用的资本，应算为债权人的本金范畴。这样处理对债权人、债务人双方较为公平、合理。

如果一年内计息次数(或复利次数)为 m 次，此时，复利下的本利和为

$$S = P\left(1 + \frac{r}{m}\right)^{mn}$$

承上例，如果改为每月计息一次，则一年内计息次数为 12 次，5 年后的本利和为

$$S = 100\,000 \times \left(1 + \frac{6\%}{12}\right)^{12\times5} = 134\,885(\text{元})$$

可得，利息为 34 885 元，比每年计息一次的利息多 1 062 元(34 885－33 823)。可见，复利计息次数越多，利息额就越大，因而对债权人越有利。

最极端的例子是计算瞬间复利或连续复利，即每一秒钟都在生息。计算连续复利的公式为

$$S = \mathrm{e}^{rn}P$$

式中，e=2.718 28…，即自然对数的底数。那么，在同样的条件下，连续复利会不会是一个天文数字呢？仍以上面的条件为例，连续复利为

$$S = \mathrm{e}^{rn}P = \mathrm{e}^{0.06\times5} \times 100\,000 = 134\,986(\text{元})$$

利息为

$$I = 134\,986 - 100\,000 = 34\,986(\text{元})$$

可见，在上面的例子中，即使每秒钟都计算利息，与一年计算一次相比，利息也不过多了 1 163 元(34 986－33 823)。

（三）复利计算下的名义利率与实际利率

当计息周期小于一年的时候，就会出现一个问题：如何将名义利率转化为实际利率？推导过程如下。

设年名义利率为 i，一年内计息次数为 m 次，计息期利率为 i/m，则一年后本利和为

$$S = P\left(1 + \frac{i}{m}\right)^m$$

$$I = P\left(1 + \frac{i}{m}\right)^m - P$$

换算成年实际利率 r，则为

$$r = \frac{P\left(1 + \frac{i}{m}\right)^m - P}{P} = \left(1 + \frac{i}{m}\right)^m - 1$$

这就是在复利计息的情况下年名义利率 i 与年实际利率 r 的换算公式，二者间的关系是：当 $m=1$ 时，即一年计算一次利息时，年名义利率等于年实际利率；当 $m>1$ 时，即一年计息多次时，年实际利率大于年名义利率。计算次数越多，年实际利率越大。

例如，在每月计息一次的情况下，对于年名义利率为 12%的贷款，其年实际利率为

$$r = \left(1 + \frac{i}{m}\right)^m - 1 = \left(1 + \frac{12\%}{12}\right)^{12} - 1 = 12.68\%$$

又如，如果有一笔贷款，按月计息，月利率为 0.8%，该贷款的年利率是多少呢？根据上面的公式，该贷款的年利率应为 $(1+0.8\%)^{12}-1=10.03\%$，而不是 $12\times0.8\%=9.6\%$。

同样，当 $m\to+\infty$，即按连续复利计息时，年实际利率的计算公式为

$$\text{年实际利率} = \lim_{m\to\infty}\left[\left(1 + \frac{i}{m}\right)^m - 1\right] = \lim_{m\to\infty}\left[\left(1 + \frac{i}{m}\right)^{\frac{m}{i}}\right]^i - 1 = e^i - 1$$

例如，对于一笔年利率为 12%的贷款，在连续复利的情况下，其年实际利率为 12.75%($=e^i-1=e^{0.12}-1$)。

因此，一年内计息次数越多，其折合成的年实际利率就越高(12.75%>12.68%)。

二、现值

（一）现值的定义

准确来讲，现值(present value，PV)是指将未来某一时点或某一时期的货币金额(现金流量)折算至基准年的数值，也称折现值。它是对未来现金流量以恰当的折现率进行折现后的价值。将前述复利公式进行一般化处理，即为未来某一时点的资金，称为终值(future value，FV)；用 PV 代表现在的一笔资金，即现值。

则得到以年为时间单位计算的现值公式为

$$PV=\frac{FV}{(1+r)^{n}}$$

以小于年的时间单位计算的现值公式为

$$PV=\frac{FV}{\left(1+\frac{r}{m}\right)^{n\times m}}$$

未来系列现金流量的现值公式为

$$PV=\frac{CF_1}{1+r}+\frac{CF_2}{(1+r)^2}+\cdots+\frac{CF_n}{(1+r)^n}$$

通俗地说，通过利率可以计算出现在的一笔资金在未来值多少，也可以计算出未来的一笔资金等于今天的多少，这就是终值与现值的概念。

拓展阅读

新增贷款超9万亿元　利率保持历史低位

中国人民银行数据显示，2024年一季度新增人民币贷款9.46万亿元，比2022年同期多增逾1万亿元，处于历史同期较高水平。权威专家表示，2023年一季度银行“开门红”冲高较多，对后三个季度造成一定透支。2023年下半年以来，人民银行注重引导金融机构加强信贷均衡投放，避免资金沉淀空转，为可持续支持实体经济留有后劲。

新增贷款同比少增背后，是信贷投放节奏的变化。2023年，银行信贷投放普遍靠前发力，第一季度已投放全年的50%。但今年，银行更加考虑“信贷投放节奏均衡”，追求“量稳质优”。兴业银行计划财务部总经理林舒表示，兴业银行在资产端加大了资产投放，今年安排了5 000亿元的贷款指标，一季度会完成40%。

2024年以来，人民银行对“五篇大文章”加快布局，新增5 000亿元PSL（抵押补充贷款）额度已全部发放，近期设立了科技创新和技术改造再贷款支持设备更新和经济转型，还将放宽普惠小微贷款认定标准。

多位银行业人士也表示，在服务实体经济中，今年尤为注重积极投入金融资源，助力传统产业转型升级，以及通过支持先进制造业创新发展，助力形成新质生产力，推动实体经济高质量发展。

展望后续信贷投放情况，中国民生银行首席经济学家温彬预计，在稳定总量以外，平滑信贷节奏、调整优化结构将是下一步工作重点。在支持传统产业转型升级和助力新质生产力培育壮大的过程中，金融机构也将积极挖掘信贷需求，科学制定全年信贷安排，盘活存量金融资源，同时支持直接融资领域加快发展，保持货币信贷和融资总量合理增长，预计今年金融对实体经济的支持会更加可持续。

资料来源：中国经济新闻网. 新增贷款超9万亿　利率保持历史低位[EB/OL]. (2024-04-15)[2024-04-24]. https://www.cet.com.cn/gppd/yw/10038966.shtml.

（二）现值的运用

现值公式是金融学一个非常重要的公式，在整个金融学的学习中会反复使用。需要注意的是，在计算现值时使用的利率通常被称为贴现率（discount rate），即使未来值与现在值相等的利率。

由现值的计算公式可以看出，现值的基本特征是：①终值越大，现值越大；②时间越短，现值越大；③贴现率越小，现值越大。

现值的概念在实际生活中主要有以下两种应用方式。

（1）评价未来资金与现在资金的价值关系。

例如，如果从现在起 2 年后要买 15 000 元的东西，假定利率为 10%，那么现在需要存多少钱呢？这就是一个求现值（本金）的问题，代入上面现值的公式，可得到：

$$PV=\frac{FV}{(1+i)^n}=\frac{15\,000}{(1+10\%)^2}=12\,396.7(\text{元})$$

即大约要存入 12 396.7 元，在 2 年后才能取出 15 000 元。换句话说，在利率为 10%的情况下，现在的 12 396.7 元与 2 年后的 15 000 元价值是相等的。

（2）评价有价证券的理论价格。

例如，某国债的面值是 1 000 元，息票利率为 10%，期限 4 年，假定某投资者要求的收益率为 8%，其市场价格应为多少？

将该国债的投资收益（包括本金）根据 8%的收益率折现为现值，此现值之和就是该国债的理论价格。即

$$P=PV=\frac{100}{1+0.08}+\frac{100}{(1+0.08)^2}+\frac{100}{(1+0.08)^3}+\frac{100+1\,000}{(1+0.08)^4}=1\,066.24(\text{元})$$

该国债的理论价格为 1 066.24 元，即只有以 1 066.24 元购买，投资者才会实现 8%的投资收益率。

三、到期收益率

（一）到期收益率的定义

在上面计算现值时，我们都假定收益率是多少，再将未来一笔资金折现为现值。即在现值公式中，给定利率和现金流量，计算出来的值就是现值。现在将问题倒过来，给定未来现金流量和现值，要计算利率（收益率），这个利率就是到期收益率。

到期收益率是一个非常重要的利率概念，甚至被经济学家视为衡量利率最为精确的指标。例如，在利率期限结构理论中，收益曲线就是描述到期收益率与时间的关系，尽管人们会简化为利率与时间的关系。此外，在上面计算现值时是给定利率的，实际上，这给定的利率就是到期收益率或必要回报率。因此，到期收益率是一个非常关键的利率指标。

到期收益率（yield to maturity，YTM）是指使某金融工具未来所有收益的现值等于其当前市场价格的利率。简单地说，到期收益率是这样一种利率，它刚好使得某种金融工具的现值与其现行市场价格相等。

以债券为例，按单利计算的债券到期收益率，是指买入债券后持有至期满得到的收益

(包括利息收入和资本损益)与买入债券的市场价格之比,也就是前述持有到期时的实际收益率。其计算公式为

$$\text{到期收益率}=\frac{\text{票面利息}\pm\text{本金损益}}{\text{市场价格}}$$

例如,某种债券的票面金额为 100 元,10 年还本,每年利息为 7 元,张三以 95 元买入该债券并持有到期,那么他每年除了得到 7 元利息收益外,还获得 0.5 元$\left(\frac{100-95}{10}\right)$的本金盈利。这样,他每年的实际收益就是 7.5 元,其到期收益率为 7.90%$\left(\frac{7.5}{95}\right)$。

在实践中,到期收益率多数按复利计算,且由于债券等固定收益证券的利息收入容易获得,在计算其价格时只需确定贴现率(利率)即可。在债务工具中,作为利率精确指标的到期收益率使用非常普遍,是指能使未来收益现值等于债务工具当前市场价格的贴现率。其计算公式根据不同的债券工具有所不同,下面分别介绍。

(二)到期收益率的估算与运用

为了更好地理解到期收益率,下面介绍四种典型的债务工具到期收益率的计算:息票债券、银行贷款、贴现债券和永久债券。

1. 息票债券的到期收益率

息票债券(coupon bond)又称附息债券,是指按期支付定额利息,到期偿还本金的债券。息票债券概念的来源是,早期这种债券的券面上都印有"息票"或"息票附券",作为按期(一般为 6 个月或 1 年)支付利息的凭据。债券持有人在持有期内付息时,便从债券上剪下息票附券凭以领取本期的利息。当然,现在息票债券已没有这种利息附券了,只是规定票面利率而已。息票债券往往适用于期限较长或在持有期限内不能兑现的债券。息票债券一般是固定利率,也是最常见的债券付息方式。

息票债券的到期收益率公式为

$$P=\frac{C}{1+r}+\frac{C}{(1+r)^2}+\frac{C}{(1+r)^3}+\cdots+\frac{C+F}{(1+r)^n}$$

式中,r 为到期收益率;P 为债券的当前价格;C 为每期利息;F 为面值。

例如,对于面值为 1 000 元,票面利率为 10%的 20 年期息票债券,某投资者平价购买并持有至到期,该债券的到期收益率是多少?

根据到期收益率公式,有

$$1\,000=\frac{100}{1+r}+\frac{100}{(1+r)^2}+\frac{100}{(1+r)^3}+\cdots+\frac{1\,000+100}{(1+r)^{20}}$$

计算得 $r=10\%$,即该息票债券的到期收益率为 10%。这一结果与债券的票面利率相等,表明到期收益率等于票面利率有着严格的前提条件,即息票债券的价格等于其面值。一旦债券的现行价格不等于其面值,那么到期收益率也就不再等于票面利率了,其可能低于或高于票面利率,这取决于债券价格是高于还是低于面值。

根据上面的计算公式,可知息票债券的到期收益率与其票面利率之间存在着以下关系:第一,债券价格高于面值(溢价出售)时,到期收益率低于票面利率;第二,债券价格低

于面值(折价出售)时,到期收益率高于票面利率。第三,债券价格等于面值时,到期收益率等于票面利率。

从以上到期收益率与票面利率的关系不难看出,息票债券的到期收益率与价格负相关,也就是说,随着债券价格上升,到期收益率会下降;反之,随着债券价格下降,到期收益率会上升。

2. 银行贷款的到期收益率

首先,以简单贷款为例,即贷款人向借款人提供一定数额的资金,借款人在到期日前一次性归还本金及利息。许多货币市场工具都属于这种类型,如对企业发放的短期商业贷款和对个人发放的小额装修贷款等。根据到期收益率的概念,简单贷款的到期收益率很容易计算。例如,某人向银行借款 10 万元,期限 1 年,1 年后偿还银行 11 万元本利和,请问银行发放这笔贷款的到期收益率是多少?

根据现值的定义有:

$$\mathrm{PV}=\frac{\mathrm{CF}}{(1+r)^n}$$

式中,PV 为贷款金额 10 万元;CF 为 1 年后的现金流 11 万元;n 为年数 1。

因此有

$$10=\frac{11}{1+r}$$

计算得 $r=0.10\times100\%=10\%$,可以看出,到期收益率与贷款的利率相等。于是可以得出结论,对于简单贷款来说,利率等于到期收益率。

再以固定支付贷款为例,所谓固定支付贷款,也称分期偿还贷款,是指贷款人向借款人提供一定数量的资金,在约定的若干年内借款人在每个偿还期(如每年或每月)偿还固定的金额给贷款人,其中既包括本金,也包括利息。例如,如果你向银行借款 1 000 元,银行要求你在 25 年内每年偿还 85.81 元,那么这笔贷款的到期收益率是多少呢?

根据到期收益率的定义,有

$$1\,000=\frac{85.81}{1+r}+\frac{85.81}{(1+r)^2}+\cdots+\frac{85.81}{(1+r)^{25}}$$

计算得

$$r=7\%$$

式中,r 就是这笔贷款的到期收益率。

一般地,对于任何固定支付贷款,有

$$L=\frac{\mathrm{FP}}{1+r}+\frac{\mathrm{FP}}{(1+r)^2}+\cdots+\frac{\mathrm{FP}}{(1+r)^n}$$

式中,L 为贷款额;FP 为固定支付额;n 为贷款期限。

式中的贷款额、每年固定支付额和贷款期限都是已知的,只有到期收益率是未知的。因此,我们可以从这个等式中求解到期收益率 r。由于这一计算比较烦琐,目前许多财务计算器都提供了根据贷款金额 L、每年固定支付额 FP、贷款期限 n 等信息求解到期收益率的程序,在实践中可使用计算器计算。

3. 贴现债券的到期收益率

贴现债券(discount bond)又称贴水债券,是指在票面上不规定利率,发行时按某一折扣率(贴现率)以低于票面金额的价格发行,到期按面额偿还本金的债券。发行价与票面金额之差即为利息。例如,投资者以 70 元的发行价格认购了面值为 100 元的 5 年期债券,那么在 5 年到期后,投资者可兑付到 100 元的现金,其中 30 元的差价即为债券的利息,年息平均为 8.57%[(100−70)÷70÷5×100%]。我国于 1996 年开始发行贴现国债,期限分别为 3 个月、6 个月和 1 年。

贴现债券的到期收益率 r 的计算公式为

$$P=\frac{F}{(1+r)^n}$$

假设某公司发行的贴现债券面值是 1 000 元,期限为 4 年,如果这种债券的销售价格为 750 元,则有

$$750=\frac{1\,000}{(1+r)^4}$$

解得

$$r=7.5\%$$

第三节 利率决定理论

▶一、古典利率理论

古典利率理论是对 19 世纪末至 20 世纪 30 年代西方国家各种不同利率理论的一种总称。该理论严格遵循古典经济学重视实物因素的传统,主要从生产消费等实际经济领域探求影响资本供求进而决定利率的因素,因而它是一种实物利率理论,也被称为储蓄投资利率理论。

(一) 古典利率理论的主要思想

古典利率理论认为,利率由两种力量决定:一是可供利用的储蓄,即资本供给,主要由家庭提供;二是资本需求,主要来源于商业部门的投资需求。

1. 资本供给来自社会储蓄

古典学派认为,资本供给主要来自社会储蓄,储蓄取决于人们对消费的时间偏好。不同的人对消费的时间偏好不同,有的人偏好当期消费,有的人则偏好未来消费。古典理论假定个人对当期消费有着特别的偏好,因此鼓励个人和家庭多储蓄的唯一途径就是对人们牺牲当期消费予以补偿,这种补偿就是利息。也就是说,利息是对等待或者延期消费的报酬。利率越高,意味着对这种等待的补偿也就越多,储蓄也会相应增加。由此得出,一般情况下,储蓄是利率的增函数。如图 3-1 中的 S 曲线所示,储蓄随利率的上升而上升。

2. 资本需求来自社会投资

古典学派认为,资本需求来自投资。各个企业在做投资决策时,一般会考虑两个因

素：一是投资的预期收益，即资本的边际回报率；二是资本市场上的筹资成本，即融资利率。只要资本的边际回报率高于融资利率，投资就有利可图，促使企业进行借贷和投资。而当利率降低时，预期回报率大于利率的可能性增大，投资需求就会不断增加，即投资是利率的减函数。如图 3-1 中的 I 曲线所示，投资随利率的上升而下降。

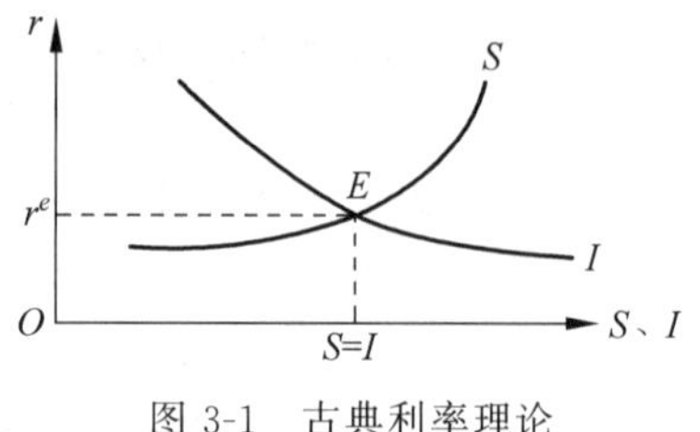

图 3-1　古典利率理论

3. 均衡利率是储蓄与投资相等时的利率

古典学派认为，利率由储蓄和投资的相互作用所决定，只有当储蓄者愿意提供的资金与投资者愿意借入的资金相等时，利率才达到均衡水平。如图 3-1 中的 E 点所示，此时，均衡利率为 r^e。

若现行利率高于均衡利率，则必然发生超额储蓄供给，为使储蓄减少，必然诱使利率下降直至接近均衡利率水平；反之，若现行利率低于均衡利率，则必然发生超额投资需求，拉动利率上升直至接近均衡利率水平。

（二）古典利率理论的主要特点

1. 古典利率理论是一种局部均衡理论

古典利率理论认为，储蓄和投资仅是利率的函数，与收入无关。储蓄与投资的均衡决定均衡利率。利率的功能仅仅是促使储蓄与投资达到均衡，而不影响其他变量。因此，古典利率理论是一种局部均衡理论。

2. 古典利率理论是实物利率理论

古典利率理论认为，储蓄由等待或延期消费等实际因素决定，投资则由资本的预期收益率等实际因素决定。由这些实际因素决定的利率与货币因素无关，不受任何货币因素影响。因此，古典利率理论又被称为实物利率理论，货币就像覆盖在实物经济上的一层面纱，与利率的决定全然无关。

3. 古典利率理论使用的是流量分析方法

古典利率理论对某一时间段内储蓄流量与投资流量的变动进行分析，因此使用流量分析方法。

4. 古典利率理论认为利率具有自动调节资本供求的作用

根据古典利率理论，利率具有自动调节储蓄和投资的功能。因为当储蓄大于投资时，利率将下降，较低的利率会促使人们减少储蓄，扩大投资；反之，当储蓄小于投资时，利率将上升，较高的利率又刺激人们增加储蓄，减少投资。因此，只要利率是灵活变动的，资本的供求就不会出现长期的失衡，供求平衡会自动实现。

古典利率理论的缺陷主要在于其忽略了除储蓄和投资以外的其他因素，如货币因素对利率的影响。比如，古典利率理论认为利率是储蓄的主要决定因素，可是现代经济学家发现，收入才是储蓄的主要决定因素。又如，古典利率理论认为，对资金的需求主要来自工商业企业的投资。然而，如今消费者和政府都是重要的资金需求者，同样对资金供求有着重要影响。

古典利率理论曾支配金融学理论界达200年之久，直到20世纪30年代西方经济大危机发生，人们发现运用古典利率理论已经不能解释当时的经济现象，于是出现了流动性偏好理论和可贷资金理论，以及IS-LM模型的利率决定理论。

二、流动性偏好理论

凯恩斯学派在利率决定问题上的观点与古典学派的观点正好相反。凯恩斯的利率决定理论是一种货币理论，他认为利率是由货币供求关系决定的，并创立了利率决定的流动性偏好理论。

（一）利息是人们牺牲流动性的报酬

凯恩斯认为，人们存在一种流动性偏好，即企业和个人为了进行日常交易或者预防将来的不确定性而愿意持有一部分货币，由此产生了货币需求。

凯恩斯假定人们可贮藏财富的资产只有货币和债券两种，其中所说的货币包括通货（没有利息收入）和支票账户存款（在凯恩斯生活的年代，一般不付或支付很少的利息）。由此可见，货币的回报率为零，但它能提供完全的流动性；债券可以取得利息收入，但只有转换成货币之后才具有支付能力。而且，由于未来的不确定性，持有债券资产可能因各种原因而遭受损失。所以，人们在选择其财富持有形式时，大多倾向于选择货币。通常情况下，货币供给是有限的，人们要取得货币，就必须支付一定的报酬作为对方在一定时期内放弃货币，牺牲流动性的补偿。凯恩斯认为，这种为取得货币而支付的报酬就是利息，利息完全是一种货币现象。

（二）利率由货币供给与货币需求决定

1. 货币供给曲线

凯恩斯认为，在现代经济体系里，货币供给是由一国中央银行所控制的外生变量，而中央银行在决定货币供给量的多寡时，所考虑的主要因素是社会公众福利，而不是利率水平的高低。所以，如图3-2中的M_s曲线所示，货币供给曲线是一条不受利率影响的垂线。当中央银行增加货币供给时，货币供给曲线向右移动，反之则向左移动。即假定其他条件不变，利率会随着货币供给的增加而下降。对此，经济学家米尔顿·弗里德曼将货币供给增加会降低利率的结论称作“流动性效应”。

2. 货币需求曲线

在凯恩斯的分析中，对于货币而言，唯一的替代性资产债券的预期回报率等于利率r。他认为，在其他条件不变的情况下，利率上升，相对于债券来说，货币的预期回报率下降，货币需求减少。我们也可以按照机会成本的逻辑，来理解货币需求与利率之间的负向关系。机会成本是指由于没有持有替代性资产（这里指债券）而失去的利息收入（预期回报率）。随着债券利率r上升，持有货币的机会成本增加，于是货币的吸引力下降，货币

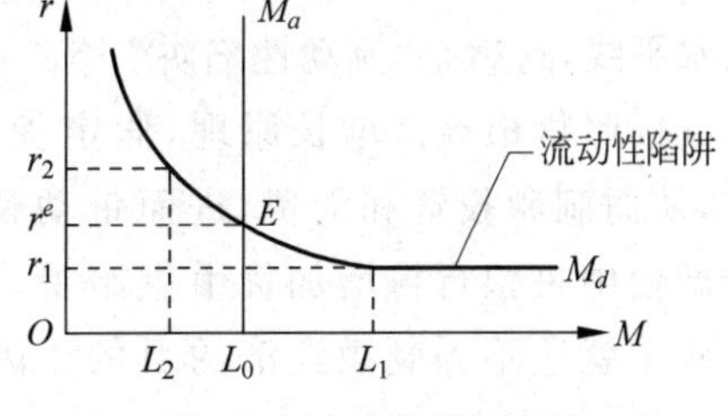

图3-2 流动性偏好理论

需求相应减少。因此，如图 3-2 中的 M_d 曲线所示，货币需求曲线是一条向右下方倾斜的曲线，它表明货币需求是利率的减函数。

在凯恩斯的流动性偏好理论中，两个因素会引起货币需求曲线的位移，它们是收入效应和价格效应。

(1) 收入效应是指随着收入的增加所引起的货币需求曲线右移。一方面，随着经济的扩张与收入的增加，财富增长，人们愿意持有更多的货币来储藏价值；另一方面，随着经济的扩张与收入的增加，人们愿意利用货币这一交易媒介进行更多的交易，于是他们就希望持有更多的货币。因此，凯恩斯认为，在经济周期扩张阶段，假定其他经济变量不变，利率随着收入的增加而上升。

(2) 价格效应是指随着物价水平上升导致任一利率水平上的货币需求增加，推动需求曲线向右位移。凯恩斯认为，人们关注的是按照不变价格来衡量的货币持有量，即按照所能购买到的产品和服务的数量来衡量货币的量。当物价水平上升时，相同名义量的货币所能购买的产品和服务的数量减少了。人们为了将实际货币持有量恢复到原先水平，就希望持有更多名义量的货币，货币需求便增加，货币需求曲线右移。因此，凯恩斯认为，在货币供给和其他经济变量不变的情况下，利率随着价格水平的上升而上升。

3. 货币供给与货币需求相等时决定均衡利率水平

当 $M_s = M_d$，即货币供给与货币需求相等时，利率就是均衡利率 r^e，如图 3-2 中的 E 点所示。

当利率处于均衡利率水平之上时，货币需求下降，货币供给超过货币需求，资金盈余部门就会用手中多余的货币购买债券，导致债券价格上升，促使利率下降并向均衡利率方向移动；反之，当利率低于均衡利率水平时，投资者会反向操作，利率同样会重新向均衡利率方向移动。

在凯恩斯的流动性偏好理论基础上，我们归纳出影响均衡利率的三个因素，即收入、物价水平和货币供给。

（三）流动性陷阱

在凯恩斯的流动性偏好理论中，存在一种特殊的情况，就是“流动性陷阱”。它是凯恩斯提出的一种假说，是指当利率水平降低到不能再低时，人们就会产生利率只有可能上升而不会继续下降的预期，货币需求弹性变得无限大的现象，即无论增加多少货币，都会被人们储存起来。因此，即使货币供给增加，也不会导致利率下降。如图 3-2 所示，当利率降到一定水平如 r_1 时，投资者对货币的需求趋于无限大，货币需求曲线的尾端逐渐变成一条水平线，这就是“流动性陷阱”。

按照货币经济增长原理，假定货币需求不变，当货币供给量增加时，利率必然会下降，从而刺激投资和消费，进而带动整个经济的增长。当遇到“流动性陷阱”时，就意味着即使中央银行再增加货币供给量，人们也不会增加投资和消费，利率也不会下降，货币政策就达不到刺激经济的目的。因此，凯恩斯认为，当遇到“流动性陷阱”时，货币政策无效。

本章小结

1. 利息是指在一定时期内，资金拥有人将资金的自由使用权转让给借款人后所得到的报酬。

2. 利息率是指借贷期内所形成的利息额与所贷本金的比率，日常简称为利率。

3. 在实务中常用的利息计算方法有两种：单利和复利。单利计息方式是指每期利息仅以初始本金为基础来计息，各期利息并不并入下期本金。复利计息方式是指将每期的利息都并入下期本金，以便在下一个计息期继续生息。

4. 在利率这个大系统中，可以按照不同的标准划分出多种多样的利率类别。

5. 决定和影响利率的因素非常复杂，制定和调整利率水平时主要应考虑社会平均利润率、资金供求情况、国家经济政策、银行成本、物价水平及国际利率水平、国际经济环境等因素。

复习思考

1. 决定利率水平的因素有哪些？
2. 利率的作用有哪些？
3. 简述到期收益率与票面利率的区别与联系。
4. 简述流动性偏好利率理论的主要内容。
5. 简述古典学派利率决定理论的主要内容。

金融市场篇

第四章　金融市场体系

第五章　货币市场

第六章　资本市场

第七章　金融衍生工具市场

第四章

金融市场体系

学习目标

- 掌握金融市场的定义，理解金融市场的功能。
- 掌握金融市场的不同分类。
- 理解金融市场的发展趋势。

素养目标

- 具备金融法律、伦理和职业道德，能够在金融实践中遵守法律法规，坚持诚信和责任感。
- 了解金融市场情绪对市场波动的影响，能够分析市场非理性行为和投资偏差。
- 充分了解金融理论前沿的发展现状，把握金融发展的趋势并能够创造性地解决实际问题。

本章导读

金融是现代经济的核心，金融市场是整个金融体系的枢纽。金融市场是指以金融资产为交易对象而形成的供求关系及其机制的总和。金融市场具有资金聚敛、资源配置、流动性提供、风险管理、信息反映和公司控制等功能，在整个经济活动中发挥着重要的作用。本章介绍了金融市场的概念与功能、金融市场的构成要素、金融市场的类型等。

第一节　金融市场的概念与功能

市场是指商品交易关系的总和，主要包括买方和卖方之间的关系，同时也包括由买卖关系引发出来的卖方与卖方之间的关系，以及买方与买方之间的关系。从交易对象来看，市场可划分为生产资料市场、消费资料市场和生产要素市场；从交易范围来看，有地方市场、国内市场和国际市场等。

本节所讨论的是与一般商品市场有很大不同的金融市场。从国民经济运行的角度来看，市场可以划分为实物市场和金融市场，其中实物市场又划分为要素市场和产品市场，要素市场是指分配土地、劳动和资本等生产要素的市场，产品市场是指商品和服务进行交易的市场。在经济系统中引导资金的流向,推动资金由盈余部门向短缺部门转移的市场即为金融市场,简单来说,就是资金融通的市场。

金融市场资源分配流程如图 4-1 所示。

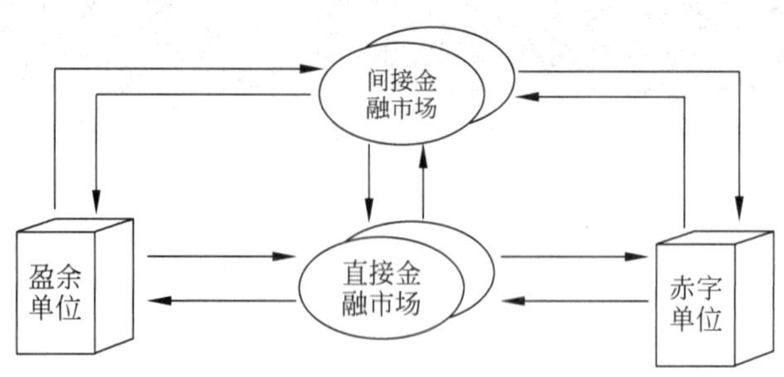

图 4-1　金融市场资源分配流程

▶一、金融市场的概念

金融是资金融通的交易活动的总称,资金的融通既可以通过银行等金融中介进行,也可以通过金融市场实现。金融市场(financial market)是指货币资金融通和金融资产交换的场所。在这个市场上,各类经济主体进行资金融通,交换风险,从而提高整个社会资源配置的效率。参与金融市场的各类经济主体包括个人、企业、政府、金融机构和中央银行五类,它们根据自己的需要选择充当资金供给方(投资方)或资金需求方(筹资方)。

金融市场是以金融资产为交易对象而形成的供求关系及其机制的总和,包括三层含义:第一,金融市场是金融资产进行交易的一个有形和无形的场所。有形的场所如证券交易所,无形的场所如外汇交易市场,通过电信网络构成的看不见的市场进行交易;第二,金融市场反映了资金的供给者和需求者之间的供求关系,揭示了资金从集中到传递的过程;第三,金融市场包含了金融资产交易过程中所产生的各种运行机制。金融市场主要是进行货币借贷以及各种票据、有价证券、黄金和外汇买卖的场所。人们通过金融市场的交易活动,沟通资金供求双方的关系,实现资金融通。

金融体系中的一些参与者是“储蓄者”,因而能够出售多余的资金,这些人是市场上的贷款人;其他参与者是“花销者”,经常需要借钱,这些人是借款人。一般将前者称为盈余单位(surplus unit),将后者称为赤字单位(deficit unit)。盈余单位是指当期总储蓄超过当期在资本品上支出的参与者。盈余资金就是盈余单位当期的总储蓄超过当期资本支出(当期对真实资产的投资)的金额。赤字单位是指当期总储蓄低于当期资本品支出的参与者。一个赤字单位的资金缺口(流量概念)反映了该单位当期的融资需求。这一缺口等于赤字单位当期的资本品支出减去当期的储蓄值。赤字单位能通过两种途径弥补其资金缺口:一种途径是出售自己所拥有的实物资产或金融资产来获取资金;另一种途径是发行金融证券来弥补资金缺口。这些金融证券可以是债务,比如发行债务证券(debt securities),是发行单位承诺在将来特定日期支付固定的金额;也可以是股权,比如向盈余单位发行的股权证券(equity securities)。这样,盈余单位就成为赤字单位的所有者之一。显然,两种途径都需要金融市场的帮助,否则就很难弥补资金缺口。金融市场就是盈余单位直接购买赤字单位所发行的直接证券(direct securities)的场所。当然,金融市场通过投资银行(investment banks)或经纪人(brokers),接受赤字单位的委托,代为搜寻购买者、设计证券甚至包销证券等。随着直接证券通过金融市场从赤字单位转移到盈余单位,资金也就由相反方向流动到了赤字单位,如图 4-2 所示。

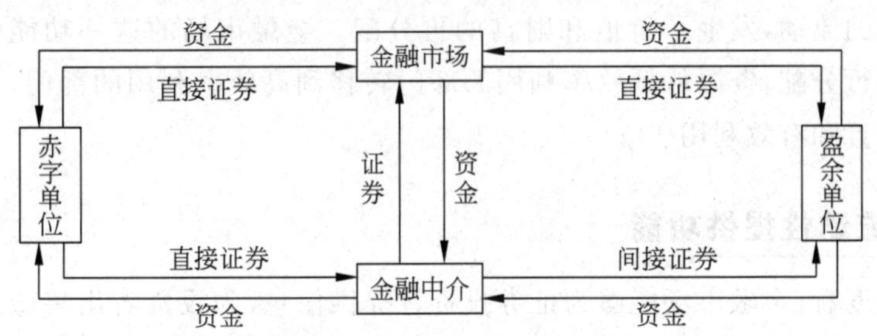

图 4-2 金融市场资金流动

金融中介(financial intermediaries)是金融体系中的另一个重要组成部分,是资金中介,主要是银行类机构。它们与金融市场的资金转移机制不同,它们首先购买赤字单位发行的直接证券然后再向盈余单位发行间接证券(indirect securities),成为赤字单位和盈余单位之间名副其实的媒介。由于现代金融市场十分复杂且非常专业化,小规模的盈余单位如家庭或个人等市场参与者直接进入金融市场投资的参与成本(participation costs)甚高,因此它们往往通过金融中介机构如共同基金、保险公司等专业化运作,降低参与金融市场的成本,从而完成在金融市场上的投资活动。越是发达的金融市场,越离不开金融中介机构的参与;反之中介机构越是发达,金融市场的功能就越完善,运作也越有效率。二者相互促进,优势互补。

二、金融市场的功能

金融系统最基本的功能是在不确定性环境下,利用资源进行跨时(intertemporal)和跨地(cross-sectional)的配置。连接储蓄者与投资者的金融系统主要由金融市场和金融中介机构两部分组成。通过金融市场进行的融资属于直接融资,通过金融中介机构进行的融资属于间接融资。

依据金融市场在实现金融功能方面的自身特点,下面我们具体从资金聚敛、资源配置、流动性提供、风险管理、信息反映和公司控制等方面阐述金融市场的功能。

(一)资金聚敛功能

资金聚敛功能是指金融市场提供多样的投资手段,引导众多分散的小额资金汇聚成为可以投入社会再生产的资金集合功能,是金融市场最基本的功能。金融市场的资金聚敛功能在金融市场发挥着资金“蓄水池”的作用。它通过创造多种多样的金融工具并为之提供良好的流动性,满足资金供求双方对于期限、收益和风险的不同要求,为资金供应者提供适合的投资手段,从而引导众多分散的小额资金汇聚成为可以投入社会再生产的大规模资金。

（二）资源配置功能

资源配置功能是指金融市场通过定价机制自动引导资金的合理配置，进而引导资源从低效益部门向高效益部门流动，从而实现资源的合理配置和有效利用。在金融市场上，随着金融工具的流动，发生了价值和财富的再分配。金融市场的这一功能引导着资金在金融资产间进行分配，资源从低效率利用的部门转移到高效率利用的部门，从而实现稀缺资源的合理配置和有效利用。

（三）流动性提供功能

从微观角度看，金融市场能够为证券投资者提供信息，为投资者出售金融资产提供了便利。例如，投资者通过上市公司公布的财务报表来了解企业的经营状况，从而为投资决策提供充分的依据。从宏观角度看，金融市场交易形成的价格指数可以作为国民经济的“晴雨表”，能够直接或间接地反映出国家宏观经济运行状况。

（四）风险管理功能

风险管理功能即分散和转移风险功能，是指金融市场的各种金融工具在收益、风险及流动性方面存在差异，投资者可以采用各种证券组合来投资，分散因投资单一金融资产所面临的非系统性风险，从而提高投资的安全性和盈利性。但需要明确的是，金融市场只能针对某个局部分散或转移风险，而不能从总体上消除风险。

（五）信息反映功能

金融市场是国民经济的信号系统。首先，金融市场反映了微观经济运行状况。例如，证券市场上股票价格的升降变化能够反映一个企业经营管理和经济效益的状况。一个企业的贷款运行变化，反映了该企业资金周转状况及其质量，促使资金在投资者和储蓄者之间实现高效的转移和配置。其次，金融市场也反映着宏观经济运行状况。国家的经济政策，尤其是货币政策的实施情况、银根松紧、通胀的程度以及货币供给量的变化，均会反映在金融市场之中。最后，由于金融机构有着广泛、迅捷的信息收集、网络传播的功能，国内金融市场同国际金融市场连接为一体，所以通过它可以及时了解世界经济发展的动向。

（六）公司控制功能

资金的转移和有效配置通常面临许多风险。其中，如何确保资金使用者能够有效运用资金并到期偿还或给予当初允诺的投资回报，是投资者决策时要考虑的重要问题之一。因此，需要有一套监控和激励机制来确保资金的高效使用。金融市场的信息生产功能主要解决投资决策做出前的非对称信息问题，即逆向选择（adverse selection）；而监控与激励机制则主要解决投资决策做出后的非对称信息问题，即道德风险（moral hazard）。监控通过外部核实或约束，来监督资金使用者的行动，防止其做出不利于投资者的行为。激励是指激励资金使用者作出符合投资者的利益的行动，防止其偷懒。对于投资者来说，运用监控和激励手段来防范资金使用者的道德风险行为，二者缺一不可。

第二节 金融市场的构成要素

当前世界各国金融市场的发展存在着很大的差异，但是从金融市场的构成要素来看，所有金融市场都是由主体、客体、组织方式和价格构成的。

一、金融市场的主体

金融市场的主体是指金融市场的参与者，可以是自然人，也可以是法人。可以从不同的角度将金融市场的主体划分为不同的类型。

（一）按照金融活动的特点划分金融市场主体

在金融市场上，按照金融活动的特点，可以将金融市场的主体划分为筹资者、投资者、套期保值者、套利者及监管者五类。筹资者是金融市场上资金的需求者。投资者是金融市场上资金的供给者，是指为了获取各种收益而购买各种金融工具的主体。按照交易动机、时间长短，广义上的投资者可以再划分为投资者和投机者两类。套期保值者是利用金融市场来转嫁风险的主体。套利者是利用金融市场来赚取无风险利润的主体。监管者则是对金融市场进行宏观调控和监管的中央银行以及其他各种金融监管机构。

（二）按照自身的特性划分金融市场主体

金融市场上有政府部门、中央银行、金融机构、金融中介、工商企业、居民个人和外国参与者等市场主体。各种参与者的特性不同，在金融市场上起到的作用也各不相同。

1. 政府部门

政府部门（包括中央政府、中央政府的代理机构和地方政府）是金融市场上资金的需求者，主要通过发行国家债券或者地方政府债券来筹集资金，用于国家基础设施建设，弥补财政预算赤字等；同时，国家财政筹集的大量收入在支出前形成的资金结余又可以使其成为资金的供给者。

2. 中央银行

中央银行在金融市场中扮演双重角色，它既是金融市场的行为主体，又是金融市场的主要监管者。中央银行在金融市场中担负着最后贷款人的职责，因而成为金融市场的资金供给者；同时，中央银行参与金融市场又以实现国家货币政策、稳定货币和调节经济为目的。

3. 金融机构

金融机构是金融市场最重要的参与者，表 4-1 汇总了金融机构的资金来源和运用情况。

表 4-1 金融机构的资金来源和运用情况

金融机构	主要资金来源	主要资金运用
商业银行	家庭、企业和政府机构	购买政府和公司债券；发放贷款
储蓄机构	家庭、企业和政府机构	购买政府和公司债券；发放住房抵押贷款
信用合作社	信用社会员	向信用社会员贷款
金融公司	向家庭、企业出售证券	发放贷款
基金公司	向家庭、企业发行基金	购买政府债券、公司证券
货币市场基金	向家庭、企业发行基金	购买政府债券、公司证券、货币市场工具
保险公司	保费收入和投资收益	购买政府债券、公司证券
养老基金	雇员、雇主缴纳	购买政府债券、公司证券

4. 金融中介

金融中介是金融市场上的特殊参与者，也是专业参与者。从表面上看，金融中介是金融市场上最大的买方和卖方，但实质上金融中介既不是资金的初始供给者，也不是最终需求者，其买卖最终是为了金融市场上其他参与者的买和卖，这就是金融中介的特殊性所在。同时，金融中介又是金融市场上唯一的专业参与者，其专业体现在参加金融市场活动，为潜在的和实际的金融交易双方创造交易条件，为买卖双方降低寻找成本，使潜在的金融交易变成现实。因此，金融中介也被称为市场创造者。

5. 工商企业

工商企业在金融市场的运行中无论是作为资金的需求者还是资金的供给者，都具有重要的地位。在生产经营过程中，经常会有一些企业出现暂时性的资金盈余，而另外一些企业则出现暂时性的资金短缺。此时，企业不仅可以向金融中介机构进行资金余缺的融通，还可以在金融市场上发行或者购买各种金融工具，从而实现盈余资金的投资或者得到所需资金，以此实现企业生产经营过程当中的不同目的。

6. 居民个人

居民个人是金融市场上的资金供给者和金融工具的购买者。为了存集资金或者留存部分资金以备不时之需，居民个人除了必要的消费外，往往会将手中的资金存入银行或者在金融市场上购买股票、债券等金融工具。通过这些金融投资组合，既可以满足居民个人日常的流动性需求，又可以达到保值增值的目的。居民的投资可以直接购买金融工具，也可以通过金融中介进行间接投资，如投入保险、购买共同基金等，最终都是向金融市场提供资金。此外，有时居民个人也会有资金需求，如耐用消费品的购买以及住房、汽车消费等。

7. 外国参与者

外国参与者构成了外国部门。这个部门包括所有来自国外的金融市场参与者：家庭、非金融机构、政府以及中央银行。随着世界各国逐步放开金融市场，外国参与者参与国内金融市场和国际金融市场的现象越来越普遍。

二、金融市场的客体

金融市场的客体是指金融市场主体交易的对象，即通常所说的金融工具，包括各种票据、债券、股票、外汇、凭证及各种衍生工具。金融工具可以分为货币市场工具和资本市场工具两大类。货币市场工具包括短期的、可转让的、具有高流动性的低风险债务工具，它是固定收益市场的一个子市场。资本市场工具则包括风险更高的长期证券。

自 20 世纪 70 年代以来，金融市场的一个显著发展就是期权和期货市场的发展。例如，从股票交易中派生出来的股指期货、股票期权等；从债券交易中派生出来的利率期货、信用违约互换等；从外汇交易中派生出来的外汇期货、货币期权、货币互换和汇率掉期等。期权和期货价值是从其他资产价值中衍生出来的，所以也称为衍生金融工具（或金融衍生品），而其他金融工具则称为原生金融工具。

金融工具的发展是与货币、信用和金融市场的发展分不开的，在商业信用基础上发展起来的银行信用和金融市场促进了信用工具成为金融市场上的交易工具。随着金融市场范围和深度的不断拓展，金融创新的速度不断加快，金融工具的种类也会越来越多。

▶三、金融市场的组织方式

金融市场的组织方式是指把交易双方和交易对象通过金融机构联系起来，共同确定交易价格，最终实现转让交易对象目的的形式。金融市场的组织方式主要有拍卖方式和柜台方式。

1. 拍卖方式

金融市场上的拍卖（auction）方式是指买卖双方通过公开竞价来确定买卖的成交价格。目前，公开竞价有两种方式。一种方式是人工拍卖，即由金融工具的出售方通过呼喊加手势报出要价，购买方之间激烈竞争报出买价，出价最高的购买方将最终获得所售金融工具。另一种方式是计算机自动撮合，即买卖双方不必直接见面，而是分别将欲买和欲售金融工具的价格输入计算机，由计算机按照时间优先、价格优先的原则自动配对，实现成交。

2. 柜台方式

柜台（over-the-counter，OTC）方式是指通过交易中介来买卖金融工具，而不是通过交易所竞价方式确定交易价格。在这种方式中，金融工具的买卖双方都分别同金融机构进行交易，或者将出售的金融工具卖给金融机构，或者从金融机构买进金融工具。在柜台方式组织的金融交易中，买卖价格是由证券公司根据市场行情和供求关系自行确定。对于同意交易的某种金融工具，金融机构以双边报价的方式进行挂牌，即同时报出该工具的买入价格（bid price）和卖出价格（asked price），表示愿意以所报出价格买入或者卖出金融工具。金融机构一旦对某种金融工具报出价格，则在报出新的价格之前，不得拒绝以已经报出的买入或者卖出的价格来买卖该种工具。一般金融机构的报价中，买入价格低于卖出价格，价差（spread）就是它的主要利润来源。

▶四、金融市场的价格

金融市场的价格是由资金供求关系决定的，是金融工具或金融产品交易的依据，有利率、汇率、证券价格、黄金价格和期权价格等。这些价格本质上都是资产的价格，其中最主要的是利率。各种金融市场均有自身市场的利率，如贴现市场利率、国库券市场利率、银行间同业拆借利率等。市场利率是不受官方控制的利率，但这并不排除中央银行货币操作对其产生的影响。

第三节 金融市场的类型

根据不同的分类标准可以把金融市场划分为许多具体的子市场。每个金融市场都可以同时具备多种市场属性。采取多样的分类方法有助于更好地把握每个金融市场的具体特征，从而更充分、更全面地理解金融市场。

金融市场的传统分类是将金融市场划分为货币市场、资本市场、外汇市场、黄金市场和衍生市场五类，详见图4-3。

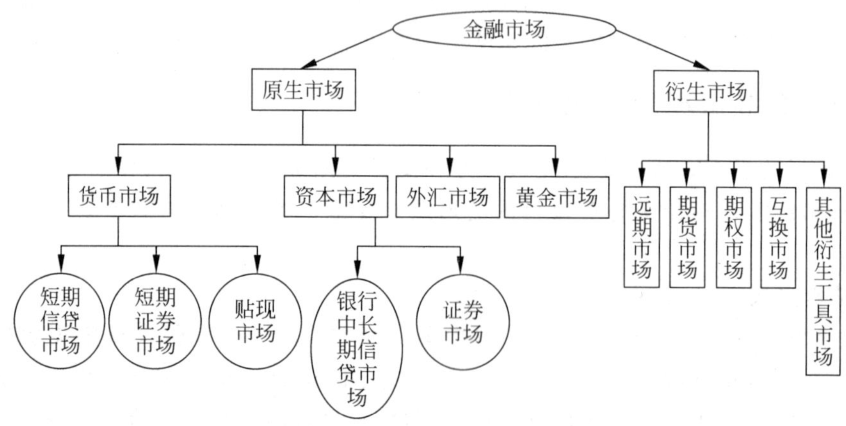

图4-3 金融市场的传统分类

一、货币市场和资本市场

按要求权的期限可将金融市场分为货币市场和资本市场。货币市场被称为短期金融市场，是指以期限在一年或一年以下的金融资产为交易标的的市场。资本市场是以期限在一年以上的金融资产为交易标的的市场。债务工具等短期金融资产在一年期或一年期以下的，是货币市场的一部分，在一年期以上的就归入资本市场。普通股和优先股等权益工具一般是永久性的，是资本市场的一部分。

货币市场的主要功能是保持金融资产的流动性，将金融资产转换成现实的货币。货币市场主要进行国库券、商业票据、银行承兑汇票、可转让定期存单、回购协议、联邦资金等短期金融资产的买卖，政府、金融机构、工商企业等是货币市场的主体。货币市场是无形市场，交易量巨大；货币市场又是公开的批发市场，按照市场价格进行交易，具有很强的竞争性。货币市场的发展，为中央银行有效实施公开市场操作提供了必要的基础性条件。通过市场所形成的银行间同业拆借利率、回购利率以及现券交易利率，不仅为全社会的金融资源配置提供了重要的基准价格，也为货币当局判断市场资金供求状况提供了更为接近真实的参照。

资本市场是专门融通期限在一年以上的中长期资金的市场。资本市场包括银行中长期存贷款市场和有价证券市场，证券市场是资本市场中最重要的部分。资本市场与货币市场相比，除了期限不同和交易的金融工具各异外，在融资目的、风险程度、收益水平、资金来源等方面也不相同；同时，二者又在很多方面相互联系、相互影响。例如，资金相互流动、利率同向变动趋势、资金存量相互影响等。货币市场与资本市场之间的关系如图 4-4 所示。

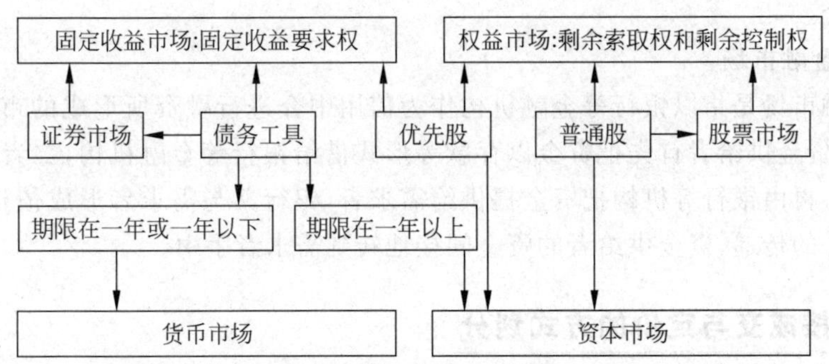

图 4-4 货币市场与资本市场之间的关系

▶二、现货市场和金融衍生品市场

按金融交易合约性质的不同可将金融市场分为现货市场、期货市场及其他金融衍生品市场。现货市场是须在交易协议达成后的若干个交易日内办理交割的金融交易市场。现货交易是金融市场上最普遍的一种交易方式，包括现金交易、固定方式交易以及保证金交易。现金交易是指成交日和结算日在同一天的交易；固定方式交易是成交日和结算日相隔七天以内的交易；保证金交易也叫垫头交易，是指在投资者资金不足，但又想获得较多投资收益时，采取先交付一定比例的现金，其余资金由经纪人贷款垫付买卖金融工具的交易方式。

金融衍生品市场是各种金融衍生品进行交易的市场。它一般表现为一些合约，这些合约的价值由其交易的金融资产的价格决定。衍生工具包括远期合约、期货合约、期权合约、互换协议等。本书第七章将会详细介绍金融衍生品市场的相关知识。

▶三、其他分类

（一）按有无固定场所划分

1. 有形市场

有形市场是指具有固定的空间或场地，集中进行有组织交易的市场，典型形式为证券交易所。

2. 无形市场

无形市场是指没有固定的空间或场地，而是通过电信、计算机网络等现代化通信设备实现交易的市场。金融市场的绝大部分交易都是通过这种无形市场进行的。

（二）按中介特征划分

1. 直接金融市场

直接金融市场是指由资金供求双方分别作为最后贷款人和最后借款人直接进行融

资，结成直接债权债务关系所形成的市场。在直接金融市场上，筹资者发行债务凭证或所有权凭证，投资者出资购买这些凭证，资金就从投资者手中直接转到筹资者手中，而不需要通过信用中介机构。需要注意的是直接金融市场上不存在资金中介，但是存在信息中介和服务中介。

2. 间接金融市场

间接金融市场是指以银行等金融机构作为信用中介进行融资所形成的市场。在间接金融市场上，资金供给者首先把资金以存款等形式借给银行等金融机构，二者之间形成债权债务关系。再由银行等机构把资金提供给需求者，银行又与需求者形成债权债务关系，通过信用中介的传递，资金供给者的资金间接地转到需求者手中。

（三）按成交与定价的方式划分

1. 公开市场

公开市场是指由众多市场主体以拍卖方式定价的市场，这类市场一般是有组织的和有固定场所的有形市场，如股票交易所。

2. 议价市场

议价市场是指没有固定场所，相对分散的市场，双方的买卖活动要通过直接谈判而自行议价成交，如中小企业的未上市股票交易。

本章小结

1. 金融是资金融通的交易活动的总称，资金的融通既可以通过银行等金融中介进行，也可以通过金融市场实现。金融市场是货币资金融通和金融资产交换的场所。在这个市场上，各类经济主体进行资金融通，交换风险，从而提高整个社会资源配置的效率。

2. 在金融市场上，按照金融活动的特点，可以将金融市场的主体划分为筹资者、投资者、套期保值者、套利者及监管者五类。按照自身特性划分，金融市场上有政府部门、中央银行、金融机构、金融中介、工商企业、居民个人和外国参与者等市场主体。各种参与者的特性不同，在金融市场上起到的作用也各不相同。

3. 金融市场的传统分类是将金融市场划分为货币市场、资本市场、外汇市场、黄金市场和衍生市场五类。

复习思考

1. 金融市场的基本特征与功能。
2. 金融市场的分类及它们之间的关系是怎样的？
3. 金融市场主体有哪些？
4. 金融市场的构成要素是什么？

第五章 货币市场

学习目标

- 掌握货币市场的特点、功能、货币市场的参与者。
- 理解货币市场各个子市场的定义、特点、作用、交易机制。
- 了解我国货币市场各个子市场的现状。

素养目标

- 了解货币市场与其他金融市场(如资本市场)以及实体经济之间的相互关系,把握货币市场在宏观经济运行中的角色和作用,从而提升对宏观经济运行机制的整体认知。
- 培养对相关金融数据(如利率、交易量等)的收集、分析和解读能力。能够运用数据来评估货币市场的运行效率、风险水平等,进而为投资决策、政策分析等提供数据支撑。
- 能够针对货币市场运行中存在的问题(如市场效率低下、交易不活跃等)提出创新性的解决方案。

本章导读

2007 年,我国正式推出上海银行间同业拆放利率(Shanghai Interbank Offered Rate, Shibor),它以位于上海的全国银行间同业拆借中心为技术平台计算、发布并命名,是由信用等级较高的银行组成报价团自主报出的人民币同业拆放利率计算确定的算术平均利率,是单利、无担保、批发性利率。目前,对社会公布的 Shibor 品种包括隔夜、1 周、2 周、1 个月、3 个月、6 个月、9 个月及 1 年。经过多年的发展,Shibor 利率期限完整,规模交易量大,报价行已扩展覆盖了政策性银行、国有大型商业银行、股份制银行、城商行及外资银行,充分反映了各大金融机构对市场资金及宏观经济的判断。市场上越来越多的衍生品选择 Shibor 作为定价参考,Shibor 的重要作用已被市场广泛接受。

那么,什么是 Shibor? 货币市场利率有什么重要意义? 我国货币市场包括哪些子市场? 什么是买断式回购? 它和质押式回购有什么区别? 通过本章的学习,你将会弄清楚这些问题。

第一节 货币市场概述

一、货币市场的定义与特征

（一）货币市场的定义

货币市场(money market)即短期资金市场,是期限在一年以内的资金融通和短期金融工具交易所形成的供求关系及其运行机制的总和。货币市场的功能是将个人、公司和政府部门的短期资金转移给那些缺少短期资金的经济主体。

根据货币市场上的融资活动及流通的金融工具,可将货币市场划分成同业拆借市场、回购协议市场、票据市场、国库券市场、存单市场等若干个子市场。由于在该市场上流通的金融工具主要是一些短期金融工具,如国库券、商业票据、银行承兑汇票、大额可转让定期存单等,这些金融工具都具有期限短、流动性强、对利率敏感等特点,可视为"准货币",所以该市场被称为"货币市场"。

（二）货币市场的特征

(1) 货币市场工具都是短期的,平均质量较高,风险较小。货币市场参与者的目的是调剂短期的资金余缺,所以在货币市场交易的货币市场工具期限都较短,利率风险小。融资方主要是政府和相关机构、大金融机构,以及声誉卓著的大公司,信誉高,违约风险小。

(2) 货币市场是一个批发市场。货币市场工具一般面值较大,在美国,通常一级市场发行面值在 10 万美元以上;二级市场的交易量通常在 100 万美元以上。货币市场交易成本较低,是一个典型的货币批发市场。如此巨额的交易使得个人投资者无法直接参与其中,他们只能通过货币基金市场间接参与。

(3) 货币市场又是一个不断创新的市场。随着经济的发展和金融市场的深化,新的金融需求不断涌现,促使市场参与者开发新的金融工具和交易方式。技术进步特别是信息技术的快速发展,为货币市场提供了更高效的交易平台和数据分析工具,推动了市场创新。此外,监管政策的变化也会影响市场创新的方向和速度。

(4) 中央银行直接参与。货币市场作为金融体系的中心机制,是中央银行同商业银行及其他金融机构的资金连接渠道,中央银行直接参与货币市场调节和控制货币供给量,影响国内利率水平。

二、货币市场的参与者

货币市场是一个开放的市场,但能够在货币市场上进行筹资的参与者只限于财政部、政府其他机构、各银行和非银行金融机构以及少数大公司。而与此相对应,任何拥有闲置资金的个人和机构都可以进入货币市场购买货币市场工具。货币市场的参与主体主要有以下六类。

(1) 各类金融机构。包括商业银行和其他非银行金融机构,其中商业银行是货币市场的最主要参与者,商业银行积极参与银行同业拆借、发行大额可转让定期存单、买卖国库券和其他短期政府债券来保持资金头寸,筹集可直接用于发放贷款的资金,进行短期投资,构建和调整自己的资产组合。其他金融机构可能作为资金需求者或资金供给者,也可能作为货币市场的中介参与货币市场的发行和交易,为市场创造流动性,实现货币市场的功能。

(2) 机构投资者。包括保险公司和货币市场共同基金,它们参与货币市场的目的是实现短期资产的保值增值,使自己的投资在期限、风险和收益等方面合理组合,并且通过投机活动实现套利。

(3) 各类企业。包括各行业短期资金的需求者和供给者。短期资金需求者主要通过货币市场募集短期营运资金,解决暂时性资金周转困难,避免财务困境的出现,实现企业平稳运行。有些企业拥有暂时闲置的资金,它们在资金需求尚未发生前,用这笔资金购买货币市场工具,实现资金保值增值的目的。

(4) 政府部门。国家的财政部是货币市场上唯一纯粹以卖方身份进入的参与者。财政部只是货币市场上初级交易的参与者,它为了满足短期资金的需求(包括偿还到期的国库券)而发行国库券。在有些国家,除了财政部外,地方政府和政府金融机构也发行大量的短期债券,这些短期债券在很多方面与国库券相似。

(5) 中央银行。中央银行主要通过公开市场操作参与货币市场。中央银行参与货币市场不是为了筹措资金或进行投资谋取利润,也不是为了给货币市场工具创造二级市场,而是执行货币政策,控制和调节货币供给量。

(6) 个人投资者。主要通过购买国库券、货币市场共同基金来参与。

三、货币市场的功能

一般认为,货币市场作为短期资金市场,其功能主要体现在以下方面。

(一) 货币市场是调剂资金余缺、满足短期融资需要的市场

相对于长期投资性资金需求来说,短期性、临时性资金需求是微观经济行为主体最基本、最经常的资金需求。流动性资金快速周转的特征决定了短期融资是企业生产经营过程中最经常的融资需求,通过签发合格的商业票据,企业可以从货币市场及时、低成本地筹集大规模的短期资金来满足这种需求。与此同时,流动性资金暂时闲置的企业也可以通过购买国库券、商业票据等货币市场工具,实现合理的收益回报,达到安全性、流动性和收益性相统一的财务管理目的。

(二) 货币市场是商业银行等金融机构进行流动性管理的市场

商业银行等金融机构的流动性是指其能够随时应付客户提取存款或满足必要的借款及对外支付要求的能力。流动性的缺乏意味着偿付能力不足,有可能引发挤兑危机,因此,流动性管理是商业银行等金融机构进行资产负债管理的核心内容。商业银行等金融机构通过参与货币市场的交易活动可以保持业务经营所需的流动性。

（三）货币市场是实施货币政策、调节宏观经济运行的场所

在市场经济国家，中央银行为调控宏观经济运行所进行的货币政策操作主要是在货币市场中进行的。中央银行主要通过再贴现政策、法定存款准备金政策和公开市场业务来影响市场利率与货币供给量，在这个过程中货币市场发挥了基础性作用。

（四）货币市场为资本市场健康发展提供资金池和缓冲区

货币市场有利于资本市场健康发展。首先，发达的货币市场为资本市场提供了稳定充裕的资金来源。从资金供给角度看，资金盈余方提供的资金层次是由短期到长期、由临时性到投资性的，因此货币市场在资金供给者和资本市场之间搭建了一个"资金池"，资本市场的参加者必不可少的短期资金可以从货币市场中得到满足，而从资本市场中退出的资金也能在货币市场上找到出路。其次，货币市场的良性发展减少了由于资金供求变化对社会造成的冲击。从长期市场退下来的资金有了出路，短期游资对市场的冲击力大减，投机活动得到了最大可能的抑制。

拓展阅读

中央银行加大资金投放，货币市场正趋于平稳

2023 年 6 月，中央银行加大公开市场操作力度，6 月 16 日开展了 420 亿元逆回购操作，而此前一日为 20 亿元。此后，公开市场逆回购操作量稳步增加，6 月 20 日起连续保持在千亿元量级。端午假期结束后，随着半年末时点临近，中央银行公开市场逆回购操作进一步放量：6 月 25 日，开展 1 960 亿元逆回购操作；26 日，开展 2 440 亿元逆回购操作，单日操作量创下二季度以来单日之最，显示中央银行"补水"力度逐步加大。6 月 16 日至 26 日，中央银行累计开展逆回购操作 8 980 亿元，实现净投放 7 570 亿元，资金投放力度不小，维护半年末流动性平稳的态度可见一斑。

临近半年末，货币市场利率有所上行，流动性边际收紧，但总体仍处于合理水平，特别是随着中央银行加大资金投放，货币市场正趋于平稳。截至 6 月 26 日收盘，银行间市场 1 天期债券质押式回购利率（DR001）报 1.14%，7 天期债券质押式回购利率（DR007）报 1.91%，分别较前值回落 23 个、6 个基点。仲量联行大中华区首席经济学家兼研究部总监庞溟说，目前短期货币市场利率总体平稳，表明银行间市场短期流动性较充裕、资金面整体未见大幅收紧。在中央银行及时有力的调节之下，上半年末流动性出现大幅波动的可能性并不大。从信贷投放的角度观察，信达证券首席固定收益分析师李一爽提示，考虑到二季度信贷投放压力减弱，银行满足监管考核指标的压力相应减轻，二季度末市场资金面的紧张程度较弱于一季度。

连续实施大额资金投放不会是常态，预计在跨半年时点后，公开市场操作力度将迎来灵活调整。业内专家预计，中央银行将根据流动性供求和市场利率变化，灵活运用多种工具开展流动性调节，继续保持流动性合理充裕。在庞溟看来，中央银行将继续畅通货币政

策传导机制，继续保持金融运行总体平稳、流动性合理充裕、信贷结构持续优化，以更好支持稳投资、促消费，提振发展信心，激发市场主体活力，为经济恢复向好创造适宜的货币金融环境。预计中央银行将继续通过公开市场逆回购等工具手段灵活开展调控，市场流动性将继续保持合理充裕。

资料来源：中国证券报. 保持流动性合理充裕　中央银行加码“补水”[EB/OL].(2023-06-27)[2024-04-24]. https://www.sohu.com/a/691171335_120988533.

第二节　同业拆借市场

一、同业拆借市场的定义

同业拆借市场是指金融机构之间以货币借贷方式进行短期资金融通活动的市场。同业拆借的资金主要用于弥补短期资金的不足、票据清算的差额以及解决临时性的资金短缺需要。同业拆借市场是一个交易量大，能敏感地反映资金供求关系和货币政策意图，影响货币市场利率的市场。因此，它是货币市场中非常重要的子市场之一。

二、同业拆借市场的特点

（一）融资期限较短

同业拆借市场最初多为一日或几日的资金临时调剂，是为了解决头寸临时不足或头寸临时多余所进行的资金融通。我国同业拆借期限最短为1天，最长为1年。我国同业拆借交易共有1天、7天、14天、21天、1个月、2个月、3个月、4个月、6个月、9个月、1年共11个品种。

（二）具有严格的市场准入条件

对进入市场的主体即进行资金融通的双方都有严格的限制，交易主体是经中国人民银行批准，具有独立法人资格的商业银行及其授权分行、农村信用合作联社、城市信用社、财务公司和证券公司等有关金融机构，以及经中国人民银行认可经营人民币业务的外资金融机构。

（三）交易额较大

同业拆借交易额大，2023年，银行间市场同业拆借累计成交达143万亿元。同业拆借一般不需要担保或抵押，完全是一种信用资金借贷式交易。双方都以自己的信用担保，都严格遵守交易协议。

（四）利率由供求双方议定

同业拆借市场上的利率可由双方协商，经过讨价还价，最后议价成交。同业拆借市场上的利率是一种市场利率，也是市场化程度最高的利率，能够充分灵敏地反映市场资金供求的状况及变化。

（五）技术先进，交易快捷

同业拆借市场作为一个无形市场，资金拆借双方通过电话、电报等现代化通信工具进行交易。达成协议后，就可以通过各自在中央银行的账户自动划拨清算，或者直接向资金交易中心提出供求和进行报价，由资金交易中心撮合成交，并进行资金交割划账。

三、同业拆借市场的分类

同业拆借市场可以按照种类划分为头寸拆借和同业借贷两类。

（一）头寸拆借

头寸拆借是指金融机构之间为轧平头寸、补足存款准备金和票据清算资金而在拆借市场上融通资金的活动。当头寸拆借用于补足存款准备金时，一般为隔夜拆借，即当天拆入，第二个营业日归还。与以补充存款准备金为目的的头寸拆借相比，以调整清算头寸为目的的头寸拆借更具普遍性和经常性。银行在每个营业日终了时都要进行清算，有的商业银行具有多余的头寸，而有的商业银行头寸不足。为了弥补清算时头寸的缺口，头寸不足的商业银行就可以通过同业拆借市场借入资金，及时补充头寸，确保清算顺利进行。

（二）同业借贷

同业借贷以调剂临时性、季节性的资金融通为目的，其作用不在于弥补准备金或头寸的不足，而在于获取更多的短期负债。对于拆入的金融机构来说，同业借贷可使其及时获取足额的短期资金，拓展负债业务。对于拆出的金融机构而言，同业借贷盘活了短期闲置资金，可以增加经营收益。

四、同业拆借市场的功能

（一）同业拆借市场为金融机构资产的流动性和盈利性提供了保障

有了同业拆借市场，商业银行等金融机构就可以在不用保持大量超额准备金的前提下，满足存款支付及汇兑清算的需要。同业拆借市场使具有超额准备金头寸的金融机构可以及时拆出资金，减少闲置资金，提高资金使用效率和盈利水平；同时，也为准备金不足的金融机构提供了高效率、低成本地获取资金的途径。

（二）同业拆借利率为市场提供了基准利率，是货币市场的核心利率

同业拆借利率能够及时、灵敏、准确地反映货币市场乃至整个金融市场的短期资金供求关系。同业拆借利率持续上升，反映资金需求大于供给，预示市场流动性可能下降；当同业拆借利率下降时，情况相反。同业拆借利率的升降，会引导和牵动其他金融工具利率的同方向变化。

（三）同业拆借市场是中央银行制定和实施货币政策的重要载体

同业拆借市场利率有效地反映了资金市场上短期资金的供求状态，中央银行可根据其利率变化情况了解市场资金的松紧状态，进而有针对性地运用货币政策工具进行宏观调控。比如，中央银行可以调节存款准备金率，增加或减少商业银行缴存准备金的数量，改变金融机构短期资金的供求关系，迫使同业拆借利率上升或下降，进而影响其他利率水平的变动，最后使信贷需求、投资需求、消费需求发生变化，从而实现宏观调控目标。

五、同业拆借市场的作用

同业拆借市场是货币市场的主要组成部分，备受金融机构及货币当局的重视。可以从以下三个方面来理解同业拆借市场的作用。

（一）同业拆借市场有利于金融机构间调剂在中央银行存款账户上的准备金余额

同业拆借市场满足了金融机构之间经常发生的头寸余缺调剂的需要。非银行性金融机构加入同业拆借市场当中来，交易对象也不再局限于商业银行的存款准备金，它还包括商业银行相互之间的存款以及证券交易商所拥有的活期存款。除了商业银行满足中央银行提出的准备金要求外，拆借目的还包括市场参与人轧平票据交换差额，解决临时性、季节性资金需求等。

（二）同业拆借市场有利于保证金融机构的安全性、流动性和盈利性

金融机构持有大量的超额准备金及短期证券资产，虽然可以提高流动性水平，但同时也会丧失资金增值的机会，导致盈利能力下降。而有同业拆借市场的存在，银行就不用保持过高的超额准备金，一旦出现事先未预料到的临时流动性需求，很容易就可以通过同业拆借市场从其他金融机构借入短期资金来获得流动性，金融机构不必出售那些高盈利性资产。这样，既避免了流动性不足，又不会减少预期的资产收益。

（三）同业拆借市场利率通常被当作基准利率

同业拆借按日计息，拆息率每天甚至每时每刻都不相同，它的高低变化直观地反映着货币市场资金的供求状况。在整个利率体系中，基准利率是在多种利率并存的条件下起决定作用的利率。当它变动时，其他利率也相应发生变化。了解了这种关键性利率的变动趋势，也就了解了全部利率体系的变化趋势。因此，中央银行往往把同业拆借利率作为其实施货币政策的中间变量。中央银行可以通过调整法定存款准备金率来调整同业拆借市场的货币供给量，进而影响整个经济体系。

第三节 回购协议市场

一、回购协议市场的定义

回购协议市场是指通过回购协议进行短期资金融通的市场。所谓回购协议(repurchase agreements),是指按照交易双方事先的协议,由卖方将一定数额的有价证券以一定的价格出售给买方,并承诺在未来约定的期限,以约定好的价格将这些有价证券买回。具体来说,在回购交易中先出售证券、后购回证券称为正回购;先购入证券、后出售证券则称为逆回购。当然,回购协议虽然表现为买卖证券的形式,但买卖价格与真正买卖证券的价格脱离,一般稍低于市价。实际上由于按约定价格购回,所以不受证券价格涨跌的影响,一般不会产生资本损失的风险,其安全性是可靠的。

二、证券回购协议的交易机制

(一)交易原理

许多企业都在资金使用之前通过回购协议的形式把资金投入货币市场,以获取少量的报酬,企业会以自己的闲置资金从银行购买短期国债,而银行则同意在将来以较高的价格将短期国债买回。大多数回购协议发生在银行之间,作为同业拆借资金的抵押品。如前文所述,银行通过彼此之间的同业拆借进行银行保证金的交易,但是这种纯粹的信用交易可能面临到期资金无法偿还的危险,因此拆出行可能要求拆入行提供一些优质资产作为融资抵押品。这样拆入行在融进资金时卖出国债等有价证券,在偿还资金时赎回国债等有价证券。

(二)证券回购协议的期限

证券回购协议的期限一般是短期的。按照到期日的性质,证券回购可以分为约定期间的回购和无固定到期日的回购。约定期间的回购,必须在约定日期进行证券的回购,大多数回购都属于这种类型。约定的时间有 1 天、7 天、14 天、21 天、1 个月、2 个月、3 个月或 6 个月。在无固定到期日的回购交易中,交易双方都无须预先通知对方即可结束回购协议,这种方式可以避免不断更新回购协议的手续,只要双方合作有利可图,该回购交易就会自动持续下去。证券回购交易的标的物主要有国库券、政府债券、其他有担保债券、大额可转让定期存单、商业票据等。

(三)证券回购协议和逆回购协议

由于所有的回购协议交易双方都是相互对应的,因此一项交易既可称为回购协议,也可称为逆回购协议。逆回购协议是指证券交易的卖方在购入证券时承诺在协议到期日卖给对方的协议。一项既定的交易从证券买方的角度来看是回购协议,而从证券卖方的角度来看则是逆回购协议。

（四）证券回购交易主体

回购协议市场的参与者十分广泛，中央银行、商业银行等金融机构，以及企业等非金融机构都是这个市场的重要参与者。中央银行通过回购和逆回购操作调控市场流动性，以实现货币政策目标。商业银行等金融机构则利用回购协议在保持流动性的同时获取更高收益。非金融企业也积极参与，通过逆回购提高闲置资金的收益，或通过回购协议以证券为担保获得短期融资。

（五）证券回购协议的收益和风险

证券回购市场属于无形市场，大多数交易由资金供求双方直接以电信方式进行。在证券回购市场中，回购利率和风险是交易双方十分关注的因素。在回购交易中，约定的回购价格与售出价格之间的差额反映了借款者的利息支出，它取决于回购利率的水平。

在期限相同时，回购协议利率与货币市场其他利率的关系如图 5-1 所示。

图 5-1　回购协议利率与货币市场其他利率的关系

尽管证券回购是一种高质量的抵押借款，但是交易双方当事人也会面临一定的风险，包括信用风险和清算风险。信用风险是指交易双方不履行回购协议中的买回或卖出义务，从而使双方遭受损失的可能性。在实际业务中，一般是通过设置保证金和根据抵押品市值调整回购价格或保证金的做法来减少信用风险。为降低交易费用和节省时间，一般在期限较短的回购交易中，证券的交付很少采用实物交割的方式，而是采取账户划转的方式，并以证券保管凭单代替实物证券，这就带来了清算风险。为避免清算风险，许多国家要求证券第三方金融机构统一进行保管，保管凭单必须以真实足额证券为依据，以防同一笔债券被多次用于回购协议。

▶三、回购协议市场的分类

（一）质押式回购市场和买断式回购市场

按证券的所有权在回购交易中是否发生了实质性的转移，回购协议分为质押式回购和买断式回购。质押式回购(pledge-style repo)是交易双方进行的以证券为权利质押的一种短期资金融通业务，是指资金融入方（正回购方）在将证券质押给资金融出方（逆回购方）融入资金的同时，双方约定在将来某一日期由正回购方按约定回购利率计算的资金额向逆回购方返还资金，逆回购方向正回购方返还原出质证券的融资行为。买断式回购(outright repo)是指证券持有人（正回购方）在将证券卖给证券购买方（逆回购方）的同时，交易双方约定在未来某一日期，正回购方再以约定价格从逆回购方那里买回相等数量的同种证券的交易行为。在中国银行间债券回购协议市场中，质押式回购交易成交额远远超过买断式回购交易成交额，且质押式回购交易成交的速度也高于买断式回购交易成交的速度。

（二）双方回购市场和三方回购市场

传统的双方回购是交易双方以有价证券为权利质押而进行的一种短期资金融通业务，三方回购属于回购市场中的创新品种，诞生于 20 世纪 70 年代末的美国。三方回购(tri-party repo)是指由中央托管机构作为第三方，提供专业担保品管理服务的证券质押融资交易。回购双方在交易时，只协商回购资金金额、利率和期限，而对应的质押证券则委托中央托管机构管理，按照市场参与者事先共同约定的规则进行自动选取、计算、质押，并对质押证券进行估值盯市和自动置换等期间管理服务。

第四节　票据市场

票据是金融市场上一种通行的信用结算工具，票据市场是以票据为交易对象的货币市场，是货币市场中与经济实体紧密联系的子市场，是金融市场参与者进行短期资金融通的重要场所。

一、票据

票据是指由出票人依法签发的，约定自己或委托付款人在见票时或指定日期向收款人或持票人支付一定金额并可转让的有价证券。票据记载了交易所发生的价值转移、出票人和持票人所享有的债权债务关系，并且可以在二级市场上转让变现，具有较强的流动性。票据市场是票据发行和流通的场所。

票据可以分为本票、支票和汇票。本票是指出票人签发的，承诺自己在见票时无条件支付确定的金额给收款人或持票人的票据。支票是指出票人签发的，委托办理支票存款业务的银行或其他金融机构在见票时无条件支付确定金额给收款人或持票人的票据。汇票是指出票人签发的，委托付款人在见票时或在指定日期无条件向持票人或收款人支付确定金额的票据。汇票根据出票人的不同，可以细分为银行汇票和商业汇票。银行汇票是指一家银行向另一家银行签发的书面支付命令，其出票人和付款人都是银行；商业汇票则是由公司或个人签发的汇票，商业汇票经过承兑后称为承兑汇票。

二、商业票据市场

票据市场是指票据交易和资金往来过程中产生的以商业汇票的签发、承兑、贴现、转贴现、再贴现来实现短期资金融通的市场。票据市场按照运作主体和功能的不同，分为一级市场和二级市场。一级市场即票据的发行市场。票据发行包括签发和承兑，其中承兑是一级市场的核心业务。在这个市场里，票据作为一种信用凭证实现融资的功能，票据的基本关系人因贸易交换给付对价关系或其他资金关系而使用票据，使其实现存在并交付。二级市场即票据的交易市场。交易包括票据背书转让、贴现、转贴现和再贴现等业务。二级市场实现了票据的流动、货币政策的传导、市场信息反馈等功能，是票据流通关系人、投资机构、市场经纪人进行交易的场所。

（一）商业票据的发行者和投资者

商业票据的发行者一般有以下三类。

1. 大企业的子公司

一些大型工商企业组建自己的财务公司，通过发行商业票据融资，再向母公司的销售商购买分期付款的债权，从而使销售商可以再向母公司进货。如美国的通用汽车公司、福特汽车公司通过这种方式支持消费信用，同时推动公司生产的发展。

2. 银行控股公司

一些银行的控股公司也直接发行商业票据，以筹措资金支持银行的其他金融业务，如租赁、消费信用等。

3. 其他获得商业银行信用额度支持的企业

商业票据的发行本身就是公司实力、信誉的最好证明，只有实力雄厚的大公司才能进入商业票据市场达成融资目的。为此，有的大公司即使不需要融资，为保持自己在市场上的声誉也会发行商业票据。

商业票据的投资者一般包括商业银行、投资公司、各类基金、非金融机构、政府部门等，个人投资者较少。目前，传统的主要投资者商业银行在这个市场上的份额在逐步缩小，其参与方式主要是提供信用支持。

（二）商业票据的发行方式

商业票据的发行方式有直接发行和间接发行两种。直接发行是由发行者直接将商业票据销售给最终投资者，采用此方式的主要是某些大公司附设的金融公司，它们承担着为母公司发行商业票据、提供金融服务的职能，由于发行规模较大，发行次数频繁，所以它们大多建立自己的销售网点，直接面向市场发售票据，从而节约发行费用。直接发行的基本程序是：①发行人向信用评级机构提出评级申请并提供必要的财务数据，由信用评级机构作出商业票据等级评定；②发行人公布商业票据发行的数量、期限和价格；③投资者与发行人洽谈买卖条件，包括数量、期限及价格等；④投资者买入票据，发行者收进资金。

间接发行则是通过票据经销商承销发行，这种方式简单易行，但是费用较高，发行人按一定的比例向承销人支付手续费。间接发行的基本程序是：①发行公司选择承销机构；②发行公司与经销商协商承销商业票据的有关事项，包括承销方式、期限、费用等，并以书面合同形式签订委托发行协议；③办理商业票据评级；④承销商依照委托协议的内容进行销售策划、宣传；⑤投资者购买商业票据，资金进入承销商账户；⑥承销商将资金划转至发行公司账户，并按协议规定处理未售完商业票据；⑦发行公司向承销商支付手续费。

▶三、银行承兑汇票市场

（一）银行承兑汇票的一级市场

银行承兑汇票的一级市场由出票和承兑两个环节构成，两者缺一不可。

1. 出票

出票是指出票人签发票据并将其交付给收款人的票据行为。汇票的出票人必须与付款人具有真实的委托付款关系，并且具有支付汇票金额的可靠资金来源。不得签发无对价的汇票用以骗取银行或者其他票据当事人的资金。汇票必须记载下列事项：表明“汇票”的字样、无条件支付的委托、确定的金额、付款人名称、收款人名称、出票日期、出票人签章。汇票上未记载上述七个规定事项之一的，汇票无效。

2. 承兑

承兑是指汇票的付款人承诺负担票据债务的行为。汇票的发票人和付款人之间是一种委托关系，发票人签发汇票，并不等于付款人就一定付款，持票人为确定汇票到期时能得到付款，在汇票到期前向付款人进行承兑提示。如果付款人签字承兑，那么他就要对汇票的到期付款承担责任，否则持票人有权对其提起诉讼。票据承兑有三个主要功能：确认债权债务关系；确定付款日期；明确发票人或背书人的权利。

（二）银行承兑汇票的二级市场

银行承兑汇票的二级市场包括票据交易者、商业银行、中央银行及其他金融机构等参与者。银行承兑汇票的二级市场包括贴现、转贴现、再贴现等票据交易行为。这一系列交易行为的前提是银行承兑汇票的背书。

1. 背书

背书是由持票人在银行承兑汇票背面签上自己的名字，并将汇票交付给受让人的行为。在银行承兑汇票持票人背书转让汇票权利时，应当按照法律的规定进行有关内容的记载，并且应该将汇票进行交付。由于银行承兑汇票可以通过背书的方式进行转让，所以汇票的流通性大大增加了。但是如果背书人不愿意将此汇票继续背书流通下去，也可以在汇票的背面记载“不得转让”的字样，此汇票就属于不能够背书转让的汇票。

2. 贴现

票据贴现是指票据的持有人在需要资金时，将其持有的未到期承兑汇票或商业票据转让给银行，银行扣除利息后将余款支付给持票人的行为。对于持票人来说，贴现是以出让票据的形式，提前收回垫支的商业成本。对于贴现银行来说，是买进票据，成为票据的权利人。当票据到期时，银行可以取得票据所记载金额。

3. 转贴现

如果商业银行自身急需资金，也可将贴现的票据向其他金融机构转贴现。转贴现是指贴现银行在需要资金时，将已贴现的未到期票据再向其他金融机构办理贴现的票据转让行为。票据转贴现不仅拓展了票据业务的深度和广度，而且活跃了票据市场，满足了商业银行调整信贷资产结构、调节短期资金、提高资金收益的需要，成为各商业银行一项重要的资产业务和流动性管理工具。

4. 再贴现

再贴现是指贴现银行在需要资金时，将已贴现的未到期票据再向中央银行办理贴现的票据转让行为。在一般情况下，再贴现是最终贴现，票据经过再贴现即退出流通过程。再贴现是中央银行对商业银行和其他金融机构融通资金的一种形式，通过调整再贴现率，中央银行可以调节市场利率和货币供给量。

第五节 其他货币市场

除了同业拆借市场、回购协议市场、票据市场外，在货币市场中比较重要的子市场还有存单市场和国库券市场。存单(certificates of deposits)是指受理存款业务的银行或其他金融机构发给存款人的存款凭证，是存款人提取存款的证明。存单可分为面向居民个人发行的大额可转让定期存单和面向金融机构发行的同业存单，我国目前比较活跃和重要的存单市场是大额可转让定期存单市场。

一、大额可转让定期存单市场

(一) 大额可转让定期存单市场概述

1. 大额可转让定期存单的定义

大额可转让定期存单(negotiable certificate of deposit，NCD)是商业银行印发的一种可以在金融市场上转让流通的定期存款凭证，凭证上印有一定的票面金额、存入日和到期日以及利率，到期后可按票面金额和规定利率提取全部本利，逾期存款不计息。

2. 大额可转让定期存单的特点

大额可转让定期存单的发行人通常是资金雄厚、信誉卓著的大银行，大额可转让定期存单通常安全性高、流动性强，与其他货币市场证券的利息不相上下，因此具有很强的吸引力。由于大额可转让定期存单对银行资产管理的作用及其自身所具有的特点，因而它是其他货币市场工具不可替代的。

(二) 大额可转让定期存单的一级市场

1. 发行者和投资者

中国大额可转让定期存单的发行主体为银行业存款类金融机构，包括商业银行、政策性银行、农村合作金融机构以及中国人民银行认可的其他金融机构等。我国在重启大额可转让定期存单市场后，首批大额可转让定期存单于 2015 年 6 月 15 日发行，首批发行的 9 家银行为中国工商银行、中国农业银行、中国银行、中国建设银行、交通银行、浦发银行、中信银行、招商银行和兴业银行。银行业存款类金融机构发行大额存单采用标准期限的产品形式，大额存单期限包括 1 个月、3 个月、6 个月、9 个月、1 年、18 个月、2 年、3 年和 5 年共 9 个品种。大额存单的投资者包括个人、非金融企业、机关团体等非金融机构投资者。鉴于保险公司、社保基金在商业银行的存款具有一般存款属性，且需缴纳准备金，这两类机构也可以投资大额存单。

2. 发行方式和定价

大额可转让定期存单的发行方式主要有两种：一是批发式发行，即银行集中发行一批存单，发行时将存单的发行数量、时间、利率、面额等予以公布，由投资者选购；二是零售式发行，即银行根据客户的要求，随时出售合乎客户要求的存单，存单的面额、期限、利率等由银行与客户协商后确定。我国大额可转让定期存单发行采用电子化的方式，大额存单可以在发行人的营业网点、电子银行、第三方平台以及经中国人民银行认可的其他渠道发行。

（三）大额可转让定期存单的二级市场

投资者购买存单，如果在大额存单到期前急需现金，则可将大额存单在流通市场上进行转让。在大额存单流通市场上，存单经销商起着重要的作用，他们既买进存单，又卖出存单，充当存单转让的中介，也可以持存单到期兑取本息。活跃的二级市场是推进存单市场发展的重要前提。借鉴国际经验并结合企业、个人等不同投资主体的交易需求，《大额存单管理暂行办法》规定大额存单的转让可以通过第三方平台开展，转让范围限于非金融机构投资者；通过发行人营业网点、电子银行等自有渠道发行的大额存单，可以根据发行条款通过自有渠道办理提前支取和赎回。

二、国库券市场

（一）国库券的定义

国库券(treasury bill)是国家财政当局为弥补国库收支不平衡而发行的一种短期政府债券。因为国家是债务人，以财政收入作为还款的保证，所以国库券几乎不存在信用违约风险，是金融市场中风险最小的信用工具。国库券市场就是国库券发行和转让交易活动的总称，它是政府部门为了短期资金周转的需要而承担的主动负债，同时也是中央银行进行公开市场操作的主要品种，是连接财政政策与货币政策的契合点。

（二）国库券市场的特征

国库券市场包括国库券的发行市场和流通市场，是货币市场的重要组成部分，发行量和交易量都非常巨大，在满足政府短期资金周转和宏观调控方面都发挥着重要作用。与其他货币市场相比，国库券市场具有以下特征。

1. 信用度高

由于国库券是中央政府的直接债务，有国家财政收入做保证，而且期限短，一般被认为不存在违约风险，因而国库券利率往往被称为无风险利率，成为确定其他利率的基准。

2. 流动性强

国库券能在交易成本较低、价格风险较低的情况下迅速变现，具有高度的可流通性。当然，当投资者需要资金时，是通过出售国库券还是其他手段来筹集资金，在很大程度上取决于其所需资金的期限和筹集资金的机会成本。

3. 面额小

相对于其他货币市场工具来说，国库券的面额较小，其面额远远低于其他货币市场工具的面额。对许多小投资者而言，他们能直接从货币市场购买的唯一有价证券就是国库券。

4. 利息免税

为了保障中央政府融资渠道畅通，按照国际惯例，对国库券利息收入免征所得税。对国库券交易而言，其他有价证券的适用所得税率越高，国库券的吸引力越大。

（三）国库券的发行市场

1. 国库券的发行人和投资者

国库券的发行人是政府财政部门。财政部门发行国库券的主要目的有两个：一是融通短期资金，调节财政年度收支暂时不平衡，弥补年度财政赤字；二是作为一项重要的财政政策工具，实现调控宏观经济运行的目的。国库券的投资者包括商业银行、非金融公司和中央银行。

2. 国库券的发行方式

国库券一般以贴现方式发行，这意味着国库券本身没有利息，投资者的收益是证券的购买价格与证券面额之间的差额。新国库券大多通过拍卖方式发行，投资者可通过两种方式来投标：一是竞争性方式，竞标者报出认购国库券的数量和价格（拍卖中长期国债时通常为收益率），所有竞标者根据价格从高到低（或收益率从低到高）排序；二是非竞争性方式，由投资者报出认购数量，并同意以中标的平均竞价购买。竞标结束后，发行者首先将非竞争性投标数量从拍卖总额中扣除，剩余数额分配给竞争性投标者。发行者从申报价最高（或收益率最低）的竞争性投标开始依次接受，直至售完。当最后中标标位上的投标额大于剩余招标额时，该标位中标额按等比分配原则确定。

本章小结

1. 根据货币市场上的融资活动及其流通的金融工具，可将货币市场分成同业拆借市场、回购协议市场、票据市场、国库券市场、存单市场等若干个子市场。

2. 同业拆借市场为金融机构资产的流动性和盈利性提供了保障，有了同业拆借市场，商业银行等金融机构就可以在不用保持大量超额准备金的前提下，满足存款支付及汇兑清算的需要。

3. 回购协议市场的参与者十分广泛，中央银行、商业银行等金融机构，以及企业等非金融机构都是这个市场的重要参与者。

4. 票据是金融市场上一种通行的信用结算工具，票据市场是以票据为交易对象的货币市场，是货币市场中与经济实体紧密联系的子市场，是金融市场参与者进行短期资金融通的重要场所。

5. 大额可转让定期存单的发行人通常是资金雄厚、信誉卓著的大银行，大额可转让定期存单通常安全性高、流动性强。

6. 国库券是由财政部发行的一种短期政府债券。其特点包括信用度高、流动性强、面额小和利息免税。

复习思考

1. 简述货币市场的基本特征与功能。
2. 简述同业拆借市场的分类。
3. 回购交易市场的参与者有哪些?
4. 什么是贴现、再贴现和转贴现?
5. 简述大额可转让定期存单和传统定期存款的区别。

第六章 资本市场

学习目标

- 掌握债券、股票、证券投资基金的特征及分类。
- 理解债券、股票、证券投资基金的发行与流通市场。

素养目标

- 理解各类市场主体应当遵守的行业规范、法律法规，促进市场秩序的健康发展。
- 具备良好的市场道德和职业操守，遵守诚实信用、公平竞争、保护投资者利益等原则。
- 关注社会责任，积极参与资本市场发展中的公益事业和社会责任活动。

本章导读

相对于货币市场来说，资本市场是进行中长期资金交易的市场，它们对投资者、工商企业和经济运行都非常重要。本章将对资本市场的概念、资本市场的工具、债券市场和股票市场等基本理论进行阐述。

第一节 资本市场概述

一、资本市场的含义

资本市场又称长期资金市场，是指期限在1年以上的长期资金的交易市场。其交易对象主要是政府中长期债券、公司债券和股票以及银行中长期贷款。广义的资本市场又分为证券市场和银行中长期信贷市场，狭义的资本市场则仅指证券市场。由于证券市场在资本市场中占据越来越重要的地位，本节主要介绍狭义的资本市场，即股票和债券的发行与流通市场。

二、资本市场的工具

（一）债券

1. 债券的概念

债券(bond)是一种金融契约，是政府、金融机构、工商企业等机构直接向社会借债筹措，向投资者发行，同时承诺按一定利率支付利息并按约定条件偿还本金的债权债务凭证。

债券的概念包括以下四层含义。

（1）债券的发行人（政府、金融机构、工商企业等机构）是资金的借入者。

（2）购买债券的投资者是资金的借出者。

（3）发行人（借入者）需要在一定时期内还本付息。

（4）债券是债权债务的证明书，具有法律效力。债券购买者（投资者）与发行人之间是债权债务关系，债券购买者（投资者）是债权人，债券发行人是债务人。

2. 债券的特征

债券作为一种债权债务凭证，与其他有价证券一样，是一种虚拟资本，而非真实资本。作为一种重要的融资手段和金融工具，债券具有以下特征。

（1）偿还性。债券一般都规定偿还期限，发行人必须按约定条件偿还本金并支付利息。债券的偿还性使得发行人不能无期限地占用债券购买者的资金，换言之，他们之间的借贷关系将随偿还期结束、还本付息手续完毕而消失。

（2）流动性。债券可以在流通市场上自由转让。债券的流动性是指其有较强的变现能力。债券的流动性对于筹资人来说，并不影响其所筹资金的长期稳定性，而对于投资人来说，则为其提供了可以随时变现的金融产品。

（3）安全性。债券的安全性是指债券的投资风险较小。与股票相比，债券通常都规定有固定的利率，与企业业绩没有直接联系，收益比较稳定，风险较小。此外，在企业破产时，相对于股票持有者，债券持有者享有对企业剩余资产的优先索取权。

（4）收益性。债券的收益主要表现为两种形式：一是利息收入，投资债券可以给投资者定期或不定期地带来利息收入；二是资本损益，投资者可以利用债券价格的变动，通过买卖债券赚取差额。

3. 债券的分类

债券的种类很多，可以根据不同的标准进行分类。

（1）按发行主体不同，债券可分为政府债券、金融债券以及公司债券。

① 政府债券即国债，是国家为筹集资金而向投资者出具的、承诺在一定时期支付利息和到期偿还本金的债务凭证。由于它的发行主体是国家，所以具有最高的信用度，被公认为最安全的投资工具，又称为金边债券。

② 金融债券是银行等金融机构作为筹资主体为筹措资金而向投资者发行的一种有价证券。在欧美很多国家，由于银行等金融机构多采用股份公司这种组织形式，所以将一般金融债券视为公司债券，受相同法规管理。

③ 公司债券又称为企业债券，是由公司依照法定程序发行的，约定在一定期限还本付息的有价证券。公司债券在发行前一般都要经过信用评级，信用等级高的债券，不仅发行价格较高，而且容易推销。公司债券的利率一般高于国债和金融债券。

（2）按利息支付方式划分，债券可分为零息债券、附息债券以及息票累积债券。

① 零息债券是指债券合约未规定支付利息的债券。通常这类债券以低于面值的价格发行，债券持有人实际上是以买卖价差的方式取得债券利息。

② 附息债券是指在债券存续期内，对持有人定期支付利息（通常每半年或一年支付一次）的债券。按照计息方式的不同，这类债券还可细分为固定利率债券和浮动利率债券两大类，固定利率债券更为常见。

③ 息票累积债券到期一次性归还本息，期间不支付利息。

(3) 按有无财产担保划分，债券可分为信用债券和抵押债券。

① 信用债券又称为无担保债券，是仅凭发债者的信用能力而发行的债券，它没有特定的财产作为发债抵押。政府发行的债券大多是信用债券，它们的偿还以政府的信用为基础。

② 抵押债券是以企业财产作为担保的债券，按抵押品的不同，又可分为一般抵押债券、不动产抵押债券、动产抵押债券和证券信用抵押债券。抵押债券的价值取决于担保资产的价值，抵押品的价值一般超过它所担保债券价值的25%～35%。

(4) 按券面形态划分，债券可分为实物债券、凭证式债券以及记账式债券。

① 实物债券是一种具有标准格式实物券面的债券。在其券面上，一般印制了债券面额、债券利率、债券期限、债券发行人全称、还本付息方式等各种债券票面要素，不记名、不挂失，可上市流通。

② 凭证式债券是一种债权人认购债券的收款凭证，而非债券发行人制定的标准格式债券。我国从1994年开始发行凭证式债券，券面上不印刷票面金额，而是根据认购者的认购额填写实际的缴款金额，是一种国家储蓄债，可记名、可挂失，以凭证式国债收款凭证记录债权，不能上市流通，从购买之日起计息。

③ 记账式债券是一种没有实物形态的票券，利用证券账户通过电脑系统完成债券发行、交易及兑付的全过程。我国从1994年开始发行记账式国债。由于记账式债券的发行和交易均实行无纸化，所以发行时间短，发行效率高，成本低，交易安全。

(5) 按是否可转换为公司股票划分，债券可分为可转换债券和不可转换债券。

① 可转换债券是在特定时期内可以按某一固定的比例转换成普通股的债券。它具有债务与权益双重属性，属于一种混合性筹资方式。由于可转换债券赋予债券持有人将来成为公司股东的权利，因此其利率通常低于不可转换债券。

② 不可转换债券是不能转换为普通股的债券，又称为普通债券。由于不可转换债券没有赋予债券持有人将来成为公司股东的权利，所以其利率一般高于可转换债券。

（二）股票

1. 股票的含义

股票（stock）是股份有限公司在筹集资本时向出资人或投资者发行的股份凭证，代表其持有者对股份公司的所有权。投资者认购股票后，就成为公司的股东，可以行使一切法定的权利，主要包括参加股东大会、投票表决、参与公司的重大决策、收取股息或分享红利等。

2. 股票的特征

作为投资工具，股票一般具有以下特征。

(1) 无偿还性。股票是一种无偿还期限的投资工具，投资者一旦认购了股票，就不能要求发行股票的公司退还其投资入股的本金，投资者只能到二级市场转售给第三者。

(2) 参与性。股票的参与性是指股东有权出席股东大会，选举公司董事，参与公司重大决策等。股东参与公司决策的权力大小，取决于所持的股份多少。

(3) 收益性。股东凭其持有的股票，有权从公司领取股息或红利，获取投资的收益。股票的收益性，还表现在股票投资者可以获得价差收入。通过低买高卖股票，投资者可以赚取价差利润。

(4) 风险性。股票风险的内涵是预期收益的不确定性。尽管股票可能会给持有者带来收益，但该收益是不确定的，投资股票必须承担一定的风险。股票价格受到诸如公司经营状况、供求关系、市场利率、大众心理、政治局势等多种因素的影响，其波动具有很大的不确定性。

(5) 流通性。股票的流通性是指股票作为一种自由转让的投资工具，可以在证券交易所或柜台上出售。正是这一特征弥补了股票无偿还期限的不足，也是股份公司能在社会公众中广泛募集资金的又一重要原因。

3. 股票的类型

股票的种类繁多，可以按不同的标准将股票划分成不同的类型，这里只介绍两种常见的股票分类。

(1) 按股票代表的股东权利划分，可分为普通股和优先股。

① 普通股(common stock)。普通股是股票中最普遍的一种形式，其持有者享有股东的基本权利和义务。普通股股东按其所持的股份比例享有经营决策参与权、利润分配权、优先认股权以及剩余资产分配权等权利。

② 优先股(preferred stock)。优先股是一种特殊股票，在其股东权利和义务中附加了某些特别条件。它的主要特征有：优先领取固定股息、优先获得剩余资产分配、无权参与经营决策以及无权分享公司利润增长的收益等。

《优先股试点管理办法》于 2013 年 12 月 9 日经我国证监会审议通过，于 2014 年 3 月 21 日正式发布。2014 年 4 月 24 日，广汇能源(600256)率先对外发布非公开发行优先股预案，成为 A 股首家公布优先股预案的上市公司。

(2) 按上市地区划分，可分为 A 股、B 股、H 股、N 股、S 股等。

① A 股是人民币普通股票，是由我国境内的公司发行，供境内机构、组织或个人以人民币认购和交易的普通股股票。

② B 股是人民币特种股票，是指在我国内地注册、上市的特种股票，以人民币标明面值，只能以外币认购和交易。

③ H 股是境内公司发行的以人民币标明面值，供境外投资者用外币认购，在香港联合证券交易所上市的股票。

④ N 股是境内公司发行的以人民币标明面值，供境外投资者用外币认购，在纽约证券交易所上市的股票。

⑤ S 股是境内公司发行的以人民币标明面值，供境外投资者用外币认购，在新加坡交易所上市的股票。

第二节　债券市场

一、债券发行市场

债券发行市场又称为一级市场或初级市场，是指发行人以发行债券的方式募集资金的市场。债券发行市场是金融市场的一个重要组成部分，是债券交易市场的基础。

（一）债券发行方式

1. 根据债券认购对象的不同，可分为公募发行和私募发行

(1) 公募发行是指面向广泛的社会公众发行的方式。公募发行涉及众多的投资者，其社会责任和影响很大，为了保证投资者的合法权益，政府对公募发行控制很严，如要求发行者向社会提供各种财务报表及其他有关资料。公募发行的债券可上市流通，具有较强的流动性，因而易被广大投资者接受。

(2) 私募发行是指仅向少数特定投资者发行的方式。发行对象一般是与发行者有特定关系的投资者，如发行公司的内部职工或与发行人有密切关系的金融机构、公司、企业等。发行者的资信情况较为投资者所了解，不必像公募发行那样向社会公开内部信息，也没有必要取得信用评级。

2. 根据有无中介机构参与，可分为直接发行和间接发行

(1) 直接发行是指发行人不通过证券承销机构而自己向投资者发行债券的一种方式。一般来说，私募债券和金融债券多采用这一方式。直接发行不需要发行中介人的介入，可以节省委托发行的手续费，节约发行成本。其不利之处是，在事务处理上费时又费力，一些小公司难以承受。

(2) 间接发行又称承销发行，是指发行人不直接参与债券的发行过程，而是委托给一家或几家证券承销机构承销的一种方式。证券承销机构如投资银行、专业承销商等，都具有丰富的承销经验、知识和专门人才，具有雄厚的资金实力、较好的承销信誉、较多的承销网点以及较灵通的信息。间接发行可节省人力、时间，减少一定的发行风险，迅速、高效地完成发行任务。

（二）债券发行价格

债券的价格是其预期现金流量的现值，债券的定价原理就是将它的预期现金流量加以折现。因此，债券发行价格的确定，根据债券派息方式的不同而不同。

1. 附息债券的定价

附息债券的预期现金流量是各期利息收入和到期日的票面价值。为简化起见，假设附息债券是不可赎回的，每期支付的利息是固定的，利息每年支付一次。其价格计算公式为

$$P=\sum_{i=1}^{n}\frac{C}{(1+r)^{t}}+\frac{V}{(1+r)^{n}}$$

式中，P 表示债券价格；C 表示年利息；V 表示债券面值或到期价值；r 表示贴现率或必要的到期收益率；n 表示债券年限。

2. 息票累积债券的定价

息票累积债券到期一次性归还本息，期间不支付利息。其价格计算公式为

$$P=\frac{V(1+in)}{(1+r)^n}$$

式中，P 表示债券价格；V 表示债券面值或到期价值；i 表示债券票面利率；r 表示贴现率或必要的到期收益率；n 表示债券年限。

3. 债券的定价

零息债券不向投资者进行任何利息支付，而是把到期价值和购买价格的差额作为利息回报给投资者。投资者以相对于债券面值贴现的价格从发行人手中买入债券，持有到期后可以从发行人手中获得相等于面值的货币。其价格计算公式为

$$P=\frac{V}{(1+r)^n}$$

式中，P 表示债券价格；V 表示债券面值或到期价值；r 表示贴现率或必要的到期收益率；n 表示债券年限。

（三）债券信用评级

除国债外，债券发行时往往要进行信用评级。债券的信用评级是指按一定的指标体系对准备发行债券还本付息的可靠程度作出公正客观的评定，并公布给投资者，以便投资者做出投资选择。由于受到时间、知识和信息的限制，广大投资者尤其是中小投资者无法对众多债券进行分析和选择，所以专业的信用评级机构做出的公正权威的资信评级成为投资者衡量其投资风险及评估其投资价值的最主要依据。同时，债券信用评级还有助于高资信的发行人降低筹资成本，以及帮助证券监管机构加强对债券的管理。

评级机构必须对自己的信誉负责，如果评出的级别不准确公正，不能被市场接受，那么评级机构的声誉将受到致命打击，不仅无法盈利，甚至无法继续生存。目前，国际公认最具权威的信用评级机构主要有美国标准普尔公司、穆迪投资服务公司和惠誉国际信用评级公司三家。这些信用评级机构大都是独立的私人企业，不受政府控制，也独立于证券交易所甚至证券业之外。

二、债券流通市场

债券流通市场又称为二级市场或次级市场，是已发行的债券在投资者之间转手买卖的场所。

（一）债券交易组织方式

1. 场内交易

场内交易是指在证券交易所内买卖债券所形成的市场。如我国的上海证券交易所和深圳证券交易所，这种市场组织方式是债券流通市场较为规范的形式。

2. 场外交易

场外交易是指在证券交易所外进行证券交易活动的组织方式。由于这种交易起先主要是在各证券商的柜台上进行的，因而也称为柜台市场。

（二）债券交易方式

债券的交易方式主要有现货交易、信用交易、期货交易和期权交易。

1. 现货交易

现货交易是指债券买卖成交后，按成交价格及时进行实物交收和资金清算的交易方式。一般在成交的当日、次日或交易所指定的例行日进行交割。这是证券交易所采用的最基本、最常见的交易方式。

2. 信用交易

信用交易又称为保证金交易、融资融券交易，是指交易人凭自己的信誉，通过缴纳一定数额的保证金取得经纪人信任，进行债券买卖的交易方式。信用交易主要有两种形式，即保证金买空和保证金卖空。

3. 期货交易

期货交易是买卖双方约定在将来某个日期按成交时双方商定的条件交割一定数量某种商品的交易方式。期货交易只能在期货交易所进行。

4. 期权交易

期权又称为选择权，是指它的持有者在规定的期限内具有按交易双方商定的价格购买或出售一定数量某种金融资产的权利。期权交易是以选择权为对象的买卖，而不是现实金融资产的买卖。

（三）债券交易价格

债券发行后，可以在二级市场进行交易。交易的价格除了由债券本身的价值决定外，还会受到其他一些因素的影响。影响债券交易价格的因素主要有以下方面。

1. 市场利率

债券的市场价格和市场利率呈负相关。若市场利率上升，超过债券票面利率，债券持有人将以较低的价格出售债券，将资金转向其他收益率较高的金融资产，从而引起债券的需求减少，价格下降；反之，若市场利率下降，债券票面利率相对较高，则资金流向债券市场，引起债券价格上升。

2. 物价水平

当物价上涨速度较快或通货膨胀率较高时，人们出于保值的考虑，一般会将资金投资于房地产、黄金、外汇等可以保值的领域，从而引起债券需求量减少，债券交易价格就会下跌。

3. 经济发展情况

债券价格会随着社会经济发展的不同阶段而波动。在经济景气阶段，企业增加投资，从而会增加对资金的需求，因此对债券的需求减少，供给增加，这样必然会使债券价格下降；相反，在经济衰退阶段，企业对债券的需求增加，供给减少，债券价格则会上升。

4. 中央银行的公开市场操作

为调节货币供给量，当信用扩张时中央银行在市场上抛售债券，引起债券价格下跌；而当信用萎缩时，中央银行又从市场上买进债券，引起债券价格上涨。

第三节 股票市场

一、股票发行市场

股票发行市场是指通过发行股票进行筹资活动的市场。由于发行活动是股票市场一切活动的源头和起始点，故又称发行市场为一级市场或初级市场。

（一）股票发行类型

股票发行可分为两种类型：一是为设立新公司首次发行股票；二是为扩充已上市公司的资本规模而增资发行股票。

1. 设立发行

设立发行是指公司首次在发行市场发行股票。设立发行一般都是发行人在满足必须具备的条件并经证券主管部门审核批准或注册后，通过证券承销机构面向社会公开发行股票。通过设立发行，发行人不仅募集到了所需资金，而且完成了股份有限公司的设立或转制。

2. 增资发行

增资发行是指股份有限公司组建、上市后为达到增加资本金的目的而发行股票的行为。公司增资的方式有向社会公众发行股份、向现有股东配售股票、公司债转股等。

（二）股票发行方式

1. 按发行对象不同划分，可分为公募发行和私募发行

(1) 公募发行又称为公开发行，是指面向市场上大量的非特定投资者公开发售股票。

在公募发行的情况下，发行人必须遵守有关事实全部公开的原则，向有关管理部门和市场公布其各种财务报表及资料，经主管部门批准后方可发行。公募须得到投资银行或其他金融机构的协助。

公募发行的优点在于：第一，公募以众多的投资者为发行对象，可以在短时间内迅速筹集到大额资金；第二，公募发行的证券可以申请在交易所上市，有利于增强证券的流动性，提高发行人的社会信誉。公募发行的缺点在于：发行过程比较复杂，登记核准所需时间较长，且发行费用较高。

(2) 私募发行又称为非公开发行，是指面向少数特定的机构投资者发行股票，如保险公司、投资基金、保险基金等。对于发行者来说，其发行要求低，易为监管机构批准；所需提交的文件和资料较少，能够节约发行成本。但私募发行不能公开上市交易，募集资金的数量受到限制。

2. 按有无发行的中介机构划分，可分为直接发行和间接发行

(1) 直接发行是指发行人不通过证券承销机构，而是自己直接将证券推销给投资者的一种证券发行方式，如公司内部发行证券和股息再投资。采用直接发行的方式可以使发行公司直接控制发行过程，程序比较简单，同时也可节约各种手续费，降低发行成本。但直接发行也存在着不足之处：直接发行的社会影响小，不利于提高公司的知名度；当发行量较大时，很难迅速募集到所需资本；当实际认购额达不到预定金额时，剩余部分必须由证券发行公司来承担，发行风险较大。因此，直接发行在证券发行市场上并不多见，只占很少一部分。市场上绝大部分证券的发行都采取间接发行的方式。

(2) 间接发行是指证券发行人不直接参与证券的发行过程，而是委托证券承销机构出售证券的发行方式。通常情况下，证券承销机构主要由投资银行、证券公司、信托投资公司等金融机构来承担。间接发行的筹资数量较大，所需时间较短，发行风险也比较小，而且有利于提高发行公司的知名度。因此，虽然发行人需要支付一定比例的佣金，发行成本较高，但间接发行这一方式仍然在证券发行市场上占据主要地位。

证券间接发行可以进一步划分为以下几种。

① 包销，又称确定包销(firm commitment)，是指承销商以低于发行的价格从发行人手中购进将要发行的全部证券，然后出售给投资者。承销商必须在指定期限内，将包销证券所筹集的资金全部交给发行人。如果证券没有全部销售出去，承销商只能自己"吃进"。这样，发行失败的风险就从发行人转移至承销商。当然，承销商承担风险也能获得相应的补偿，这种补偿通常通过扩大包销差价(包销价格与市场价格之差)来实现。对于发行人而言，既无须承担证券销售不出去的风险，还可以迅速筹集资金，因而特别适合于那些资金需求量大、社会知名度低且缺乏证券发行经验的发行公司。

② 代销，又称尽力销售(best efforts)，是指承销商只作为发行公司的证券销售代理人，按照规定的发行条件尽力推销证券，发行结束后未售出的证券退还给发行人，承销商不承担发行风险。因此，采用这种方式时，承销商与发行公司之间纯粹是代理关系，承销商代为推销证券而收取代理手续费。代销一般在以下情况下采用：承销商对发行公司信心不足；信用度很高、知名度很大的发行公司为减少发行费用而主动向承销商提出；包销谈判失败。

(3) 助销，又称余额包销(stand-by underwriting)，是指承销商先代为推销证券，然后未销售出去的余额再由承销商自己买进。这种方式能够保证证券全部销售出去，从而减少了发行公司的风险。在美国，余额包销长期以来曾是证券承销的主要方式。但是随着证券市场的发展，包销逐渐占据了主要地位。不过，股东行使其优先认股权时，通常采用余额包销方式，即上市公司在增发股票之前，向现有股东按其目前所持有股份的比例提供优先认股权，在股东按优先认股权认购股份后若还有余额，承销商有义务全部买进这部分剩余股票，然后转售给公众投资者。

(三) 股票发行价格

1. 面值发行

面值发行也称为平价发行，是指发行人以股票票面金额作为发行价格。

2. 溢价发行

溢价发行是指发行人以高于票面金额的价格发行股票。票面金额与发行价格之间的差额形成溢价收入,溢价收入一般转入公司的法定资本公积金中。

3. 折价发行

折价发行即按票面金额打一定折扣后发行股票,折扣大小主要取决于发行公司的业绩和承销商的能力。目前,很少有国家按这种方式发行股票。

二、股票流通市场

股票流通市场是已发行的股票进行买卖交易的场所。由于股票流通市场是建立在发行股票的初级市场基础上,因此又称为二级市场或次级市场。

(一) 股票交易组织方式

1. 场内交易

场内交易是指通过证券交易所进行股票买卖流通的组织方式。证券交易所既是股票流通市场的核心,也是股票流通的主要组织方式。

2. 场外交易

场外交易是在证券交易所以外进行的各种股票交易活动的组织方式。场外交易市场的特点是交易的品种主要为非上市股票,且品种多、数量大。

(二) 股票交易程序

股票交易程序是投资者通过经纪人在证券交易所买卖已上市股票的过程。目前股票交易程序主要分为开户、委托、竞价成交、清算与交割、过户等。

1. 开户

投资者在进行股票交易之前,必须先开立股东账户和资金账户。我国上海证券交易所和深圳证券交易所的清算交割系统不同,因此在开户时应分别开立上海证券交易所股东账户和深圳证券交易所股东账户。股东账户一般可在证券公司各地的营业网点办理,资金账户主要是在各证券公司指定的银行办理。

2. 委托

委托是指证券经纪商接受投资者委托,代理投资者买卖股票,从中收取佣金的交易行为。委托的方式主要有递单委托、电话委托、传真和函电委托、自助终端委托和网上委托等。目前网上委托已成为股票交易的主要方式。

3. 竞价成交

证券经纪商在接受投资者委托后,即按投资者委托指令进行公开申报竞价,然后成交。公开申报竞价是由多数买方和多数卖方共同公开竞价,最终以最低卖出价和最高买入价成交的方法。大多数证券交易所均采用这种方式。

4. 清算与交割

清算是指每个交易日结束后对每家证券公司当日成交的股票数量与价款分别予以轧抵,对股票与资金的应收应付净额进行计算和处理的过程。交割是指根据股票清算的结果，在约定的时间内买方交付一定款项获得所购股票，卖方交付一定股票获得相应价款的钱货两清的过程。

5. 过户

过户是指买入股票的投资者到股票发行公司或其指定的代理金融机构办理变更股东名簿登记的手续。我国上海证券交易所和深圳证券交易所均已采用无纸化交易，对于交易过户而言，结算完成即实现过户，所有的过户手续都在证券交易所的电脑自动过户系统一次完成，无须投资者另外办理过户手续。

（三）股票交易价格

股票是股东所有权的一种凭证，之所以有价值，是因为它代表着获取收益的权利，能给持有者带来股息、红利等收益。所以，股票的价值就是用货币来衡量的，作为收益获得手段的价值。股票流通转让的实质就是这种获得凭证的让渡。

股票交易价格是股票在二级市场上流通买卖的价格，股票交易价格的形成主要取决于两种因素：预期每股股息和市场利率。股票交易价格与预期每股股息成正比，与市场利率成反比。

在预期每股股息一定的情况下，市场利率越高，意味着同样的本金存入银行可以取得的利息收入就越高，股票交易价格就会下跌；反之，市场利率越低，意味着同样的本金投资股票比储蓄更合算，因此，股票交易价格上涨。在市场利率一定的情况下，股票交易价格则主要取决于预期每股股息的变化。

在实际交易中股票交易价格会受多种因素的影响而偏离理论价格。影响股票价格变动的因素主要有市场因素、公司基本面因素、政策因素等。

（四）股票价格指数

二级市场中的股票价格指数变动能反映出整个社会的经济情况，通常股票价格指数被称为一国国民经济的“晴雨表”。这是因为在一个完善成熟的证券市场，股票价格能够反映市场上的所有信息，证券市场能够完整地反映每一家上市企业的经营状况，这样就能通过股价变动提前预测一国经济发展状况。因此，要了解一国国民经济发展状况，就有必要关注一国的股票价格指数。

那么，什么是股票价格指数？目前世界上又有哪些关键的股票价格指数呢？

1. 股票价格指数的定义

股票价格指数简称股价指数，是由证券交易所或金融服务机构编制的表明股票行市变动的一种供参考的指示数字。由于股票价格起伏无常，投资者必然面临市场价格风险。对于具体某一种股票的价格变化，投资者容易了解；而对于多种股票的价格变化，要逐一了解，既不容易，也不胜其烦。为了适应这种情况和需要，一些金融服务机构就利用自己的业务知识和熟悉市场的优势，编制出股票价格指数公开发布，作为市场价格变动的指标。投资者就可以据此检验自己投资的效果，并用以预测股票市场的动向。同时，媒体、企业、政府相关部门及个人等也以此为参考指标，来观察、预测社会政治和经济发展形势。

2. 股票价格指数的计算方法

计算股票指数，要考虑三个因素：一是抽样，即在众多股票中抽取少数具有代表性的成分股；二是加权，按单价或总值加权抑或不加权平均；三是计算程序，计算算术平均数、几何平均数，或兼顾价格与总值。由于上市股票种类繁多，计算全部上市股票的价格平均数或指数的工作复杂艰巨，因此人们常常从上市股票中选择若干种富有代表性的样本股票，并计算这些样本股票的价格平均数或指数，用以表示整个市场的股票价格总趋势及涨跌幅度。

计算股票指数，往往把股票指数和股价平均数分开计算。按定义，股票指数即股价平均数。但从两者对股市的实际作用而言，股价平均数是反映多种股票价格变动的一般水平，通常以算术平均数表示。人们通过对不同时期股价平均数的比较，可以认识多种股票价格变动水平。而股票指数是反映不同时期股价变动情况的相对指标，也就是将第一时期的股价平均数作为另一时期股价平均数基准的百分数。通过股票指数，人们可以了解计算当前时期股价比基期股价上升或下降的百分比率。由于股票指数是一个相对指标，因此就一个较长的时期来说，股票指数能比股价平均数更为精确地衡量股价的变动。

3. 世界上几种著名的股票指数

(1) 道琼斯股票指数。道琼斯股票指数是世界上历史最为悠久的股票指数，它的全称为道琼斯股票价格平均指数。它是在 1884 年由道琼斯公司的创始人查尔斯·道开始编制的。最初的道琼斯股票价格平均指数根据 11 种具有代表性的铁路公司股票，采用算术平均法进行计算编制而成，发表在查尔斯·道自己编辑出版的《每日通讯》上。其计算公式为

$$\text{股票价格平均指数}=\frac{\text{入选股票的价格之和}}{\text{入选股票的数量}}$$

自 1897 年起，道琼斯股票价格平均指数开始分为工业与运输业两大类。其中，工业股票价格平均指数包括 12 种股票，运输业平均指数则包括 20 种股票，并在道琼斯公司出版的《华尔街日报》上公布。1929 年，道琼斯股票价格平均指数又增加了公用事业类股票，使其所包含的股票达到 65 种，并一直延续至今。

现在的道琼斯股票价格平均指数以 1928 年 10 月 1 日为基期，因为这一天收盘时的道琼斯股票指数恰好约为 100 美元，所以就将其定为基准日。而以后股票价格同基期相比计算出的百分数，就成为各期的股票价格指数。所以现在的股票指数普遍用点来做单位，而股票指数每一点的涨跌就是相对于基准日的涨跌百分数。

目前，道琼斯股票价格平均指数共分为四组：第一组是工业股票价格平均指数，由 30 种有代表性的工商业大公司股票组成，且随着经济发展而变大，大致可以反映美国整个工商业股票的价格水平。第二组是运输业股票价格平均指数，包括 20 种有代表性的运输业公司股票，即 8 家铁路运输公司、8 家航空公司和 4 家公路货运公司。第三组是公用事业股票价格平均指数，由代表着美国公用事业的 15 家煤气公司和电力公司的股票所组成。第四组是平均价格综合指数，是综合前三组股票价格平均指数的 65 种股票而得出的综合指数。但我们现在通常引用的是第一组——工业股票价格平均指数。

(2) 标准普尔500股票指数。除了道琼斯股票指数外，标准普尔股票指数在美国也很有影响，它是美国最大的证券研究机构即标准普尔公司编制的股票价格指数。该公司于1923年开始编制发表股票价格指数，最初采选了230种股票，编制两种股票价格指数；从1976年7月1日开始，改为400种工业股票、20种运输业股票、40种公用事业股票和40种金融业股票。几十年来，虽然有股票更迭，但其始终保持500种。

(3) 日经道琼斯股价指数(日经平均股价)。它是由日本经济新闻社编制并公布的反映日本股票市场价格变动的股票价格平均数。该指数从1950年9月开始编制，最初是根据在东京证券交易所第一市场上市的225家公司的股票算出修正平均股价，当时称为"东证修正平均股价"。1975年5月1日，日本经济新闻社向道琼斯公司买进商标，采用美国道琼斯公司的修正法计算，这种股票指数也就改称"日经道琼斯平均股价"。1985年5月1日在合同期满10年时，两家经商议将名称改为"日经平均股价"。

按计算对象的采样数目不同，该指数分为两种：一种是日经225种平均股价，其所选样本均为在东京证券交易所第一市场上市的股票，样本选定后原则上不再更改。1981年，其定位制造业150家，建筑业10家，水产业3家，矿业3家，商业12家，路运及海运14家，金融保险业15家，不动产业3家，仓库业、电力和煤气4家，服务业5家。由于日经225种平均股价自1950年一直延续下来，因而其连续性及可比性较好，成为考察和分析日本股票市场长期演变及动态的最常用和最可靠指标。另一种是日经500种平均股价，是从1982年1月4日开始编制的。由于其采样包括500种股票，其代表性就相对更为广泛，但它的样本是不固定的，每年4月份要根据上市公司的经营状况、成交量和成交金额、市价总值等因素对样本进行更换。

(4)《金融时报》股票指数。《金融时报》股票指数的全称是"伦敦《金融时报》工商业普通股股票价格指数"，由英国《金融时报》公布发表。该股票指数包括从英国工商业中挑选出来的具有代表性的30家公开挂牌普通股股票。它以1935年7月1日作为基期，基点为100点。该股票指数以能够及时显示伦敦股票市场情况而闻名于世。

(5) 香港恒生指数。香港恒生指数是香港股票市场上历史最久、影响最大的股票价格指数，由香港恒生银行于1969年11月24日开始发表。恒生股票价格指数包括从香港500多家上市公司中挑选出来的33家有代表性且经济实力雄厚的大公司股票作为成分股，分为四大类：4种金融业股票、6种公用事业股票、9种地产业股票和14种其他工商业(包括航空和酒店)股票。这些股票占香港股票市值的63.8%，因该股票指数涉及香港的各个行业，具有较强的代表性。

自1969年发表以来，恒生股票价格指数已经过多次调整。由于1980年8月香港当局通过立法，将香港证券交易所、远东交易所、金银证券交易所和九龙证券所合并为香港联合证券交易所，在目前的香港股票市场上，只有恒生股票价格指数与新产生的香港指数并存，香港的其他股票价格指数均不复存在。

(6) 上证股票指数和深证股票指数。上证股票指数是由上海证券交易所编制的股票指数，于1990年12月19日正式开始发布。该股票指数的样本为所有在上海证券交易所挂牌上市的股票，其中新上市的股票在挂牌的第二天纳入股票指数的计算范围。该股票指数的权数为上市公司的总股本。由于我国上市公司的股票有流通股和非流通股之分，其流通量与总股本并不一致，所以总股本较大的股票对股票指数的影响就较大，上证指数就常常成为机构大户造市的工具，使股票指数的走势与大部分股票的涨跌相背离。上海证券交易所股票指数的发布几乎是和股市行情变化同步的，它是我国股民和证券从业人员研判股票价格变化趋势必不可少的参考依据。

深圳综合股票指数是由深圳证券交易所编制的股票指数，以1991年4月3日为基期。该股票指数的计算方法基本与上证指数相同，其样本为所有在深圳证券交易所挂牌上市的股票，权数为股票的总股本。由于以所有挂牌的上市公司为样本，其代表性非常广泛。它与深圳股市的行情同步发布，是股民和证券从业人员研判深圳股市股票价格变化趋势必不可少的参考依据。由于深圳证交所的股票交易不如上海证交所那么活跃，深圳证券交易所改变了股票指数的编制方法，采用成分股指数，共有40只股票入选并于1995年5月开始发布。现在深圳证券交易所并存着两个股票指数，一个是老指数深圳综合指数，另一个是现在的成分股指数。

拓展阅读

上海证券交易所科创板正式开板

2019年6月13日，在第十一届陆家嘴论坛开幕式上，中国证监会和上海市人民政府联合举办了上海证券交易所科创板开板仪式。科创板正式开板，标志着党中央、国务院关于设立科创板并试点注册制这一重大改革任务的落地实施。下一步，中国证监会将会同市场有关各方，扎实、细致、深入地做好上市前的各项准备工作，推动科创板平稳开市、稳健运行。

在上海证券交易所设立科创板并试点注册制，对于完善多层次资本市场体系，提升资本市场服务实体经济的能力，促进上海国际金融中心、科创中心建设，具有重要意义，为上海证券交易所发挥市场功能、弥补制度短板、增强包容性提供了至关重要的突破口和实现路径。科创板是独立于现有主板市场的新设板块，并在该板块内注册新试点。

设立科创板并试点注册制是提升服务科技创新企业能力、增强市场包容性、强化市场功能的一项资本市场重大改革举措。通过发行、交易、退市、建立投资者适当性和证券公司资本约束等新制度以及引入中长期资金等配套措施，增量试点、循序渐进，新增资金与试点进展同步匹配，力争在科创板实现投融资平衡、一二级市场平衡、公司的新老股东利益平衡，并促进现有市场形成良好预期。

资料来源：上海证券交易所. 上海证券交易所科创板正式开板[EB/OL]. (2019-06-13)[2025-07-08]. http://www.sse.com.cn/star/media/news/c/c_20190613_4838289.shtml.

本章小结

1. 资本市场是指融资期限在1年以上的长期资金的交易市场。其交易对象主要是政府中长期债券、公司债券和股票以及银行中长期贷款。广义的资本市场又分为证券市场和银行中长期信贷市场，狭义的资本市场仅指证券市场。

2. 证券发行制度主要有注册制和核准制两种模式。债券发行还必须经过信用评级。

3. 证券发行方式主要有公募和私募两种。公募又称公开发行，是指在市场上面向公众(非特定的投资者)发行证券的方式。私募又称非公开发行，是指发行人只对特定的投资人推销证券的发行方式。

4. 最普遍和传统的证券交易方式主要有现货交易和信用交易。现货交易是指证券交易的买卖双方，在达成一笔交易后的1～3个营业日内进行交割的证券交易方式。信用交易又称"保证金交易"，是指客户按照法律规定在买卖证券时，只向证券公司交付一定比例的保证金，由证券公司提供融资或者融券进行交易。

复习思考

1. 简述股票与债券的区别与联系。
2. 按发行主体不同，债券有哪些种类?
3. 股票的发行制度有哪几种? 各有何特点?
4. 比较证券发行的注册制和核准制。
5. 简述公募与私募的异同。

第七章

金融衍生工具市场

学习目标

- 掌握金融衍生工具的概念和特点。
- 理解金融衍生工具市场的功能。
- 熟悉金融衍生工具市场的分类。
- 了解金融互换的内涵。

素养目标

- 培养辩证能力，在分析金融衍生工具的作用和影响时，能从多个角度（如经济增长、风险管理、市场稳定与波动等）客观、全面地看待问题，理解金融衍生工具的两面性。
- 激发创新思维，鼓励学生思考金融衍生工具在新的经济形势和技术条件下的创新应用和潜在发展方向，提出创新性的观点和思路。
- 拥有国际视野，了解全球金融衍生工具市场的发展现状、差异和趋势，掌握国际金融衍生工具交易的通用规则和惯例，在国际竞争与合作中具备敏锐的洞察力。

本章导读

金融衍生工具市场的历史虽然较短，却因其在融资、投资、套期保值和套利行为中的巨大作用而获得了飞速的发展。然而，金融衍生工具是一把“双刃剑”，对风险控制不力将会造成无法估计的后果。很多金融衍生工具发展的案例表明，理性对待金融衍生工具，合理控制风险才能在市场当中立于不败之地，熟悉和掌握金融衍生工具市场是运用它的基础和前提。

第一节　金融衍生工具概述

一、金融衍生工具的含义

金融衍生工具（derivative）是指价值依赖于基本标的资产（underlying asset）价值变动的各类合约的总称，也称衍生金融工具、金融衍生品、金融衍生产品等。金融衍生工具的价值由它所依附的标的变量（underlying variable）来决定。

二、金融衍生工具的特点

（一）金融衍生工具的复杂性

金融衍生工具的复杂性一方面体现在其构造的复杂性，另一方面体现在其定价的复杂性。从其构造上来看，金融衍生工具不仅可以从基础变量上衍生，而且可以在金融衍生工具的基础上进行多次再衍生，甚至还可以把各类金融衍生工具进行不同形式的组合，从而设计出新的金融衍生产品。总之，相较于股票、债券等传统金融工具，金融衍生工具的构造要复杂得多，而其构造的复杂性通常会为其定价估值带来较大的困难，从而使其定价模型也变得越来越复杂。在当今的金融衍生工具市场上，设计衍生产品以及为其定价不仅会用到一些深奥的数学方法，还可能会用到现代科学决策技术，甚至最新的计算机信息技术等。这种特性一方面为衍生产品的多样化设计和精确定价提供了可能性，另一方面也必然导致普通投资者在理解、掌握金融衍生工具方面更加力不从心，从而为某些不良金融机构和从业人员诱导、欺诈投资者提供了可能性，也给金融监管带来了极大的困难。

（二）金融衍生工具的多样性

金融衍生工具给我们的金融市场带来丰富多彩、性质各异的金融产品。前面提到，金融衍生工具是在标的变量的基础上进行衍生的结果，而标的变量的选择本身就多种多样，既可以是股票、债券的价格或价格指数，也可以是利率或汇率，还可以是气候或是信用风险，从理论上讲，标的变量可以是任何能够引起足够关注的变量。从衍生工具产生的方式来看，金融衍生工具既包括远期、期货、期权、互换等基本类型，也包括在金融衍生工具的基础上多次再衍生或者进行组合构造，从而衍生出形式各异、多种多样的金融产品。金融衍生工具的多样化特征极大地满足了具有不同偏好的投资者的需求。

（三）金融衍生工具的杠杆性

金融衍生工具通常采用保证金交易制度，只需交存少量保证金，就可以进行总金额相当于保证金几倍到几十倍甚至上百倍的基础产品的交易。金融衍生工具的保证金制度及高杠杆性的特征，一方面，极大地降低了交易成本，使投资者能以较少的资金建立起较大的交易头寸，为金融衍生工具交易规模的扩大提供了必要的条件；另一方面，金融衍生工具的高杠杆性同时也使风险被多倍放大，投机者以少量的资金就能进行大规模的投机，一旦投机获益，则其资金的利润率会极大地提高；如果亏损其损失率也必然极高，从而提高了交易的风险性。

（四）金融衍生工具的高风险性

金融衍生工具通常被视为高风险的投资品种。金融衍生工具的交易有可能给投资者带来巨大的损失或高额的收益。自 20 世纪 90 年代以来，由衍生品交易引起的巨大金融损失事件层出不穷。在 1997 年的亚洲金融危机和 2008 年的次贷危机中，金融衍生工具也成为非常重要的推手。而事实上，规避风险一直都是金融衍生工具的重要功能，主要的金融衍生工具，如远期、期货、期权等，其创立的初衷都是为了规避风险。

三、金融衍生工具的类型

基础的金融衍生工具包括期货与远期、互换、期权三大类。

（一）期货与远期

期货合约（futures contract）是买卖双方签订的在未来一个确定时间按确定的价格购买或出售某项标的资产的协议。期货合约中的“确定时间”一般被称为期货合约到期日或期限。期货合约的期限一般为1个月至1年。期货合约的交易在期货交易所进行，是基础金融衍生工具之一。与期货合约类似的另一衍生工具是远期合约（forward contract）。期货合约与远期合约都是在未来一定时间以一定价格购买或卖出标的资产的协议。两者的主要区别在于，远期合约属于买卖双方的私人协议，而期货合约在期货交易所交易。此外，远期合约的合约期限、标的资产、交货地点等合约条款由双方商定，属于非标准合约，而期货合约的合约条款由交易所统一设定，属于标准化合约。

（二）互换

互换（swap）也称掉期，是指双方达成的在未来一定期限内交换现金流的一项协议。交换的具体对象既可以是不同种类的货币、债券，也可以是不同种类的利率、汇率、价格指数等。在一般情况下，它是交易双方（有时也有两个以上的交易者参加同一笔互换合约的情况）根据市场行情，约定支付率（汇率、利率等），以确定的本金额为依据相互为对方进行支付。互换合约可以看作一系列远期合约的组合，因此，它是远期合约、期货合约的延伸。最常见的互换合约是普通利率互换（plain vanilla）。在这种互换合约下，一方（如银行A）同意按事先约定的固定本金向另一方（如银行B）支付未来3年中每一期固定利率产生的利息，而银行B同意在相同期限内向银行A支付同一名义本金按浮动利率产生的利息。

（三）期权

期权（option）又称选择权，同样是交易双方之间签订的协议，该协议给予期权持有人（option holder）在未来特定的时间（到期日）或该特定时间之前，以确定的价格（执行价格）按事先规定的数量买进或卖出标的资产的权利。有两种常见的期权合约，看涨期权（call option）和看跌期权（put option），看涨期权又称买入期权，看跌期权又称卖出期权。看涨期权是赋予期权持有人在未来某个时点，按照合约规定，购买一定数量标的资产的权利。期权持有人购买标的资产的价格在期权合约中规定，称为期权的执行价（exercise price）或敲定价格（strike price）。当标的资产的价格大于执行价格时，持有人执行看涨期权有利可图，因此这类期权被称为“看涨期权”。但是这个购买的权利只在某个时期内有效，这一时期被称为期权期限（maturity 或 time to expiration）。看跌期权则是赋予期权持有人在未来某个时点，按照合约规定，卖出一定数量标的资产的权利。当标的资产的价格低于执行价格时，持有人执行看跌期权是有利可图的，所以它被称为“看跌期权”。按执行期权的方式不同，通常有美式期权（American option）和欧式期权（European option）之分。欧式期权是指持有人只在期权到期日才能行权的期权合约，而美式期权则赋予持有人在期权到期日之前任何时点行权的权利。

第二节 金融衍生工具市场概述

一、场内市场和场外市场

（一）场内市场

场内市场也称交易所市场（exchange market），是指通过交易所进行金融衍生工具交易的市场。我国的大连商品交易所、郑州商品交易所和上海期货交易所均成立于 20 世纪 90 年代，中国金融期货交易所成立于 2006 年。

（二）场外市场

场外市场又称 OTC 市场（over-the-counter market），它是一个由电话和计算机将各交易员联系起来的网络系统。其参与者主要是机构交易者，包括各金融机构、企业和投资基金等。金融机构往往会成为某些流行交易品的做市商（market maker）。它们会针对某些交易品进行双向报价，即既报买入价（bid price，即做市商愿意买入的价格，其他希望卖出的交易者可按此价格卖给做市商），同时又报卖出价（offer price，即做市商愿意卖出的价格，其他希望买入的交易者可按此价格从做市商处买入）。当卖出价高于买入价时，其价差（spread）为做市商的收益。

二、金融衍生工具市场的功能

（一）优化资源配置

市场都有配置资源的功能。商品市场配置资源的功能是通过价格信号来实现的，利用“价高者得”的自由市场原则，有限的资源被配置给了那些出价最高（也意味着产出效率最高）的主体。金融市场则是通过配置资金来调配实物资源的，因此可以突破实物商品市场在空间和时间上的局限性，实现资源跨时间和跨空间的合理配置。金融衍生工具市场作为金融市场的组成部分，除了具有一般金融市场跨时间及跨空间配置资源的功能外，还具有自身独特的优势。

（二）规避风险

金融衍生工具市场规避风险的功能是通过套期保值者的套期保值交易来体现的。投资风险通常分为系统性风险和非系统性风险。其中，非系统性风险可以由分散化投资来消除，而系统性风险则只能通过套期保值来消除。

金融衍生工具都可以用来进行套期保值并规避风险。其中，使用远期合约进行套期保值的优点是合约内容非常灵活，可以适应不同套期保值者的特定需要。缺点是需要付出搜寻成本找到合适的交易对手；找到交易对手后，与对方谈判并订立契约要付出相应的谈判和契约成本；最后还要承担对方违约的风险。因此，远期合约是一把“双刃剑”，它在规避掉遭受巨大损失的可能性的同时也规避掉了获得巨额利润的可能性。所以，使用远期合约做套期保值不能保证一定能获得最大利润。

（三）配置风险

相对于股票、债券、外汇和商品等基础资产的交易，金融衍生工具除了具有资源配置的功能外，更重要的是具有配置风险的功能。比如，套期保值者其实是风险厌恶者，他们通过金融衍生工具交易把自己面临的风险转移出去，此时的金融衍生工具就按套期保值者的避险特征进行风险配置，达到其低风险或无风险的目的。又如，对于投机者而言，他们本身不处于风险暴露之中，但是他们愿意主动承担风险来赚取收益，因此交易衍生品的过程就是一个按自身偏好配置风险的过程，以达到其追求高风险、高收益的目的。再如，对于套利者来讲，构建套利组合的过程就是一个构建风险组合的过程，在此过程中可以风险定价为基础，通过金融衍生工具实现风险配置，以寻求其相对价差偏离均衡带来的收益。在理财产品设计与财富管理的活动中，市场主体常常有一些特别个性化的要求，为了更好地满足客户的需要，可加入金融衍生工具，调整其风险收益特征，最终创造出个性化的金融产品。如可转换债券和可赎回债券，就是通过在其基础工具的基础上加入金融衍生工具，调整了其风险收益特征，形成了与基础工具不同的新产品。

三、金融衍生工具市场的风险

金融衍生工具市场的产生和发展源于市场主体对规避金融风险的需求。金融衍生工具市场提供了规避金融风险的手段，它比传统的风险管理手段和措施更加有效。然而，具有讽刺意义的是，金融衍生工具市场本身所具有的高风险性也是其他风险管理方法无法比拟的。在2008年金融危机中，部分投资者、经济学家就认为金融衍生产品加剧了危机的严重性，著名投资者沃伦·巴菲特宣称金融衍生产品是“时间炸弹，对交易者如此，对经济体系同样如此”。根据风险的不同性质，可以将金融衍生产品交易面临的风险分为市场风险、信用风险、流动性风险、操作风险和法律风险五类。

（一）市场风险

金融衍生产品交易的市场风险是因衍生工具价格发生变化而产生损失的一种风险。每种衍生产品的交易都以相关原生金融产品价格变化的预测为基础，当实际价格的变化方向或波动幅度与交易者的预测出现背离时，就会造成损失，形成金融衍生产品交易的市场风险。

（二）信用风险

金融衍生产品交易中合约的一方出现违约所引起的风险即为信用风险，分为交割前风险和交割时风险两种。交割前风险是指在合约到期前由于交易对方破产而无力履行合约义务的风险；交割时风险是在合约到期日交易一方履行了合约，但交易对方未付款而造成的风险。一般来说,金融衍生产品合约到期时间越长,信用风险越大,而且交易所外交易的衍生产品信用风险大于场内交易的风险。

(三)流动性风险

金融衍生产品的流动性风险源于衍生工具持有者不能以合理的价格卖出金融衍生产品合约,只能等待执行最终交割的风险。金融衍生产品涉及大量资金的交易,而拥有交易资金能力的交易主体有限,一旦市场发生大的波动,可能因为缺失交易对手而无法规避流动性风险。

(四)操作风险

由企业内部管理不善、人为错误等原因带来损失的风险称为操作风险。第一类操作风险是指日常交易过程中由于通信线路故障、计算机系统故障等意外事故给衍生产品交易者带来损失的风险;第二类操作风险是指由于经营管理上的漏洞使交易员在交易决策中出现故意或非故意的失误,而给整个机构带来损失的风险。金融衍生产品投资的复杂性,使得交易员在运营管理方面出现操作风险的可能性更大。

(五)法律风险

法律风险是指由于金融衍生合约在法律上无效、合约内容不符合法律规定等给衍生工具交易者带来损失的可能性。各类金融机构不断创新推出新的金融衍生工具,金融衍生产品层出不穷,而相应的法律规范建设却相对落后,使得金融衍生产品交易经常存在法律风险。大量金融衍生产品的交易是全球化的,很多国家都参与其中,当出现交易纠纷时,往往不能找到具体适用国家的法律,导致出现法律上的管辖空白情况。

第三节 金融衍生工具市场分类

一、金融远期市场

金融远期市场是指双方约定在未来的某一确定时间,按确定的价格买卖一定数量的某种金融资产的市场。远期合约一般不在交易所交易而是在金融机构之间或金融机构与客户之间通过谈判后签署。远期合约跟期货合约相比,灵活性较大,但也有明显的缺点:首先,远期合约没有固定的、集中的交易场所,不利于信息交流和传递,不利于形成统一的市场价格,市场效率较低;其次,每份远期合约千差万别,这就给远期合约的流通造成较大不便,因此远期合约的流动性较差;最后,远期合约的履约没有保证,当价格变动对一方有利时,对方有可能无力或无诚意履行合约,因此远期合约的违约风险较高。

金融远期合约主要有远期利率协议、远期外汇合约等。远期利率(forward interest rate)是指现在时刻确定的将来一定期限的利率。在 20 世纪 70 年代和 80 年代初期,利率变动非常剧烈,公司财务主管开始向银行寻求某种金融工具,以便他们避免因利率变动而承担较高的借款成本。银行对这种需要提出了一种解决方法，其形式就是“远期对远期贷款”。远期外汇合约(forward exchange contracts)是指双方约定在将来某一时间按约定的远期汇率买卖一定金额的某种外汇的合约。远期外汇交易的目的主要是保值、避免汇率波动的风险，外汇银行与客户签订的交易合同须经外汇经纪人担保，客户还要缴存一定数量的押金或抵押品。当汇率变化不大时，银行可以用押金或抵押品抵补应负担的损失；当汇率变化使客户的损失超过押金或抵押品时，银行就应通知客户加存押金或抵押品，否则合同就失效。

二、金融期货市场

（一）期货交易的含义

所谓期货合约(future)，实际上是由交易所统一设计的，并在交易所内集中交易的标准化的远期交货合约。与远期合约相比，期货合约的最大优点是，每张合约所包含的内容如商品种类、数量、质量、交货的时间和地点等都是标准化的。如在芝加哥期货交易所交易的每张玉米期货合约的标准规格为 5 000 蒲式耳，交割的等级以 2 号黄玉米为准，合约的到期月份为 1 月、2 月、3 月、5 月、7 月、9 月，合约的最后交易日为交割月最后营业日之前的第 7 个营业日。由于这一优点，期货合约能够很容易地在不同的经济主体之间进行流通，也就是说，当合约商品的买主或卖主不愿再承担其购货或交货的权利和义务时，他们可以将合约转移出去，由其他人来接替他们承担合约的权利和义务。

期货交易的目的不是获得实物商品，而是转移有关商品的价格风险，或赚取期货合约的买卖差价。一般来说，期货交易有以下几个方面的特征：一是场内交易。期货交易是在有组织的交易所进行的。二是公开竞价。期货交易是集中在交易所以公开竞价的方式进行的，而不是一对一私下签订契约。只有交易所会员或其委托的代表有资格直接进入交易所进行期货交易，一般投资者只能委托经纪公司代理交易，这一点与证券交易所的股票交易没有什么区别。期货交易合约是标准化的，每一份期货合约都有固定的金额、交割时间、交割期限等，期货投资者无法自行决定。三是杠杆投资。投资者在进行期货交易时，只需缴纳少量的保证金和佣金即可，用少量的资本做成大量的交易，是期货交易的一大特点。

（二）期货交易的方式

所有期货交易都必须在主管部门批准的期货交易所内进行。期货交易所必须确保所交易的商品符合合约规定的等级，并制定相应的交易规则，如每次报价的最小波动幅度，以及每天的最大价格波动幅度等。更重要的是，只有作为交易所成员的经纪商和自营商才能进场交易，并通过收取保证金的方式来确保合约的履行，因而履约的保障性较好。具体的交易方式如下。

1. 开仓和平仓

开仓(opening)是指投资者最初买入或卖出某种期货合约，从而确立自己在该种合约交易中的头寸位置。期货合约的买入者处于多头头寸，卖出者处于空头头寸。先前拥有多头头寸或空头头寸的投资者可以通过一笔反向的交易来结清其头寸，这就叫平仓(closing out a position)。例如投资者在3月的某一天买入一份9月到期的玉米合约，可以在4月的某一天卖出一份该种合约，从而使自己的净头寸为零。又如，在4月卖出一份6月到期的玉米合约的投资者，也可以在该种合约的最后交易日之前买入一份该种合约，来冲销原先的空头头寸。实际上大部分的期货交易都是以上述方式对冲的，大约只有5%的合约需要到期实际交割。

2. 最小变动价位和每日最大价格变动幅度

期货交易所规定了每种期货的报价单位，这种报价单位也就构成了该种期货的最小变动价位。例如，纽约商品交易所的原油期货价格是以每桶原油的美元数来报价的，并且取两位小数(即精确到美分)，因此，该种期货在交易中的最小变动价位就是每桶0.01美元。为了维护价格的稳定，各交易所还规定了每种期货的每日最大价格变动幅度，一旦价格变动超出该幅度，当天的交易就自动停止。这与我国股票市场上的涨跌停板制度是完全一样的。

3. 保证金制度

在期货交易中，并非期货合约的购买者马上向其出售者缴纳现金，并获得相应的资产，而是买卖双方都在各自的经纪商那里存入一定比例的保证金，同时经纪商也必须在交易所所属的结算所存入一定比例的保证金。从这个意义上来说，期货合约的买卖双方不是交易了一笔资产，而是签订了一个未来交易的合约。对于投资者而言，保证金还有初始保证金和维持保证金之分，初始保证金是投资者开仓时应存入的保证金，它一般只占投资者所买卖的期货合约价值的5%～10%。维持保证金则是在平仓之前，投资者必须始终保留在其保证金账户上的最低金额，它一般占初始保证金的75%。在投资者的保证金账户中，超过初始保证金的部分，投资者可以支取；一旦保证金余额低于维持保证金，投资者就必须在24小时内将保证金追加到初始保证金水平，否则经纪商就会强行对他的投资进行平仓。

4. 每日结算制度

期货交易和其他交易方式的最大不同在于实行每日结算制度，也就是要在每个交易日结束时，根据当天的收盘价，将投资者的损益记入保证金账户。例如，在2019年9月1日，某投资者在纽约商品交易所以每盎司黄金400美元的价格买入一张12月到期的黄金期货合约，由于在该交易所内，每张黄金期货合约代表的黄金数量为100盎司，所以该笔交易所涉及的总金额为40 000美元。假定该投资者的经纪商规定的保证金比例为5%，维持保证金为初始保证金的75%，则该投资者应在其经纪商处存入2 000美元的初始保证金，并且在平仓之前，始终在保证金账户上保有不低于1 500美元的余额。若当天收盘时，12月的黄金期货价格上涨到每盎司402美元，则该投资者就有200美元(2×100)的盈利。这200美元将马上增加到他的保证金账户中，并且该投资者还可以将这部分多余的保证金提走。反之，如果在此后的某一天里，该期货的收盘价下降到每盎司394美元，则在扣除相应的亏损额后，该投资者的保证金账户余额就只有1 400美元(2 000－6×100)，低于1 500美元的维持保证金水平，其经纪商就会向他发出追加保证金的通知，要求该投资者在24小时内将其保证金补足到2 000美元，否则就对他的投资强行平仓。

三、金融期权市场

（一）期权的含义

期权交易是指期权的买方有权在约定的时间或时期内，按照约定的价格买进或卖出一定数量的相关资产，也可以根据需要放弃行使这一权利。为了取得这一权利，期权合约的购买者必须向卖方支付一定数额的期权费（option premium）。对于金融期权的买方而言，期权是一项权利而非义务，在到期日或之前，他可以选择不执行这份期权；对于期权的卖方而言，期权是一项义务而非权利。这意味着，如果期权的买方选择执行期权，卖方就必须执行；如果买方选择不执行期权，卖方就无须执行。

（二）期权的分类

1. 按期权合约可以执行的时间划分，可分为美式期权和欧式期权

美式期权是指在合约规定的有效期内，任何时候都可以行使权利的期权。欧式期权是指在合约规定的到期日方可行使权利的期权，期权的买方在合约到期日之前不能行使权利，过了期限，合约则自动作废。美式期权和欧式期权的差别与地理名称没有任何联系。在美国期权市场上交易的也有不少欧式期权，同样，在欧洲期权市场上也有不少美式期权在交易。

2. 按期权合约的性质划分，可分为看涨期权和看跌期权

看涨期权又称买入期权，是指期权的持有者拥有在规定时间内以协议价格向期权出售者买入一定量的商品、证券等的权利。以股票为例，只有当股票价格上升，并超过协议价格的时候，期权合约的持有者才有利可图，所以叫看涨期权。看跌期权又称卖出期权，是指期权的持有者拥有在规定的时间内以协议价格向期权出售者卖出一定量的商品、证券等的权利。显然，它与看涨期权相反，只有在价格下跌时才能使期权的拥有者获得高卖低买的收益，所以叫看跌期权。

3. 按期权合约的标的资产划分，可分为股票期权、外汇期权和利率期权等

股票期权（stock options）合约是上海证券交易所统一制定的、规定买方有权在将来特定时间以特定价格买入或者卖出约定股票或者跟踪股票指数的交易所交易基金（ETF）等标的物的标准化合约。外汇期权（foreign exchange options）又称货币期权，是指合约购买方在向出售方支付一定期权费后，所获得的在未来约定日期或一定时间内，按照规定汇率买进或者卖出一定数量外汇资产的选择权。利率期权（interest rate options）是指买方在支付了期权费后即取得在合约有效期内或到期时以一定的利率（价格）买入或卖出一定面额的利率工具的权利。

四、金融互换市场

（一）互换的含义

期货合约和期权合约的标准化确保了流动性，但是期货合约和期权合约都无法调整以满足投资者与企业的特殊需求,这一问题促成了互换交易的发展。互换是指交易双方达成协议,约定在未来某个时间以事先约定的方法交换两笔货币或资产的金融交易。因此,从本质上说,互换是远期合约的一种延伸。互换交易在金融市场上主要用于降低长期资金筹措成本,并对利率和汇率等风险进行防范,因此,互换交易既是融资工具的创新,也是金融风险管理的新手段。

(二)互换的分类

按照标的资产的种类,互换交易可以分为利率互换、货币互换和衍生互换。

1. 利率互换

利率互换是互换交易中发展最早又最为普遍的互换。利率互换是指交易双方在债务币种相同的情况下,互相交换不同形式利率的一种合约。具体来说,利率互换是指参与互换的合约双方(甲方和乙方),在合约中约定一笔名义上的本金数额,然后甲方承诺在约定的未来一定时期内支付乙方一笔货币,其金额为事先在合约中约定的按固定利率计算的利息,而乙方则按合约中的约定支付给甲方一笔货币,其金额为事先在合约中约定的按市场浮动利率计算的利息。

2. 货币互换

货币互换也是常见的互换,进行货币互换的货币面值不同,有时涉及两种以上的货币。在货币互换中,本金和利息一起交换,这一点不同于利率互换。货币互换是因不同信用级别的机构在不同市场有不同的比较优势而产生的。在货币互换过程中,交易双方根据互补的需要,以商议的本金数额和利率为基础,进行债务或投资的本金交换并结清利息。两个独立的需要借入不同货币的借款者,同意在未来的时间内,按照约定的规则,互相负责对方到期应付的借款本金和利息。

3. 衍生互换

由于凡是约定在未来某一时间以事先规定的方法交换两笔货币或资产的金融交易都称为互换,所以互换的种类非常多。除前面介绍的利率互换和货币互换两种基本互换外,还有商品互换和股权互换。由于创造互换的方法有许多种,因此存在许多基本互换类型的变异形式,如利率互换的变异形式、货币互换的变异形式等,我们称其为衍生互换。

(三)互换的交易方式

1. 利率互换交易

利率互换交易是基于不同投资者在不同资金市场上有不同的比较优势的情况而产生的,较高信用级别的机构与较低信用级别的机构在筹集固定利率资金上的利率差幅,比筹集浮动利率资金时的利率差幅要大。换句话说,信用级别较低的机构在浮动利率市场筹资比信用级别较高的借款人具有一定的比较优势;反之,信用级别较高的借款人在固定利率市场上筹资比信用级别较低的借款人具有一定的优势。因此,若各借款人都在其具有比较优势的市场上筹资,然后再相互交换其相应的利息支付,那么双方都能降低融资成本。

下面举例说明利率互换如何降低利息成本。

甲公司借入固定利率资金的成本是10%，浮动利率资金的成本是Shibor+0.25%；乙公司借入固定利率资金的成本是12%，浮动利率资金的成本是Shibor+0.75%。假定甲公司希望借入浮动利率资金，乙公司希望借入固定利率资金。如果采用第一种筹资方式(甲公司借入固定利率资金，乙公司借入浮动利率资金)，则二者借入资金的总成本为Shibor+10.75%：如果采用第二种筹资方式(甲公司借入浮动利率资金，乙公司借入固定利率资金)，则二者借入资金的总成本为Sbibor+12.25%。由此可知，第二种筹资方式组合能够发挥各自优势，降低筹资总成本，共节约1.5%，存在“免费蛋糕”。但这一组合不符合二者的需求，因此，应进行利率互换。互换过程是甲公司借入固定利率资金，乙公司借入浮动利率资金，并进行利率互换，甲公司替乙公司支付浮动利率，乙公司替甲公司支付固定利率。假定二者均分“免费蛋糕”，即各获得0.75%，利率互换结果如图7-1所示。

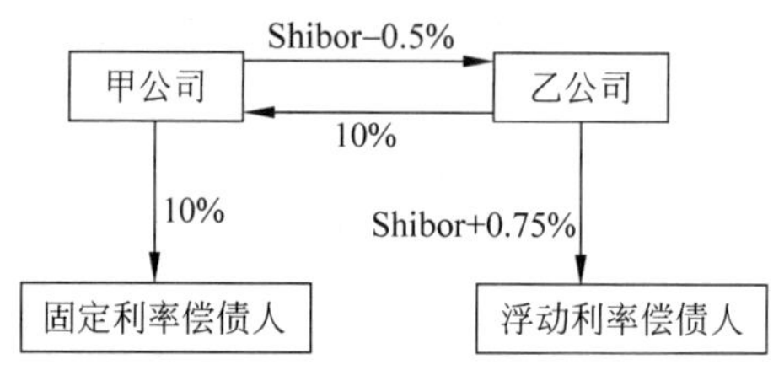

图7-1　利率互换结果

甲公司需要向债权人支付10%的固定利率，向乙公司支付Shibor−0.5%的浮动利率(直接借入浮动利率资金需要支付Shibor+ 0.25%，因而获得0.75%的“免费蛋糕”，所以需向乙公司支付Shibor−0.5%)，并从乙公司收到10%的固定利率，因此，甲公司的融资成本为10%+Shibor−0.5%−10%=Shibor−0.5%，比它以浮动利率方式直接筹资节约0.75%。

乙公司需要向浮动利率债权人支付Shibor+0.75%的浮动利率，向甲公司支付10%的固定利率，并从甲公司收到Shibor−0.5%的浮动利率，因此，乙公司的融资总成本为Shibor+0.75%+10%−(Shibor−0.5%)=11.25%，比它以固定利率方式直接筹资节约0.75%。乙公司应该向甲公司净支付10%−(Shibor−0.5%)=10.5%−Shibor。

在实际操作中，利率互换的交易双方只需由一方向另一方支付两种利息的差额即可。即若固定利率利息大于浮动利率利息，则由固定利率支付方向浮动利率支付方按两种利息的差额进行支付；若固定利率利息小于浮动利率利息，则由浮动利率支付方向固定利率支付方按两种利息的差额进行支付。利率互换通过改变净现金流量达到改变资产或负债所承担风险性质的目的。

2. 货币互换交易

货币互换是持有不同币种的两个交易主体按事先约定在某一时点交换等值货币，在另一时点再换回各自的本金，并相互支付相应利息的市场交易行为。交易双方签订的协议为货币互换协议。若交易的主体为中央银行，则称为中央银行货币互换。自2008年以来，中国人民银行先后与韩国银行、澳大利亚储备银行、俄罗斯联邦中央银行等30多个国家和地区的货币当局签署了货币互换协议。

本章小结

1. 金融衍生工具是指价值依赖于基本标的资产价值变动的各类合约的总称，其价值由它所依附的标的变量来决定。

2. 金融衍生工具的复杂性一方面体现为其构造的复杂性，另一方面体现为其定价的复杂性。金融衍生工具既包括远期与期货、互换、期权三大基本类型，也可以在金融衍生工具的基础上再多次衍生或者进行组合构造，衍生出形式各异、丰富多彩的金融产品。金融衍生工具的交易有可能给投资者带来巨大的损失或高额的收益。

3. 金融衍生工具市场的产生和发展源于市场主体对规避金融风险的需求。金融衍生工具市场提供了规避金融风险的手段，它比传统的风险管理手段和措施更加有效。

4. 利率互换交易是基于不同投资者在不同资金市场上有不同的比较优势的情况而产生的，较高信用级别的机构与较低信用级别的机构在筹集固定利率资金上的利率差幅，比筹集浮动利率资金时的利率差幅要大。

复习思考

1. 阐述金融衍生工具的特点。
2. 阐述金融衍生工具的分类。
3. 阐述金融衍生工具的市场功能。
4. 阐述金融期货的主要类型。
5. 什么是利率互换？

银 行 篇

第八章
金融机构体系

学习目标

- 掌握金融机构的分类和功能。
- 理解信息不对称引发逆向选择和道德风险的原因。

素养目标

- 了解金融机构在社会经济中的作用和责任，具备对社会责任的认识和担当意识。
- 树立正确的金融伦理观念，强调诚信、公正、责任等价值观，倡导以人为本、服务实体经济的金融理念。
- 了解金融领域的法律法规和相关政策，培育诚信服务、德法兼修的职业素养。

本章导读

金融机构作为一个整体，是国民经济的重要行业或部门。金融业最基本或最核心的功能是合理配置社会资源，如为实体经济部门提供各种投资、融资以及与此相关的各类服务等，因此一般被列入国民经济的第三产业。金融机构经营货币与货币资金的特殊性，使其在国民经济中居于比较特殊的地位。本章首先介绍金融机构体系，其次介绍金融机构体系的构成，重点阐释存款性金融机构和契约性金融机构。

第一节　金融机构概述

一、金融机构的含义

金融机构的含义有狭义和广义之分。一般将狭义的金融机构定义为金融活动的中介机构，即在间接融资领域中作为资金余缺双方交易的媒介，专门从事货币、信贷活动的机构，主要指银行和其他从事存、贷款业务的金融机构。该类金融机构与货币的发行和信用的创造联系密切，主要是中央银行和商业银行等金融机构。

广义的金融机构则是指所有从事金融活动的机构，包括直接融资领域中的金融机构、间接融资领域中的金融机构和各种提供金融服务的机构。直接融资领域中金融机构的主要任务是充当投资者和筹资者之间的经纪人，即代理买卖证券，有时本身也参加证券交易，如证券公司和投资银行等。

金融机构体系是指在一定的历史时期和社会条件下建立起来的各种不同金融机构的组成及其相互关系。

二、金融机构的分类

金融机构种类很多，可以通过不同角度将其分成以下类型。

（一）存款性金融机构和非存款性金融机构

按资金来源及运用主要内容的不同，金融机构可以分为存款性金融机构和非存款性金融机构。

(1) 存款性金融机构是指通过吸收各种存款而获得可利用资金，并将之贷给需要资金的各经济主体及投资于证券等业务的金融机构，包括储蓄机构、信用合作社和商业银行。从资产负债表看，中央银行也是存款性金融机构，它接受商业银行等金融机构的存款，并向商业银行等金融机构发放贷款。但因中央银行的管理性职能，故将其区别于存款性金融机构而单列一类。

(2) 非存款性金融机构是指以发行证券或通过契约形式由资金所有者交纳的非存款性资金为主要来源的金融机构。因此，非存款性金融机构的资金来源与存款性金融机构吸收公众存款不一样，主要通过发行证券或以契约性的方式聚集社会闲散资金。该类金融机构主要有保险公司、养老基金、证券公司、共同基金、投资银行等。

（二）银行类金融机构和非银行类金融机构

按金融机构业务的特征，金融机构可以分为银行类金融机构和非银行类金融机构。这也是目前世界各国对金融机构的主要划分标准。

(1) 银行类金融机构是指以存款、放款、汇兑和结算为核心业务的金融机构，主要有中央银行、商业银行和专业银行三大类。其中，中央银行是金融机构体系的核心，商业银行是金融机构体系的主体。银行在整个金融机构体系中处于非常重要的地位。

(2) 除银行类金融机构以外的金融机构都属于非银行类金融机构。非银行类金融机构的构成十分庞杂，主要包括保险公司、信托公司、证券公司、租赁公司、财务公司、退休养老基金、投资基金等。

此外，随着经济全球化、金融全球化的不断发展，各国还普遍存在着许多外资和合资金融机构。

（三）政策性金融机构和非政策性金融机构

按是否承担政策性业务，金融机构可以分为政策性金融机构和非政策性金融机构。

(1) 政策性金融机构是指为实现政府的产业政策而设立，不以营利为目的的金融机构，政策性金融机构可以获得政府资金或税收方面的支持，如中国农业发展银行。

(2) 非政策性金融机构是指以营利为目的的金融机构，如商业银行、证券公司、基金公司等。

▶三、金融机构的功能

金融机构通常具有以下一种或多种金融服务功能。

(一) 存款功能

存款功能是指金融机构在市场上筹资从而获得货币资金,将其改变并构建成不同种类的更易接受的金融资产,这类业务形成金融机构的负债和资产。存款功能是金融机构的基本功能,行使这一功能的金融机构是存款类金融机构。

(二) 经纪和交易功能

经纪和交易功能是指金融机构代表客户交易金融资产,提供金融交易的结算服务,或者由金融机构自身交易金融资产,满足客户对不同金融资产的需求。提供这类金融服务的金融机构主要是投资性金融机构,如金融公司等。

(三) 承销功能

承销功能是指金融机构在市场上帮助客户创造金融资产,并把这些金融资产出售给其他市场参与者。一般地,提供承销的金融机构也提供经纪和交易服务。

(四) 咨询和信托功能

咨询和信托功能是指金融机构为客户提供投资建议,保管金融资产,管理客户的投资组合。提供这种金融服务功能的主要是信托投资公司、商业银行等类型的金融机构。

第二节 金融机构产生与发展

从逻辑上分析,金融机构产生的基础是货币、信用关系的广泛存在,因此从时间上看,金融机构的产生要晚于货币和信用。它是在满足经济社会发展各种需求的过程中陆续出现并逐步发展壮大起来的,其演进与金融、经济、社会发展之间存在相互促进的内在联系。

▶一、金融机构的产生

概括来说,金融机构的产生主要有以下五个方面的原因。

(一) 商品生产和交换发展中的支付需求

人类社会有了剩余产品便有了交换,在简单而偶然的初始交换中,以物易物便可满足交换的需要;在商品经济发展的初期,小范围交换中的支付通过货币的直接交割就可以完成,并不需要通过中介;随着商品生产的发展,交换的范围日益扩大,特别是在异地交换和跨国贸易中,货币的直接支付就会遇到困难,于是出现了与支付相关的技术性和服务性需求,最早的金融机构由此而生。如不同铸币由于重量、成色不同需要经过鉴定和兑换,而鉴定货币重量和成色，则需要有专门的知识和技术。为了满足这种需求，一些技术性高、经验丰富的商人便开始专门从事货币鉴定与兑换业务，由此产生了被马克思称为“货币经营业自然基础之一”的货币兑换机构。又如，在异地或跨国贸易中，为了避免长途携带货币的风险，往来各地的商人需要有人向他们提供异地汇兑服务，于是产生了专门从事汇兑业务的机构。中国唐代地方政府开办的“进奏院”就是专门办理“飞钱”业务的机构，西欧罗马帝国时代也出现了专门的汇兑机构。因此，满足经济发展中的支付需求是早期金融机构产生的主要原因，也是现代金融机构仍然保有的重要职能之一。

（二）社会经济活动中的融资需求

在社会经济运行中，企业、单位或个人在一定时点上或一定时期内出现货币盈余或短缺的现象是经常发生的。货币资金的短缺者因为其经营活动的需要或其他原因，愿意以一定的代价借入货币资金，按约定时间再偿还；货币资金的盈余者出于资金增值的考虑也愿意将自己的货币资金借出去，到期收回并以利息的形式索取一定的报酬。这样，盈余者就成为资金供应者，短缺者就成为资金需求者。然而，每个资金供应者可出借的资金有多有少，期限有长有短，如果自己直接面向社会去寻求数额与期限相匹配并合乎融资条件的资金需求者，会在时间、空间和信息等方面遇到诸多困难。同样，对资金需求者来说也是如此。特别是当资金融通成为经常性的经济活动后，供求双方都需要有专门的机构为他们提供融资服务，融资类的金融机构便应运而生。当早期的货币经营机构取消了对保管货币的收费制度，改为一方面向资金供应者付息以吸收存款，另一方面向资金需求者发放贷款并收息时，便产生了典型的融资类金融机构——银行。

（三）社会经济发展中的投资需求

随着经济的发展，一方面，企业等资金短缺部门出现了长期性的资金需求，短期的资金融通已不能满足其需要，他们更多地需要有长期稳定的资金；另一方面，居民等资金盈余部门随着收入的增长其货币积累量越来越大，需要通过投资活动运用资金以获取更多的收益。当信用关系普遍化、信用形式多样化和股份公司出现以后，以债券、股票等有价证券为工具的投资性金融活动日益活跃，出现了许多与证券相关的投资性服务需求，由此产生了投资类的金融机构。如18世纪法国出现的投资银行，主要靠发行自己的股票和债券筹集长期资金对企业发放长期抵押贷款，或以购买其他公司证券的形式进行实业投资。同时提供各种与投资相关的技术性服务，如代理股份公司的创立筹划、改组合并、破产清算等事宜；代理发行或包销股票、债券；代理股票债券的还本付息事宜或监管抵押品；为客户代理证券买卖；等等。19世纪初，西欧出现了以证券投资和企业直接投资为主要业务的信托投资公司和专门从事有价证券发行与流通业务的证券公司。投资类金融机构的产生适应了经济发展中的各种投资需求。

（四）经济和金融活动扩大过程中对信息的需求

经济和金融活动扩大的重要标志之一就是参与者和交易对象的多元化。经济和金融活动的参与者之间彼此可能完全不了解，他们之间对所交易对象有关信息的掌握也是不对称的。由于金融活动的基本特征是价值有条件的单方面让渡，涉及非常复杂的信用关系，不像一般的商品买卖那样可以直接观察和及时出清。例如，出借货币或买入债券时无法直接观察并准确判断对方的真实情况，要到期之后才知道对方能否按时足额地还本付息，购买的股票也要经过一定的时间才能判断其市场价值，因此，获得有关参与者和交易对象的充分信息便成为金融交易活动决策的前提。对于每个参与者而言，在纷杂而庞大的市场中获取自己所需的信息是极其困难的，既没有有效的渠道，也因缺乏专业知识而很难作出准确判断或评价，还要承担高昂的信息搜寻成本。这些困难随着金融交易活动的日益复杂越来越明显，对中介机构提供更多相关信息的需求也与日俱增。在提供综合服务的中介机构扩展信息功能的同时，专门提供各项信息服务的信息类金融中介机构也随之产生。

（五）经济社会生活中的风险转移与管理需求

随着经济社会的快速发展和各种创新产品的不断涌现，金融活动的风险在增加。一方面是风险的客观存在和发生时的损失，另一方面是发生时间和程度的不确定性，使金融活动参与者产生了对分散和管理风险的强烈需求。这种需求在推进传统金融机构扩展职能的同时，也催发了保险保障类机构的产生。如 14 世纪意大利出现的世界上最早的保险经营机构，就满足了为当时国际贸易迅速发展中的海运风险提供保险的需求。19 世纪德国出现了社会保障机构，为医疗、老年、失业和工伤提供保险。现代金融机构都极为重视风险的分散、对冲和管理，不但保险保障类中介机构的作用更加明显，融资类和投资类中介金融机构管理风险的能力也大大增强。

二、金融机构与经济社会发展的关系

金融机构产生于经济社会发展中的各种需求，其发展也与经济社会的发展紧密相连。一方面，经济社会发展的阶段及对金融的需求是金融中介发展的前提，并为金融机构拓展空间。另一方面，金融机构的发展为经济社会发展创造条件，提供动力。因此，两者是相互伴随，同向发展。

经济社会的发展之所以对金融机构的发展具有决定性影响，是因为金融机构的产生与存在源于经济社会发展中的需求，具有为经济社会发展服务的基本属性。

（一）金融需求的持续扩大促进了金融中介的演进与发展

在经济社会发展过程中，随着商品生产和流通的扩大，金融需求也日益增加。一方面，企业在社会化大生产中为了保持生产经营的连续性和市场竞争力，需要经常地融通资金、不断地追加投资，当企业主动利用社会资本进行生产经营和市场竞争时，负债经营便成为常态，企业成为最主要的资金需求者。另一方面，在经济发展中居民部门的货币收入和储蓄不断增加，需要利用投融资活动实现保值和增值，成为最主要的资金供给者。特别是随着投融资需求和其他金融活动服务需求的持续扩大，金融机构从早期的简单状态逐步发展为现代金融服务行业。例如，欧洲工业革命之后，商品经济快速发展，工业部门迅速发展并形成了若干工业中心，一大批真正按资本主义生产方式经营的新式工商企业已经建立起来，大量的科学发明被应用于生产领域并迅速转化为技术革新和生产力。与之相应地产生了许多新的金融需求，其中最迫切的有：一是要能顺利地获得足够的贷款，以满足新兴工商企业在生产经营、技术革新和扩大再生产中的资金需求；二是要求把利率降低到平均利润率以下，以使新兴工商企业的负债经营能够获得盈利；三是建立便利的融资机制和完备的支付体系。而这三点要求恰恰是早期银行的弱点所在。在需求驱动下，17 世纪的西欧出现了以英格兰银行为代表的新式银行并逐步发展为现代金融机构。早期的投资类机构发展为现代证券业、早期的保险商演变为现代保险业等，无一例外。

（二）经济社会发展阶段及对金融的具体需求决定了金融中介发展的程度、规模和结构

从发展阶段看，经济社会发展阶段决定了金融机构的发展程度。在经济社会发展的初期阶段，因为只有简单的金融需求，金融机构的业务活动只是解决货币流通、资金融通和支付清算等基本金融问题，金融机构的经营范围窄，业务能力弱，金融市场上的金融交易活动较少，金融机构的发展程度较低。而当经济社会进入较高发展阶段时，对金融的需求大量增加，金融机构只有通过业务扩展和不断创新才能满足广大投资者和筹资者的需求。于是，新业务、新工具、新方式不断涌现，技术和管理水平不断提升，金融机构的发展也由此进入更快的轨道。

从发展规模和结构看，金融机构发展的规模和结构也是由经济发展的规模和结构所决定。由于货币需求量取决于社会总供给，一定时期的货币供给量主要取决于当期的经济总量。同样，信用总量也受制于当期的经济发展规模。因此，作为经营货币信用的金融机构，其资金来源与运用总量的多少必然与经济发展的规模成正比。同时，经济社会发展的结构，特别是收入分配结构、产业结构和市场结构对金融机构的具体业务和资产负债构成具有决定性的影响。

（三）经济社会组织与制度的进步，促进了金融机构的规范发展

社会组织与制度的进步，特别是法律制度的不断完善，对金融机构的运作和发展产生了重大影响。一方面，社会组织与制度的进步为金融机构提供了借鉴，如股份制企业的组织方式，引致了金融机构治理结构的质变。另一方面，法律制度不断完善促进了金融机构的规范发展。

（四）科技成果在金融业的广泛应用，为金融机构的发展提供了极大的推动力

经济发展中的技术进步，特别是以信息技术为核心的新科技革命，对金融机构的发展产生了巨大影响。计算机、互联网、数字技术、大数据等新技术的应用，使金融机构进入全新的发展阶段。虽然科技成果的应用并不能改变金融机构的本质和金融运行的基本原理，但对金融业务的组织和金融运行的方式带来了根本性变革，为金融机构的发展提供了新的推动力。

无论是历史考察还是理论分析都表明，金融机构发展的前提是经济社会的健康持续发展。金融机构只有为经济社会发展服务并与之紧密结合，其发展才有坚实的基础和持久的动力。

第三节 金融机构体系的构成

市场经济国家的金融机构体系是以中央银行为核心，由众多商业银行和其他金融机构构成的多元化金融机构体系。其中，中央银行被称为管理型金融机构，商业银行和其他金融机构被称为业务型金融机构。业务型金融机构又可分为存款性金融机构、契约性金融机构和投资性金融机构三大类。许多国家还设有政策性金融机构，以服务于特定的部门或产业，执行相关的产业政策等。本节主要介绍中央银行、存款性金融机构、契约性金融机构、投资性金融机构、政策性金融机构和其他非银行类金融机构。

一、中央银行

中央银行(central bank)是一国最高的货币金融管理机构，在各国金融体系中居于主导地位。中央银行的职能是宏观调控，保障金融安全与稳定及提供金融服务等。

二、存款性金融机构

存款性金融机构(deposit financial institution)是指通过吸收各类存款获得可利用的资金，并将之贷给需要资金的各经济主体及投资于证券等以获取收益的金融机构。它是金融市场的重要中介，也是套期保值和套利的重要主体，在国民经济中发挥着多层次的调节作用。存款类金融机构主要有商业银行、储蓄银行、信用合作社、乡村银行。

（一）商业银行

商业银行(commercial bank)是指主要通过发行支票存款、储蓄存款和定期存款来筹措资金，用于发放工商业贷款、消费者贷款和抵押贷款，购买政府债券，并提供各种金融服务的金融机构。商业银行在政策上接受中央银行的指导，业务上与中央银行有往来。同时，商业银行中介为工商企业提供金融服务，与工商企业发生广泛直接的密切联系。因此，商业银行一方面联系着宏观调控主体——中央银行，另一方面联系着微观主体——工商企业，是各国金融机构的关键力量。商业银行是唯一能够吸收活期存款的金融机构，它以活期存款为基础，广泛开展转账结算业务，由此形成派生存款，进行存款创造，进而影响货币供给量，发挥着化货币为资本的作用，因而在一国金融体系中占有重要的地位。商业银行在各国都受到严格的监管。

（二）储蓄银行

储蓄银行(savings bank)是专门经办居民储蓄并为居民个人提供金融服务的金融机构。我国未成立专门的储蓄银行，西方国家的储蓄银行大多是专门的、独立的金融机构，由互助性质的合作金融组织演变而来。这类银行以居民储蓄存款为主要资金来源，储蓄存款余额较为稳定，因此资金主要用于长期投资与贷款，如发放不动产抵押贷款；投资于政府公债、公司股票、债券等。西方国家的储蓄银行既有私营的，也有公营的，有的国家绝大多数储蓄银行都是公营的。储蓄银行的具体名称，各国各有差异，有的甚至不以银行相称。如互助储蓄银行、储蓄贷款协会、国民储蓄银行、信托储蓄银行、信贷协会等。

近年来，储蓄银行的业务也在不断拓展，可以经营过去只有商业银行才能经营的许多业务。

（三）信用合作社

信用合作社(credit cooperative)是指由某些具有共同利益的人们自愿组织起来，具有互助性质的会员组织。它的资金主要来源于合作社成员缴纳的股金和吸收的存款，资金用途主要有：对会员提供短期贷款、提供消费信贷、提供票据贴现，还有部分用于证券投资。近年来，由于金融竞争的影响和金融创新的发展，信用合作社的业务有拓宽的趋势，其资金来源及运用都从原来的以会员为主逐渐转向客户群体的多元化，一些资金充裕的信用合作社已开始经营生产设备更新、改进技术等领域的中长期贷款，并逐步采取了以不动产或有价证券为担保的抵押贷款方式，因而其在金融市场上的作用也越来越大。

（四）乡村银行

乡村银行(country bank)是指为本地区的居民或企业提供小额信贷服务的银行机构。

我国将乡村银行称为村镇银行。根据《村镇银行管理暂行规定》(银监发〔2007〕5号)，村镇银行具有以下两个特点：一是地域和准入门槛。村镇银行的机构设置在县、乡镇。在地(市)设立的村镇银行，其注册资本不低于人民币5 000万元；在县(市)设立的村镇银行，其注册资本不得低于300万元人民币；在乡(镇)设立的村镇银行，其注册资本不得低于100万元人民币。二是市场定位。村镇银行的市场定位主要在于满足农户的小额贷款需求和服务于当地中小型企业。

三、契约性金融机构

契约性金融机构包括各种保险公司、养老基金等，是指以契约方式在一定期限内从合约持有者手中吸收资金，然后按契约规定向持约人履行赔付或资金返还义务的金融机构。契约性金融机构的特点是资金来源可靠且稳定，资金运用主要是长期投资，是资本市场上重要的机构投资者。

（一）保险公司

保险公司(insurance company)是主要依靠投保人缴纳保险费的形式建立起保险基金，对那些因发生自然灾害或意外事故造成经济损失的投保人予以经济补偿的金融机构。保险公司所筹集的资金除保留一部分应付赔偿所需外，其余部分则作为长期性资金，主要投资于政府债券和公司股票、债券，以及发放不动产抵押贷款等。西方国家的保险业十分发达，各类保险公司是各国重要的非银行类金融机构。在西方国家，几乎是无人不保险、无物不保险、无事不保险。

（二）养老基金

养老基金(pension fund)是以契约形式组织预交资金，再以年金形式向参加养老金计划者提供退休收入的基金,是社会保障基金的一部分。这类基金的资金主要来自劳资双方的积聚,即雇主的缴款和雇员工资中的扣除或雇员的自愿缴纳,以及运用积聚资金的收益,如投资于公司债券、股票以及政府债券的收益等。养老基金一般委托专业基金管理机构用于产业投资、证券投资或其他项目的投资。

四、投资性金融机构

投资性金融机构是指在直接金融领域内为投资活动提供中介服务或直接参与投资活动的金融机构,包括投资银行、财务公司和基金管理公司等。这些机构虽然名称各异,但服务或经营的内容都是以投资活动为核心的。

(一)投资银行

1. 投资银行的含义

投资银行是最典型的投资类金融机构。一般认为,投资银行(investment bank)是在资本市场上为企业发行债券和股票,筹集长期资金提供中介服务的金融机构,其基本特征是综合经营资本市场业务。

2. 投资银行与商业银行的主要区别

投资银行和商业银行是现代金融市场中两个不同类别的重要中介机构,两者的共性是都担当了资金盈余者与资金短缺者之间的中介,两者的差异在于投资银行是直接融资的金融中介,而商业银行是间接融资的金融中介,在业务主体、融资方式、业务场所、利润构成及经营方针、监管机构等诸多方面,两者存在显著差异。

(二)财务公司

财务公司又称为金融公司(finance companies),是指经营部分银行业务的金融机构。它通过发行债券、商业票据或从银行借款获得资金,并主要提供耐用消费品贷款和抵押贷款业务。与商业银行不同,财务公司不通过吸收小额客户的存款来获取资金,其主要特点是大额借款、小额贷款。

(三)基金管理公司

基金管理公司是指依据有关法律法规设立的对基金的募集、基金份额的申购和赎回、基金财产的投资、收益分配等基金运作活动进行管理的投资性金融机构。

基金是投资基金或共同基金的简称,是指由众多不确定的投资者自愿将不同的出资份额汇集起来,交由专家管理投资,所得收益由投资者按出资比例分享的一种金融投资产品。投资基金实行利益共享、风险共担的集合投资制度。投资基金作为一种间接证券投资方式,使得基金管理公司成为重要的金融机构之一。

五、政策性金融机构

除了商业性金融机构外,许多国家还设立了政策性金融机构。所谓政策性金融机构,是指由政府创立、参股或保证,不以营利为目的,在特定的业务领域从事政策性融资活动,以贯彻政府产业政策意图的银行金融机构。政策性银行的基本特征是：①不以营利为目的。②服务于特定的业务领域。③在组织方式上受到政府控制。④不吸收居民储蓄存款，以财政拨款和发行金融债券为主要筹资方式。

（一）农业政策性金融机构

农业政策性金融机构是指专门向农业提供中长期低息信贷，以贯彻和配合国家农业扶持和保护政策的政策性金融机构。

农业受自然因素影响大，对资金有强烈的季节性需求；资本需求数额小、期限长；融资者的利息负担能力低等，这些因素决定了农业信贷经营具有风险大、期限长、收益低的特点。为此，许多国家专门设立了以支持农业发展为主要职责的银行。

农业政策性金融机构的资金来源主要有政府拨款，发行金融债券，吸收特定存款等。贷款则几乎涵盖了农业生产的各个方面，从土地购买、建造农业建筑物，到农业机器设备、化肥、种子、农药的购买等。

我国的农业政策性金融机构中国农业发展银行，成立于 1994 年，总行设在北京。其主要资金来源是中国人民银行的再贷款，同时也发行少量的金融债券。业务范围主要是办理粮食、棉花、油料、猪肉等主要农副产品的国家专项储备和收购贷款，以及国家确定的小型农、林、牧、水基本建设和技术改造贷款。

（二）进出口政策性金融机构

进出口政策性金融机构是指一国为促进本国商品的出口，贯彻国家对外贸易政策而由政府设立的专门金融机构。其主要提供利率优惠的出口信贷，为私人金融机构提供出口信贷保险及执行政府的对外援助计划等，如美国进出口银行、德国开发银行、日本输出入银行等。

我国的进出口政策性金融机构是中国进出口银行，成立于 1994 年，总行设在北京。其主要资金来源是发行金融债券，同时也从国际金融市场筹措资金。其业务范围主要是为机电产品和成套设备等资本性货物的出口提供出口信贷，办理与机电产品出口有关的各种贷款业务。

（三）经济开发政策性金融机构

经济开发政策性金融机构是指为促进一国经济持续增长与国力的增强，由政府出资设立的专门为经济发展提供长期投资或贷款的政策性金融机构。这类机构多以促进产业化，配合国家经济发展振兴计划或产业振兴战略为目的。其贷款和投资方向主要是基础设施、基础产业、支柱产业的大中型基本建设项目和重点企业。

我国的开发性政策金融机构是成立于 1994 年的国家开发银行，总部设在北京。其主要资金来源是发行金融债券。资金运用领域主要是制约经济发展的“瓶颈”项目、直接增强综合国力的支柱产业的重大项目、高新技术在经济领域应用的重大项目、跨地区的重大政策性项目等。国家开发银行自成立以来，重点支持了电力、公路、铁路、石油石化、煤炭、城建、电信等行业及国家重点技改项目的建设，为促进基础设施、基础产业和支柱产业的发展做出了积极贡献。2008 年 12 月，国家开发银行改制为国家开发银行股份有限公司。2015 年 3 月，国务院明确国家开发银行定位为开发性金融机构。

▶六、其他非银行类金融机构

（一）信托投资公司

信托投资公司(investment and trust company)是指以受托人的身份代人理财的非银行金融机构。通俗地讲，信托投资公司是“受人之托，代人理财”的非银行金融机构，其主要业务内容有：①资金信托；②动产信托；③不动产信托；④有价证券信托；⑤其他财产或财产权信托；⑥作为投资基金或者基金管理公司的发起人从事投资基金业务；⑦经营企业资产的重组、购并及项目融资、公司理财、财务顾问等业务；⑧办理咨询、资信调查等业务；⑨代保管及保管箱业务等。

我国的信托投资公司是一种以受托人身份，代人理财的非银行金融机构，具有财产管理和运用、融通资金、提供信息及咨询、社会投资等功能。由于信托投资公司在发展初期存在较多的问题，我国对其进行了多次清理整顿。

1999 年 3 月，中国人民银行根据国务院关于进一步全面整顿信托投资公司的精神，开始了新一轮对信托投资机构的整顿。整顿后的信托投资公司要与银行业、证券业分业经营、分业管理，不得吸收存款，不得自营期货，不得用负债资金发放贷款和进行实业投资。

（二）金融租赁公司

金融租赁是以商品交易为基础的融资与融物相结合的特殊类型的筹集资本、设备的一种方式。它既有别于传统租赁，也不同于贷款，它给承租企业带来的好处是明显的和独特的。融资租赁是所有权和经营权相分离的一种新的经济活动方式，具有融资、投资、促销和管理的功能。这种业务的办理过程是：租赁公司根据企业的要求，筹措资金，提供以“融物”代替“融资”的设备租赁；在租赁期内，作为承租人的企业只有使用租赁物件的权利，没有所有权，并要按租赁合同的规定，定期向租赁公司交付租金。租赁期期满时，承租人向租赁公司交付少量的租赁物件的名义货价，双方即可办理租赁物件的产权转移手续。双方也可以办理续租手续，继续租赁。

20 世纪 70 年代末，随着我国经济体制改革的进展，租赁业在我国逐渐兴起。针对租赁公司的现状，在借鉴国外租赁业先进经验的基础上，2000 年 6 月中国人民银行发布了《金融租赁公司管理办法》，界定租赁公司可经营的业务有直接租赁、回租、转租赁、委托租赁等融资性租赁业务；经营性租赁业务；向承租人提供租赁项下的流动资金贷款；有价证券投资、金融机构股权投资；接受有关租赁当事人的租赁保证金；接受法人或机构委托的租赁资金；向金融机构借款；外汇借款；经中国人民银行批准发行金融债券；同业拆借业务；经济咨询和担保；租赁物品残值变卖及处理业务；中国人民银行批准的其他业务。新的管理办法同时坚持对租赁公司的风险进行控制。截至 2019 年年底，我国金融租赁公司共 70 家，金融租赁合同余额总计 2.5 万亿元。

拓展阅读

着眼推动高质量发展　券商积极响应落实新“国九条”

2024年4月12日，国务院公布新“国九条”，证监会也发布了《关于加强上市证券公司监管的规定》(下称《规定》)。在加强证券基金机构监管，推动行业回归本源、做优做强方面，新“国九条”着眼于推动证券基金机构高质量发展，在引导行业机构树立正确经营理念、推动行业能力建设、培育良好行业文化等方面都提出了纲领性的要求。

中泰证券策略首席徐驰表示，针对证券基金经营机构，新“国九条”提出加强证券基金机构监管，推动行业回归本源、做优做强。“鼓励金融机构做大做强的目的，是提高金融市场的竞争力和国际地位，从而推动国家经济的发展和增强国家的综合实力，同时维护国家经济金融安全。”

4月12日，证监会证券基金机构监管司司长申兵在证监会新闻发布会上表示，目前，我国上市证券公司共43家，总资产占全行业的77%，2023年的营业收入、净利润分别占全行业的70%、77%，规模和实力在行业中的影响和地位举足轻重。促进上市证券公司的规范、稳健发展，对于提升行业服务实体经济和居民财富管理的质效，具有十分重要和关键的意义。

申兵表示，从近年来的监管实践看，上市证券公司仍面临“大而不强”的问题，在发展理念、投资者保护、内控治理、信息披露等方面距离一流投资银行和投资机构的标准和要求仍有较大差距。“本次修订突出目标导向、问题导向，从优化发展理念、加强投资者保护、健全内控治理、完善信息披露等方面对《规定》做了修改完善，目的是通过加强监管，督促上市证券公司成为行业高质量发展的‘领头羊’和‘排头兵’。”

资料来源：证券时报网.着眼推动高质量发展　券商积极响应落实新“国九条”[EB/OL].[2024-04-15]. https://finance.cnr.cn/jdt/20240415/t20240415_526665385.shtml.

本章小结

1. 金融机构又称为金融中介，是指专门从事货币信用活动的中介组织，包括银行、证券公司、保险公司、信托投资公司和基金管理公司等。

2. 现代金融机构通常提供以下一种或多种金融服务功能：存款功能、经纪和交易功能、承销功能及咨询和信托功能。

3. 金融市场最基本的功能是实现资金融通。金融市场履行这一功能既可以通过直接融资的方式(即借款人通过发行证券的方式直接从贷款人手中获取资金)，也可以通过间接融资的方式(即由银行等金融中介机构充当资金需求双方的中介人实现资金融通)。

4. 银行金融机构存在的理论基础是降低交易成本，缓解信息不对称，承担和转移风险以及协调流动性偏好。

5. 金融机构体系是以中央银行为核心，商业银行和其他金融机构构成的多元化金融机构体系，前者被称为管理型金融机构，后者被称为业务型金融机构。业务型金融机构又可分为存款性金融机构、契约性金融机构和投资性金融机构等三大类。许多国家还设立有政策性金融机构，以服务于特定的部门或产业，执行相关的产业政策等。

复习思考

1. 简述金融机构体系的一般构成。
2. 简述金融机构的基本功能。
3. 为什么说金融机构在现代经济和金融活动中发挥着重要的作用？
4. 怎样理解经济社会发展对金融机构的演进发展的决定性影响？
5. 什么是契约性金融机构？契约性金融机构与存款性金融机构的区别是什么？

第九章

商业银行及经营管理

学习目标

- 了解商业银行的起源和发展。
- 掌握商业银行的性质和职能。
- 认识商业银行的组织结构。
- 掌握商业银行的主要业务和发展趋势。

素养目标

- 培养敬业、精益、专注、创新的工匠精神和职业道德。
- 掌握商业银行的经营原则，树立正确的金钱观和价值观。
- 理解商业银行经营中可能存在的风险，强化法律意识和风险意识。

本章导读

金融在国民经济和社会事业发展中有着举足轻重的作用，而作为金融主体的银行业更是如此，如果说金融是国民经济的枢纽，那么银行就是经济的脉络。进入21世纪，银行业蓬勃发展，商业银行在我国经济发展中起到了不可忽视的作用。商业银行与生俱来的特性决定了它的发展能够为当地经济的发展提供坚强的后盾，不仅支持着城市的基础设施建设，还为中小企业的发展提供支持和保障，为当地经济社会发展和稳定发挥着重要作用。

第一节　商业银行的起源与发展

无论是从历史上还是逻辑上来看，银行业都是现代金融机构体系的源头。因此，了解银行业的产生与发展，有助于了解整个金融机构体系。通常在提到“银行”时，若前面不加修饰语，指的就是“商业银行”。商业银行是通过存款、贷款、汇兑等业务承担信用中介的金融机构，是金融机构体系最重要的组成部分。

一、西方商业银行的起源与发展

世界上公认的早期银行的萌芽，发生在文艺复兴时期的意大利。自此之后商业银行蓬勃发展，其业务逐渐从单一的货币兑换衍生到经营放贷再到信托业务商业银行日渐成熟。随着生产的发展、技术的进步以及社会化分工的扩大和完善，资本主义生产关系开始萌芽。工厂主、富商和银行家开始形成新的资产阶级。资本主义扩张要求大量资本，而且这个资本的成本要相对低，而封建主义银行的高利贷性质阻碍了普通社会资本向产业资本的转化，这是资本主义生产方式所不能接受的，于是新兴资产阶级迫切需要建立和发展符合自己要求的资本主义商业银行。

于是，资产阶级按照资本主义原则组建股份制商业银行。1694 年，英国第一家资本主义股份制商业银行英格兰银行成立，这标志着现代资本主义的现代商业银行制度开始形成。也可以说，英格兰银行是现代商业银行的鼻祖。此后，大量资本主义商业银行开始建立，现代商业银行体系在世界范围内普及。

▶二、我国商业银行的起源与发展

我国银行业的发展历程大致可分为四个阶段。

(1) 高度集中的单一的银行体制(1949—1978 年)。在这一段时间，我国实行高度集中的计划经济体制，与之相适应的银行体制也是高度集中垄断的银行体制。

(2) 专业银行和股份制商业银行的成立(1979—1993 年)。1979 年中国农业银行和中国银行从中国人民银行分离出来，中国人民建设银行也从财政部分离出来，1984 年成立中国工商银行，形成了“工农中建”四家专业银行。1987 年恢复成立了交通银行后，又陆续建立了一大批新型的全国性和区域性股份制商业银行，进一步推动了中国银行体系的市场化建设。

(3) 专业银行的商业化改革(1994—2000 年)。1993 年 10 月国务院决定把国家专业银行转化为国有(独资)商业银行。此后，专业银行加大了改革力度，开始走上了真正的商业化改革道路。特别是在 1994 年国家开发银行、中国进出口银行和中国农业发展银行三家政策性银行的成立，为专业银行的商业化改革创造了重要条件。

(4) 商业银行深化改革实践和探索(2001 年至今)。2001 年 12 月 11 日我国正式加入世界贸易组织，这加快了我国银行业的改革和引进外资银行的步伐，金融市场开放程度加深，我国银行业市场发生了深刻变化。21 世纪开始，四家国有商业银行积极研究、探索股份制改革方案，并逐渐形成了深化国有商业银行改革的新思路。

第二节　商业银行的性质和职能

▶一、商业银行的性质

商业银行是资本主义现代银行的典型形式。商业银行原为专门融通短期性商业资金的银行。但在长期经营发展过程中，商业银行早已超出了融通短期性商业资金的经营范围，不仅发放短期贷款、长期性投资贷款以及消费贷款，而且进行证券投资、黄金买卖，甚至还经营租赁、信托、保险、咨询、信息服务等。

从商业银行的起源和发展历史看，商业银行的性质可以归纳为：以追求利润为目标，以金融资产和负债为对象，综合性、多功能的金融企业。

目前世界各国的商业银行都在向全能化方向发展。但是，不论商业银行经营了多少种业务，其性质可以总结为以下三点。

首先，商业银行是企业。商业银行的业务活动处在社会再生产过程之内，是实现资本循环周转的一个必要环节，同时，商业银行具有现代企业的基本特征。与一般的工商企业一样，商业银行具有业务经营所需的自有资金，也需要独立核算、自负盈亏，同样要把追求最大限度的利润作为自己的经营目标。最大限度获取利润是商业银行产生和发展的基本前提，也是商业银行经营的内在动力，就此而言，商业银行与一般的工商企业没有区别。

其次，商业银行是一种特殊的企业。与一般的工商企业不同，商业银行还具有以下特殊性：商业银行的经营领域不是一般的商品流通领域，而是货币信用领域。同时商业银行的经营方式也不是一般的商品买卖，而是货币有条件的暂时让渡，通过货币的借贷，取得利息，形成利润。此外，商业银行对国民经济的影响特殊，既是微观的(影响服务对象)，又是宏观的(改变流通中的货币量)。

最后，商业银行是一种特殊的金融企业。商业银行既有别于国家的中央银行，又有别于专业银行(指西方国家指定专门经营范围和提供专门性金融服务的银行)和非银行金融机构。中央银行作为国家的金融管理当局和金融体系的核心，具有较高的独立性，它不对客户办理具体的信贷业务，也不以营利为目的。专业银行和各种非银行金融机构仅限于办理某一方面和几种特定的金融业务，业务经营具有明显的局限性。而商业银行的业务经营则具有广泛性和综合性，它既经营“零售”业务，又经营“批发业务”，其业务触角延伸至社会经济生活各个角落，成为“金融百货公司”和“万能银行”。

二、商业银行的职能

商业银行的职能是就其本身性质而言的功能，在现代经济中有信用中介、支付中介、信用创造、金融服务等职能，并通过这些职能在国民经济活动中发挥着重要作用。具体如下。

1. 信用中介职能

商业银行作为货币借贷双方的“中介人”，通过债务业务，将社会上的各类闲钱汇集到银行，并以资产业务的方式，将其投入经济的各个领域。商业银行在此充当了货币资本和借入者的中间人或代理人，以达到融资融通的目的，并从吸收资本的成本和贷款利息收入、投资收益的差值中，赚取利息收入，从而构成银行的利润。商业银行利用信贷中间人的功能，在资金不足与资金盈余之间进行协调，这不会影响到货币资本的所有权，而只是其拥有权发生变化。这是商业银行最基本的职能，也最能反映商业银行业务活动的特点。

2. 支付中介职能

支付中介是指商业银行通过客户活期存款账户的资金转移，为客户办理各种货币结算、货币收付、货币兑换和存款转移等业务活动。商业银行作为企事业单位和个人的货币保管、出纳和支付代理者，通过账户上存款转移，代理客户支付；基于储户存款，为储户兑付现款等，减少现金使用，节约流通费用，加速结算过程和货币资金周转，促进扩大再生产，使得以商业银行为核心，在整个经济活动中形成了一条无始无终的支付链和债权债务关系。支付中介和信用中介两种职能相互推进，构成了商业银行借贷资本的整体运作。

3. 信用创造职能

信用创造是指商业银行通过吸收活期存款、发放贷款，从而增加银行的资金来源，扩大了社会货币供给量。商业银行这一职能是在信用中介和支付中介职能的基础上产生的。作为一家可以吸纳一切存款的银行，商业银行可以通过创造存款货币等流通工具和支付手段，在银行系统中获得更多的资金，既可以节省现金使用，减少社会流通费用，又能够满足社会经济发展对流通手段和支付手段的需要。以其自身的信用活动来产生和缩小往来账户，这是商业银行货币供给的重要组成部分。因此，商业银行可以将其债务当作货币进行流通，从而产生信用创造的功能。

4. 金融服务职能

金融服务职能是指商业银行利用在国民经济中联系面广、信息灵通的特殊地位和优势，借助电子计算机等先进手段和工具，为客户提供财务咨询、融资代理、信托租赁、代收代付等各种金融服务。为适应经济发展和科技进步，满足客户要求，商业银行不断开拓金融服务领域，如代发工资、提供信用证服务、代付其他费用、办理信用卡等，促进资产负债业务的扩大，实现资产负债业务和金融服务的有机结合。目前，金融服务职能正逐步成为商业银行的重要职能。

第三节　商业银行的组织形式

商业银行的组织形式可以从其外部组织形式和内部组织形式两方面来看。

一、商业银行的外部组织形式

外部组织形式是指商业银行在社会经济生活中的存在形式，主要有以下三种类型。

1. 单一制

单一制是指业务由各自独立的商业银行经营，不设立或不能设立分支机构的商业银行。这种商业银行在美国较为普遍。美国各州的独立性较大，为了均衡发展经济，保护本地信贷资金资源，一些经济比较落后的州政府，通过立法禁止或者限制银行开设分支机构，特别是其他地区的银行，到本州设立分行，以达到反对金融权力集中，防止银行吞并的目的。单一制银行不利于银行的发展，这些银行抵御风险的能力较差，业务发展和创新能力也较差，大大削弱了银行的竞争力。

单一制的优点在于：可以限制商业银行之间的相互吞并，不易形成金融垄断，有利于自由竞争；商业银行的地方性强，有利于协调银行与地方政府之间的关系，能适合本地区需要，集中力量为本地区服务；商业银行具有较大的独立性和自主性，业务经营上比较灵活；管理层次较少，有利于中央银行管理和控制。

单一制的缺点在于：商业银行不设分支机构，与现代经济的横向发展、商品交换范围的不断扩大存在着矛盾。同时在计算机等高新技术大量应用的条件下，其业务发展和金融创新受到限制；商业银行的业务多集中于某一地区、某一行业，容易受到经济发展波动的影响，导致筹资不易，风险集中；商业银行的规模较小，经营成本高，不易取得规模经济效益。

2. 总分行制

总分行制又称为分支行制，其特点是法律允许除银行总部外，在同一地区或不同地区甚至国外普遍设立分支机构，从而形成以总行为中心的庞大的银行网络。这类银行的总部一般设在经济发达、通信便捷的大城市，从而有利于总行对下属分支机构进行管理和指挥。总分行制起源于英国的股份银行。目前，世界上绝大多数国家都普遍实行这一制度，如西欧、俄罗斯、日本以及中国等。

总分行制按总行职能的不同分为总行制和总管理处制：总行制是指总行除管理和控制各分支机构外，其本身也对外营业；总管理处制是指总行只负责控制各分支机构，不对外营业，因而在总行所在地需要另设对外营业的分支行或营业部。

实行总分行制的银行显著特点是银行分支机构众多、分布广、规模大，形成一个银行网络。这一特点使得此类银行在经营管理方面具有以下优点。

(1) 可以增强资金的流动性，提高银行的安全性。由于银行分支机构多，分布广，业务分散，因而易于吸收存款，调剂资金，充分有效地利用货币资本；同时由于放款分散，既可以降低放款的平均风险，带来总体回报率的提高，又可以在较大范围内调剂资金，增强资金流动性，从而大大提高了银行的安全性，即使个别分支机构经营失败也不会影响到整个银行的生存。

(2) 减少非营利性资产占用。在现金准备方面，由于分支机构间调动灵活，就整个银行体系而言就可相对降低准备金数额，减少非营利性资产的占用。

(3) 有利于银行扩大资本总额和经营规模。实行总分行制的银行在资金流动性大大提高的同时，资本总额也会相应扩大，从而有利于扩大经营规模。

(4) 可以为客户提供更多便利的金融服务。商业银行的规模较大，易于采用现代化设备，可以为客户提供多种便利的金融服务，特别是银行的国外分支机构，能够满足客户开拓国际市场的需求。

总分行制具有以下缺点。

(1) 总分行制容易造成大银行对小银行的吞并，导致金融垄断的发生，妨碍竞争。

(2) 容易因银行规模过大，内部层次过多，机构较多，导致管理困难。

(3) 分支机构人员的岗位调动、轮换等，会使银行失去与其客户的联系，而银行职员固守一地又会形成本位主义，削弱总行对分行的控制管理。

总的来说，总分行制具有其他银行体制所无法比拟的优点，更能适应现代经济发展的需要，因而成为当今世界各国商业银行的主要组织形式。

3. 银行控股公司制

银行控股公司制又称为“集团制银行”或“持股公司制银行”，是指由少数大企业或大财团设立控股公司，再由该公司控制和收购两家以上的银行所组成的一种银行制度。在法律上，这些银行都是独立的，但其业务与经营政策统一由同一股份公司控制。银行控股公司制的组织形式在美国最为流行，它是商业银行规避政府对其所设立的分支机构进行管理的斗争结果，并成为美国及其他一些发达国家最有吸引力的银行组织机构。

银行控股公司是金融控股公司的一种，其内部可以实行单一银行制，也可以实行总分行制，成为规避限制开设分行法规的一种策略。因此，银行控股公司在美国最为流行，并且有着为数众多仅控制一家银行股权的控股公司。1999 年美国颁布的《金融服务现代化法案》在法律上确立了银行控股公司制度的地位。目前,美国的银行控股公司可以直接或间接经办诸如各种放款、投资、信托、租赁、保险、咨询和信息服务等多种金融业务,并可获准在其他行业中设立与银行业务有密切关联的子公司,如金融公司、信用卡公司等。

银行控股公司制的优点主要是:①能有效地扩大资本总量,增强银行实力,提高银行抵御风险的能力和竞争能力;②银行控股公司可以同时控制大量的非银行企业,这就为它所控制的银行提供了稳定的资金来源和客户关系。当然,银行控股公司制的缺点也是明显的,即容易形成银行业的集中和垄断,不利于银行业竞争,并在一定程度上限制了银行经营的自主性,不利于银行的创新活动。

二、商业银行的内部组织形式

商业银行的内部组织形式是商业银行内部业务运行和管理实施的组织方式,其主要内容包括总部的部门设置及其功能和权限、部门之间的相互关系,分支机构的功能、权限和部门设置,全行业务运作的组织架构模式,总行对分支机构实施管理的模式等。商业银行的内部组织形式包括决策系统、执行系统、监督系统。

1. 决策系统

商业银行的决策系统主要由股东大会和董事会组成。股东大会是股份制商业银行的最高权力机构。在股本招募中购买银行发行的优先股票的投资者成为银行的优先股东,购买银行发行的普通股票的投资者成为银行的普通股东。商业银行董事会代表股东大会执行股东大会的决议,对股东大会负责。董事会主要具有以下重要权力:一是确定银行的经营决策。董事会一般不直接参与银行的日常工作,但银行经营的重大问题要与董事会商议,由董事会做出决策。二是任免管理人员。董事会有权任免银行管理人员,选择熟悉银行业务的高级管理人员来具体管理银行,设立各种委员会或附属机构,如执行委员会、贷款委员会、考评委员会等,通过其对银行的经营管理活动进行组织、指挥和监督。

2. 执行系统

商业银行的执行系统是指银行常设的执行董事会决议的行政和业务管理系统。银行一方面负责管理商业银行日常经营活动;另一方面负责执行董事会的各项决策。它由管理层和执行层两个层次组成。

(1) 管理层。商业银行的管理层包括行长(或总经理)、副行长(副总经理)和各业务职能部门的管理人员。其中行长是银行的行政首脑。其职责是执行董事会批准的各项战略、政策、制度和程序,建立权责明确、报告关系清晰的组织结构,建立健全有效的风险防范体系和内部控制机制,负责组织商业银行的日常业务经营活动。

(2) 执行层。商业银行的执行层包括直接从事各项具体业务活动、负有各种不同职责的银行工作人员。他们在各级管理层的直接领导下,具体办理各项业务,并承担相应的责任。

3. 监督系统

商业银行的监督系统由监事会和稽核部门组成。监事会由股东大会选举产生,代表股东大会对商业银行的业务经营和内部管理进行监督。商业银行的稽核部门是董事会或管理层领导下的一个部门，其职责是维护银行资产的完整和资金的有效运转，对银行的管理与经营服务质量进行独立的评估。

第四节　商业银行的主要业务

商业银行的业务可以分为负债业务、资产业务和中间业务，其中负债业务和资产业务是指记入资产负债表中的项目，而中间业务是指不列入银行资产负债表且不影响资产负债表总额的业务。

一、商业银行的负债业务

商业银行的负债业务是指商业银行筹措资金、形成资金来源的业务，是商业银行资产业务和其他业务的基础。商业银行最主要的负债业务就是存款业务，它是商业银行营运资金的主要来源。

（一）存款种类及构成

存款业务是商业银行最古老、最基础和最主要的负债业务之一，是商业银行资产负债表中独特的一项，它的规模和结构制约着商业银行的生存和发展，对商业银行的资金流动性产生重要的影响。

1. 活期存款

活期存款(current deposit)又称交易存款，是指存款客户可随时提取或支付，无须预先通知银行的存款。其特点是约定期限不固定，可随时存取，不支付利息，可凭支票或其他方式在需要时随时使用。由于活期存款不支付利息，用于支票转账和非现金结算，因此它是最传统的资金来源，是信用创造的基础。各国法律明确规定只有商业银行才可接受活期存款，可以说，提供活期存款业务是商业银行的“专利”。

我国银行业在账户管理模式上与国际接轨，对活期存款账户实施“两本账”模式。其目的是加强税收管理，为今后存款业务实行差别服务建立基础，如存款收取服务费。同时对于反不正当金融交易、反洗钱等也会起到积极作用。在国外，这种区分账户的银行管理方式目前已经占据主流地位。例如美国居民一般都有三个账户：支票账户、理财账户和信用卡账户，其中理财账户类似我国的储蓄账户，用于活期与定期存款；支票账户和信用卡账户类似我国结算账户。

2. 储蓄存款

储蓄存款(saving deposit)是指存款客户在银行设立的存款账户。银行需要向存款客户支付利息，且没有最低存款限额及到期期限的要求，客户不能直接开出支票，但客户根据需要提取现金或将存款转入其他账户。可见储蓄存款是一种没有固定期限和存款金额的付息的存款账户。

储蓄存款也可分为活期储蓄存款和定期储蓄存款。储蓄存款具有以下三个特点。一是开设客户主要是居民个人。储蓄存款多数是个人为了积蓄购买力和财富而进行的存款。二是监管当局对商业银行的储蓄业务有严格的规定。为了保障储户的利益，各国对经营储蓄存款业务的商业银行都有着严格的管理，并要求银行对储蓄存款负有无限清偿责任。三是一般为存折或存单形式，不能签发支票进行转账结算。储蓄存款的流动性低于支票存款，也属于广义货币 M2 的组成部分。

3. 定期存款

定期存款（time deposit）是指客户与银行预先约定存款期限的存款种类。存款期限通常为 3 个月、6 个月和 1 年不等，期限最长的可达 5 年或 10 年。利率根据期限的长短不同而存在差异，但都要高于活期存款。对于银行来说，由于定期存款期限较长，从而成为银行稳定的资金来源。定期存款的流动性低于支票存款，因而被看成广义货币 M2 的组成部分。

由于定期存款期限固定，利息高于储蓄存款，客户碍于罚息通常不会提前支取，因而定期存款是银行全部存款资金来源中最稳定的资金，流动性要求低，且银行所承担的管理成本最低，但银行所支付的利息成本最高。因而银行可运用定期存款来支持长期贷款和投资，从而获取更高的收益。

除上述传统的定期存款业务外，为了吸收更多存款，西方商业银行在定期存款工具上展开创新，最有名的是 10 万美元以上的可转让大额定期存单。大额定期存单由美国花旗银行于 1962 年首创，是商业银行为了对付因市场利率上升导致其资金来源下降而推出的定期存单创新品种。与传统的定期存单相比，大额定期存单存在二级流通市场，这就赋予其较高的流动性。而且大额定期存单不记名，便于转让流通，没有利率限制，到期时间一般为 14～270 天不等。从某种角度看，与其说大额定期存单是一种存款，不如说它是一种借款。

（二）借款种类及构成

商业银行的首要资金来源是存款，存款资金来源不足，才选择借款。商业银行通常很少向市场借入资金。

1. 同业借款

同业借款用于暂时性流动性资金要求，满足日常资金周转。同业借款通常为期一天，故有“今日货币”之称。同业借款的利率与运行成本低，无须抵押，融资对象、金额和时间均十分灵活，一家银行只需通过银行间的电子转移网络即可完成一笔同业拆借交易。同业借款通常有以下三种借款协定。

（1）隔夜借款。一般为口头协议，没有书面协议，交易双方经过电话协商，资金次日偿还，无须抵押。

（2）定期借款。定期借款通常以书面协议的方式借入期限为几天甚至几个月的同业资金。如果借方的信用比较可疑，则贷方会要求借方以政府债券抵押，直至借款偿还为止。

（3）可续借款。可续借款是指每日自动周转，直至借贷双方中任何一方要求终止的一种借款行为。大多数可续借款发生在小型银行与它们的大代理行之间，代理行每日自动将准备金划入小型银行的存款账户，直至双方中的一方要求终止。

2. 回购协议

回购协议（repurchase agreement）是指商业银行可以按照约定的价格出售高质量、高流动的资产,如政府债券等,同时双方商定,在将来某一特定时间以略高的价格将其购回的协议。回购协议实际上相当于银行以债券作为抵押向另一个银行提出短期贷款。

回购协议是一种安全性高的贷款,对于借款行来说,因债券抵押而获得低成本融资。一般来说,债券本身并不发生物质上的转移,只不过在回购协议上规定,借款人对所抵押债券有优先受偿权。回购协议利息成本的计算公式为

$$\text{回购协议利息成本} = \text{借入资金量} \times \text{当期回购协议利率} \times \frac{\text{回购协议期限}}{360\text{ 天}}$$

由于商业银行支付的回购协议利息很低,因而用其发放的贷款就可获取较高利息差。商业银行愿意使用回购协议方式借款的原因在于:首先,回购协议是银行进行负债管理的得力工具;其次,回购协议无须缴纳存款准备金以及高质量证券抵押,使得回购协议利息成本低于同业拆借;再次,回购协议的期限弹性大,又有不同的回购协议品种,非常适合银行流动性需求管理;最后,回购协议的供应方众多,如银行、非银行机构以及政府等,使得回购协议资金供给弹性大,银行易得到低成本的资金来源。另外大银行也可以通过回购协议出售其流动性低的资产,如贷款,获取长期资金支持其资产增长。

3. 中央银行融资

商业银行向中央银行融资主要通过再贴现和再贷款两种融资方式。再贴现是指银行将已贴现但未到期的商业票据向中央银行申请贴现的一种融资方式。中央银行出于货币政策方面的考虑,对银行再贴现有严格限制,如对所贴现票据的质量、种类和期限的审查等,所以商业银行能否通过再贴现取得资金一般并无把握。再贷款是直接向中央银行取得贷款的一种融资方式,是指商业银行以自身持有的证券、票据做抵押向中央银行取得的贷款,也叫直接借款。再贷款和再贴现不仅是商业银行筹措短期资金的重要渠道,同时也是中央银行重要的货币政策工具。

4. 境外借款

境外借款是指银行通过发行定期存单或票据取得境外的资金来源。其好处在于,不受国内金融当局在利率、准备金、税收等方面的诸多管制,同时借款机制灵活;不利之处在于筹资风险高于国内借款,对银行要求较高,只有实力雄厚、资信颇佳以及管理经验丰富的大银行才具备向境外市场借款的能力。

(三)其他负债来源

1. 结算性负债

结算性负债是指商业银行在结算业务中形成的负债,主要包括结算保证金、支票结算款项占用和联行汇差占用。

2. 表外融资

表外融资是指商业银行通过资产证券化、贷款出售和发行信贷担保等所筹集的资金来源。

二、商业银行的资产业务

资产业务是指商业银行运用资金的业务,也就是商业银行将其吸收的资金贷放或投

资出去赚取收益的活动。商业银行的资产业务主要包括现金资产、贷款业务、投资业务、国际业务等。资产业务是商业银行的主要收入来源。其中,贷款业务包括以下类型。

(一) 企业贷款

1. 短期贷款

商业银行的企业贷款一半以上都是短期贷款,期限短于一年。大多数短期贷款都是为满足企业的存货融资需求,借款企业在销售了存货或收回应收账款后,就可以归还贷款;一些短期贷款则是满足服务型行业,如工程设计公司的短期资金需求等。在信用限额内,借款人只要按期对实际使用的贷款资金支付利息,就可以循环使用贷款本金直到协议期满或银行认为借款人的信用度下降。短期贷款信用分析的重点是借款人所提供的计划财务报表。短期贷款的贷款利率为固定利率和浮动利率。短期贷款通常是以存货、应收账款或固定资产作担保。

2. 定期贷款

定期贷款(term loan)是指除消费贷款与不动产贷款之外期限超过一年以上的企业贷款。定期贷款的通常期限为2～5年,贷款利率为浮动利率。定期贷款一般是为企业购买固定资产与扩张生产能力融资,有时也是为了公司控制权的变更、收购或循环贷款筹集资金。

定期贷款的还款来源是稳定的、长期的现金流量。因此银行在进行信用分析时,重点分析借款人的长期财务报表,目的在于了解借款人长期的潜在盈利能力和偿还能力。在有效期限内,借款人以月或季度分期偿还本息或利息。定期贷款一般以固定资产作担保,如土地、建筑物的抵押和设备的安全收益等。抵押率以市场评估的价值为估算基础。

3. 贷款承诺

贷款承诺(loan commitment)是指银行为借款人提供一定的贷款额度,在承诺期间内借款人有权在任意时间使用这笔贷款。银行发放贷款承诺的目的在于获取未来贷款需求变化的有关信息,合理安排贷款需求,维护银企关系以及增加其表外收入。

值得注意的是,随着金融产品的不断创新,金融市场的日益完善以及银行与非银行金融机构之间的竞争,银行贷款组合中企业贷款的比重在下降,大量的商业票据融资占用了部分企业贷款的份额。

(二) 不动产贷款

不动产贷款用于企业不动产的购买、开发与建设的融资,例如,厂房、居民住宅以及其他大型项目的建设等。不动产贷款的期限一般较长,采用浮动利率。不动产贷款是以企业所建所购的不动产作担保抵押以及对利率波动更加敏感为特征的,因此银行对这类贷款的信用评估重点是贷款项目的未来现金流量以及利率波动对其资产成本的影响。鉴于不动产贷款流动性差,风险高,商业银行通常以通过二级市场将不动产贷款出售或证券化等方式创造新的流动性来源,从而满足银行的资金需求。

（三）农业贷款

在银行贷款组合中，农业贷款占有比重较大。这是因为农业贷款需求分散，成本较高，其他非银行金融机构无法与商业银行开展竞争。

（四）租赁融资

租赁融资是指金融租赁公司作为出租人，根据承租人对出卖人、租赁物的选择，向出卖人购买租赁物，提供给承租人使用，承租人支付租金的交易活动，同时具有资金融通性质和租赁物所有权由出卖人转移至出租人的特点。在功能上，租赁融资相当于定期贷款的延伸，由于银行无法直接控制收益性资产的产权，很难防范定期贷款的风险，因此通过租赁融资的方式可以避免这一贷款风险产生。

（五）消费贷款

消费贷款是指用于个人购买不动产、信用卡消费等方面的贷款。消费贷款是商业银行收益最高的贷款之一。以美国为例，信用卡贷款的平均利率为 13%，30 年期的住宅抵押贷款利率为 6%，而 1 000 万美元以上的企业贷款的平均利率却只有 2.3%。然而消费贷款也可能成为高风险金融产品，这主要因为个人持有的流动资产和未来现金流量可能会因疾病或失业而急剧改变，从而使银行陷入困境。

消费贷款具有以下特点：首先，消费贷款利率是“刚性”的；其次，消费贷款是周期敏感性的；再次，消费者在贷款时往往对利率变化相对不敏感，而是更关注贷款合同中的分期付款金额；最后，由于消费贷款金额小、单独的贷款合同越来越趋同，因此容易实现证券化。

消费贷款主要包括以下几种。

(1) 家庭住宅抵押贷款。通常采用分期付款的方式偿还贷款的本息，贷款期限一般为 10～30 年，贷款利率与市场利率挂钩进行同步变动，抵押品是贷款购买的家庭住宅。

(2) 汽车贷款。贷款期限一般为 5～8 年。有时汽车制造商为了促销，往往会采取减免利息方式为消费者融资。

(3) 家庭财产信贷。是银行为个人提供循环信贷限额，个人以家庭财产作担保的贷款。这种贷款的期限较短，可以循环使用。贷款的金额一般为 10 万元以内。

(4) 信用卡贷款。信用卡是消费贷款中增长速度最快的一部分，一般是循环信贷限额贷款，限额的多少取决于银行对持卡人的信任度以及持卡人家庭财产的价值。

（六）其他贷款

1. 过渡性贷款

过渡性贷款可以看作项目贷款，它用于满足借款人一定时期的资金需求，直到某一特定事件发生，这一事件可以产生出足以偿还贷款的现金流量。例如，投资银行因承销证券向银行申请的贷款。银行发放过渡性贷款的信用评估在于确定过渡性事件发生的原因以及借款人的偿还能力。由于过渡性贷款用于出售资产的收购、承销证券和其他临时事件的融资,抵押品通常也是这些资产。

2. 参与协议

参与协议是指银行可以参与其他银行发放的贷款,从而获取贷款份额。参与协议通常用于大型项目的贷款。由于大型项目对贷款需求量很大,通常由几家银行联合起来共同为其贷款。参与协议列明了贷款的所有参与人,规定了其对贷款享有的权益比例。参与协议的优点在于每个贷款人都同借款人建立直接的契约关系,而无须依赖牵头银行,从而保护参与银行避免因牵头银行经营失败所引发的相关风险。

三、商业银行的中间业务

中间业务(intermediary business)是指商业银行不运用或极少运用自己的资金资源,而是以中间人的身份替客户办理收付和其他事项,提供各类金融服务,并从中收取手续费的业务。中间业务是商业银行在办理传统的资产负债业务中衍生出来的,占用银行资产极少的业务,它一般不反映在银行资产负债表上。中间业务产生的原因在于,以商业银行原来的存贷款为内容的双边信用无法满足客户多边信用的需要,以及金融竞争的加剧,金融监管的放松和银行经营风险的增加等外部环境的变化,都成为商业银行推动中间业务发展的重要因素。

(一)中间业务的特征与意义

1. 中间业务的特征

(1) 不直接运用银行的资金资源。商业银行办理中间业务一般不动用自己的资金,主要依靠自己的信誉、服务网络和金融信息,付出一定的人力、物力,承担一定的经济责任,从中收取手续费和佣金借此改变银行的当期损益和经营成本。

(2) 不直接反映在资产负债表上。商业银行的中间业务一般不能直接反映在银行资产负债上,从而对表内业务的质量也不会产生任何影响。

(3) 不占用客户的资金。

(4) 不直接承担经营风险。在中间业务的当事人中,商业银行作为中间人,是以受托人的身份接受客户委托,因此以收取手续费的形式获取收入,且不直接承担经营风险。

2. 商业银行发展中间业务的意义

(1) 增强商业银行的盈利能力。

(2) 能够分散银行的经营风险。

(3) 稳定和促进传统的存贷业务。大多数中间业务是传统存贷业务的延伸,因而有利于稳定甚至进一步促进存贷业务。

(4) 有利于塑造银行的社会形象。中间业务品种众多、联系面广、服务性强、有利于银行形象的塑造。

(5) 创新金融产品,开拓新的业务领域。中间业务产品最大的特点是种类多、范围广、无专利性,以及对经济发展的新形式、新要求反应敏感,银行可借此根据客户的需求与偏好积极拓展、创新和开办新的业务品种,满足客户的需要,降低银行经营的成本。

(6) 有利于充分利用银行的资源。

（二）中间业务的种类

商业银行的中间业务种类繁多，主要有本、外币结算、银行卡、信用证、备用信用证、票据担保、贷款承诺、衍生金融工具、代理业务、咨询顾问业务等。在国外，商业银行的中间业务发展得相当成熟，美国、日本、英国商业银行的中间业务收入占全部收益的比重均在40%左右。在我国，现阶段商业银行表外业务的规模一般占到其资产总额的15%以上。

拓展阅读

因"数"而变，数智化激发商业银行向"新"力

2024年8月下旬，A股上市银行进入半年报披露期。当前，浦发银行、平安银行、兴业银行三家股份制银行及南京银行、江苏银行、常熟银行等银行已披露了2024年半年报。从已披露的半年报可见，数字化转型与技术赋能正在进一步推动商业银行降本增效。商业银行加速推进数字化转型，以技术赋能实现服务的场景化、业务的数智化以及数字风控的精准化，支撑自身业务的新变革。

1. 夯实信息科技底座

数字技术的不断发展为银行业务变革提供了科技底座。近年来，商业银行信息科技投入力度持续加大。2023年，六大行金融科技投入达到1 228.22亿元，较2022年的1 165.49亿元增长5.38%。从半年报也可看到，随着数字化转型加速，各银行数字化经营能力不断提升，对业务产生了积极影响。

兴业银行正坚持以"企业级、标准化"方法论做好信息科技基础工作，为数字化转型打下坚实基础。完善数据标准化建设、升级数据基础设施是商业银行夯实信息技术底座的关键动作之一。中国银行持续推进"绿洲工程"与"三横两纵"数据治理，已形成22万个数据字典项；建设银行加速推进业务、数据、技术"三大中台"建设，以共享数据资源和能力为核心，夯实多源异构数据的统一数据基础。平安银行升级改造大数据计算引擎，2024年上半年高峰时期数据处理时间较上年缩短约90%。

2. 赋能业务模式创新

技术的应用本质上是为了提升金融服务的效率、安全性与可靠性。商业银行正加快探索以大数据、人工智能等前沿技术赋能业务模式创新。

平安银行正在全面深化零售数字化转型，通过升级数字化工具、沉淀数字营销能力，打通"获客、转化、活跃、留存"的全周期经营链路，实现客户、产品、渠道的高度匹配，显著提高了运营效率和风险管理能力。例如，借助虚拟数字人，截至2024年6月末，该行运营审核作业自动化率约49%，较上年末提升约4个百分点。

兴业银行发力研究前沿技术、应用创新及金融场景应用，释放智能化业务与技术融合效能。例如在零售业务方面，该行上线消保投诉自动标签分类和投诉量预测智能模型，每月处理超1.5万条投诉，有效提升投诉分类效率。在同业与金融市场条线方面，"小兴兴"智能交易机器与几十家同业机构达成超1 000笔交易，总成交规模超740亿元。

3. 加快场景应用建设

场景金融生态的不断拓展，是技术引领金融服务变革的最直观体现。随着数字化转型步伐加速，金融场景建设正在加速。

此前，在金融场景建设方面业内已经出现不少典型示范，例如，工商银行构建“1+N”智慧政务产品体系；中国银行打造的“中银跨境GO”App一站式满足个人客户境外金融需求；建设银行构建住房租赁生态、农业银行开展涉农场景金融服务、平安银行打造“车+金融”服务等经营实践都曾取得亮眼成绩。此次半年报显示，商业银行仍在加速推进场景应用建设。

“我行持续推进政府、教育、医疗、园区、批发市场、制造业、金融业、新消费八个重点场景生态建设以及金融‘五篇大文章’重点领域场景建设。”兴业银行表示，该行正积极将金融服务融入各类生态场景，助力数字产业化和产业数字化。例如，该行自主研发“园区生态服务平台”，为科技企业聚集的园区提供数字化赋能，报告期内已在全国553个园区上线使用。平安银行深化AI技术应用，该行“AI外呼”上半年渗透场景约430个，外呼规模约3亿通。

金融机构利用先进技术为金融服务赋能，有助于弥补原有服务体系中的短板，也在无形之中促进自身向新的数字化发展形态跃迁转型。

资料来源：金融时报. 因“数”而变，数智化激发商业银行向“新”力[EB/OL].(2024-08-27)[2024-11-20]. https://www.financialnews.com.cn/2024-08/27/content_407080.html.

本章小结

1. 商业银行是通过存款、贷款、汇兑等业务，承担信用中介的金融机构，是金融机构体系最重要的组成部分。

2. 商业银行的外部组织形式主要有三种类型：单一制、总分行制、银行控股公司制。商业银行的内部组织形式包括决策系统、执行系统、监督系统。

3. 商业银行最主要的负债业务是存款业务，也是商业银行营运资金的主要来源。

4. 商业银行的资产业务主要包括现金资产、贷款业务、投资业务、国际业务等。资产业务是商业银行的主要收入来源。

5. 商业银行的中间业务是指商业银行不运用或极少运用自己的资金资源，以中间人的身份替客户办理收付和其他事项，提供各类金融服务，从中收取手续费的业务。

复习思考

1. 商业银行的性质与职能是什么？
2. 银行控股公司为什么发展迅速？
3. 商业银行为什么被称为“金融百货公司”？
4. 简述我国的银行体系结构。
5. 商业银行的中间业务包括哪些？

第十章

中央银行

学习目标

- 了解中央银行的产生和发展。
- 掌握中央银行的性质和职能。
- 掌握中央银行的组织制度和结构。
- 掌握中央银行的独立性和作用。

素养目标

- 把握中央银行的发展趋势，创造性地解决实际问题。
- 通过分析中央银行在经济体系中的作用，用宏观金融视角分析问题。
- 培养将经济学理论融于实际问题分析的意识。

本章导读

中央银行(Central Bank)是国家中居主导地位的金融中心机构，是国家干预和调控国民经济发展的重要工具。中央银行负责制定并执行国家货币信用政策，独具货币发行权，实行金融监管。中央银行的职能主要是制定、执行货币政策，对金融机构活动进行领导、管理和监督，是一个"管理金融活动的银行"。我国的中央银行为中国人民银行，简称"央行"。

第一节　中央银行的产生与发展

一、中央银行的产生

（一）中央银行产生的历史背景

中央银行制度是商品信用经济发展到一定阶段的产物。15 世纪至 16 世纪，欧洲资本主义制度形成，商品经济和社会生产力快速发展，货币经营业越来越普遍。18 世纪后期，随着工业革命及其带来的工商业的空前发展，推动了银行体系的扩张，商业银行的设立和发展出现高潮。商品经济的迅猛发展和商业银行的普遍设立，又促进了货币、信用与经济的融合。工业革命和金融革命相互促进，推动了社会经济增长，但是由于当时的信用制度特别是银行体系比较脆弱，银行的设立没有准入限制，金融业务活动的创新以及信用规模的扩大均缺乏有效、健全的风险制度管理，竞争导致大量银行破产倒闭，信用体系和经济运行受到冲击，金融秩序也经常紊乱。因此，资产阶级政府试图建立一种有效的金融制度来稳定信用制度和银行体系，避免频繁发生的金融秩序混乱，使经济运行受阻。

（二）中央银行产生的必然性

随着资本主义商品经济的迅速发展，现代资本主义银行在资本主义国家迅速建立和发展起来。在资本主义银行业建立初期，许多银行不但经营存款、贷款和汇兑业务，还发行银行券作为一项资金来源。由于许多银行分散发行大量银行券，再加上盲目发展业务，银行之间的激烈竞争给银行体系的发展带来了很多消极影响。具体说来，它的产生是适应了以下几方面需求的结果。

1. 统一银行券发行的需要

在中央银行制度确立之前，各银行都有权发行自己的银行券。多家银行分散发行银行券存在着种种弊病。首先，为数众多的小银行信用能力薄弱，它们发行的银行券往往存在不能兑现的情况，尤其是在经济危机时期，这种情况更为普遍。这就给货币流通造成了混乱，破坏了货币秩序的稳定；其次，许多银行的信用活动有着地区的限制，它们发行的银行券只能在有限的地区流通。市场上流通着大量不同种类的银行券，这给银行、企业间的交易与支付带来困难。随着资本主义的发展，客观上要求有一家有权威的、资力雄厚的大银行来发行全国统一流通的、稳定的银行券，使银行券的发行权走向集中统一。

2. 统一票据交换及清算的需要

随着银行业务的不断扩展，商业银行每天收授票据的数量激增，各家银行之间的债权债务关系日益错综复杂，由各个银行自行轧差进行当日结算已发生困难。因此，这种状况客观上要求产生中央银行，建立全国统一的、权威的和公正的清算中心。

3. 充当最后贷款人的需要

最后贷款人是指在商业银行发生资金困难而无法从其他银行或金融市场筹措时，中央银行对其提供资金支持的功能。

在经济发展的过程中，随着工商企业对银行贷款的需求不断增长，银行的贷款规模也随之扩大。当银行的贷款不能按期收回，或者受经济周期波动的影响而陷入资金周转困境时，银行往往陷入流动性不足的局面，严重时甚至会引发存款人挤兑现象，很多银行因无法应对流动性危机而破产倒闭。这既不利于经济发展，也不利于社会稳定，因此客观上需要一家权威性机构适当集中各商业银行的存款准备金作为后盾，在必要时为商业银行提供货币资金，发挥最后贷款人的角色，即流动性支持。这一机构就是中央银行。

4. 对金融业进行监督管理的需要

随着银行事业的发展，商业银行数量增加，规模扩大，这就要求政府对商业银行的业务进行必要的监督、管理和协调，以发挥商业银行的积极作用，限制其消极作用，尽可能防止商业银行在激烈的竞争下破产倒闭，给国民经济带来不良影响。这就需要有一家大银行在政府授权下，作为专门机构从事这项工作。此外，随着资本主义国家机器的发展壮大，政府的职能增多，政府在政治经济等方面的管理活动需要掌握大量资金，这也需要有一家大银行为政府集中保管资金，办理资金收付，在财政困难、收不抵支的时候，能够给予资金融通，保证国家各项职能的正常发挥。总的来说，为了保证金融业的健康发展，减少金融运行风险，政府对金融业进行监督管理是极其必要的，而中央银行是对金融业进行监管的部门之一。

二、中国人民银行的发展历程

中国人民银行的历史渊源，可以追溯到第二次国内革命战争时期。1931 年 11 月 7 日，在江西瑞金召开的“全国苏维埃第一次代表大会”上，通过决议成立“中华苏维埃共和国国家银行”（简称苏维埃国家银行），并发行货币。1948 年 12 月 1 日，中国人民银行在河北省石家庄市正式宣布成立，1949 年 2 月迁入北京。

在成立初期，中国人民银行的主要任务是在全国建立统一的国家银行体系。一是建立独立统一的货币体系，使人民币成为境内流通的本位币，与各经济部门协同治理通货膨胀；二是迅速普建分支机构，形成国家银行体系，接管官僚资本银行，整顿私营金融业；三是实行金融管理，疏导游资，打击金银外币黑市，取消在华外商银行的特权，禁止外国货币流通，统一管理外汇；四是开展存款、放款、汇兑和外汇业务，促进城乡物资交流，为迎接经济建设作准备。到 1952 年国民经济恢复时期结束时，中国人民银行基本完成了上述任务。到 1953 年，中国人民银行总行统一掌握了全国信贷资金，“统存统贷”这一体制一直维持到 1978 年。在这 20 多年里，中国人民银行既是管理金融的国家机关，又是全面经营银行业务的国家银行。

1979 年 1 月，国家开始对金融体制进行改革，中国农业银行、中国银行、中国建设银行和中国工商银行相继组建（从中国人民银行分离出去，单独设立），中国人民保险公司重新建立，各地相继组建了信托投资公司和城市信用合作社，出现了金融机构多元化和金融业务多样化的局面。从 1984 年 1 月 1 日起，中国人民银行开始专门行使中央银行的职能，不再办理针对个人和企业的金融业务，而是集中力量研究和实施全国金融的宏观决策，加强信贷总量的控制和金融机构的资金调节，以保持货币稳定。

1995 年 3 月 18 日，全国人民代表大会通过了《中华人民共和国中国人民银行法》，首次以国家立法形式确立了中国人民银行作为中央银行的地位，标志着中央银行体制走上法治化、规范化的轨道，这是我国中央银行制度建设的重要里程碑。2003 年 12 月 27 日，全国人民代表大会常委会对《中华人民共和国中国人民银行法》进行了修订，中国人民银行的职能由此发生变化，原有的监管金融机构的职能转交给新成立的中国银行业监督管理委员会，新的职能正式表述为“制定和执行货币政策、维护金融稳定和提供金融服务”。调整职能后的中国人民银行强化了与制定和执行货币政策有关的宏观调控职能，转换了调控金融业以及防范和化解系统性金融风险的方式，增加了反洗钱和管理信贷征信业两项职能。未来，中国人民银行在宏观调控中将发挥更加重要的作用。

第二节 中央银行的性质与职能

一、中央银行的性质

中央银行是国家赋予其制定和执行货币政策，对国民经济进行宏观调控和管理监督的特殊的金融机构。中央银行是一国最高的货币金融管理机构，在各国金融体系中都居于主导地位。中央银行在世界范围内具有共同的性质，具体表现在以下方面。

（一）中央银行是一国金融体系的核心

中央银行、商业银行、各种专业银行和非银行金融机构共同构成一国的金融体系，中央银行处于金融体系的核心。尽管各国中央银行的名称并不一致，但就其地位来说，都是居于一国经济金融体系的中心地位的金融机构。从一国经济体系的运行方面来看，中央银行为经济增长创造了基本的货币和信用条件，并为经济稳定运行提供了制度上的保障；从国家对宏观经济的调控来看，中央银行是一国货币金融体系中的最高权力机构，也是全国货币信用制度的中心枢纽和金融监督管理的最高当局；从一国的对外金融关系方面来看，中央银行是国家对外开放经济金融往来与合作的桥梁和纽带。同时也肩负着干预外汇市场、平抑市场汇价波动的职责。

（二）中央银行是管理全国金融事务的国家机关

作为国家管理金融业和调控宏观经济的重要部门，中央银行具有一般国家行政管理机关的性质，主要表现在中央银行代表国家制定和执行统一的货币政策，代表国家运用货币政策对宏观经济进行干预，还代表国家参加国际金融组织和国际金融活动。中央银行作为管理国家金融事务的国家机关，与一般政府行政管理机关有以下区别。

(1) 中央银行在履行各项金融管理职能时，都是以“银行”的身份进行，其管理手段更多地具有银行业务操作的特征。

(2) 中央银行通常凭借经济和法律的手段来分层次实施监督管理职能，行政手段则居于次要地位。

(3) 中央银行在行使金融管理职能时，具有较大的独立性。

（三）中央银行是经营金融业务的特殊金融机构

从中央银行业务活动的特点来看，中央银行作为“银行的银行”，是特殊的金融机构，与商业银行和其他金融机构有很大区别。

1. 从经营目标来看

商业银行和其他金融机构一般以利润最大化为经营目标，而中央银行作为国家管理金融的特殊机构，不以营利为目的，原则上不从事商业银行业务。

2. 从服务对象来看

商业银行和其他金融机构一般以企业、社会团体和个人为其主要服务对象；而中央银行一般不与企业、个人直接发生业务往来，其业务对象仅限商业银行、其他金融机构和政府等。

3. 从经营内容来看

中央银行有货币发行权，而绝大多数商业银行无权发行货币。商业银行以接受公众存款为主，而中央银行只接受商业银行等金融机构的准备金存款和政府财政性存款。

二、中央银行的职能

中央银行是发行的银行、政府的银行、银行的银行，这是中央银行职能最典型的概括。它既是中央银行性质的具体体现，也是中央银行作用发挥的重要依据。

（一）中央银行是“发行的银行”

1. 含义

“发行的银行”是指中央银行集中和垄断货币的发行权，成为全国唯一的现钞发行机构，这是中央银行的最本质特征。中央银行正是因为垄断了货币发行权，才相应地有了其他职能。由中央银行垄断货币发行权是统一货币发行、稳定货币价值的基本保证。

这里必须明确一点，发行的银行所指的“货币发行”这个概念中的“货币”，通常专指银行券或现钞，而不包括存款形态的货币。目前世界上几乎所有国家的现钞都由中央银行发行，而对于辅币的铸造、发行，有些国家由中央银行管理，有些国家则由财政部负责，发行收入归财政。

作为“发行的银行”，中央银行需要承担两方面的责任：一是保持货币流通顺畅；二是有效控制货币发行量，稳定币值。中央银行垄断货币发行权，并不意味着中央银行可以任意决定货币发行量。在实行金本位制条件下，中央银行是依靠足额发行准备或部分发行准备来保证其发行银行券的可兑换性的。因而，中央银行必须集中足够的黄金储备。作为保证银行券发行与流通的物质基础，黄金储备数量成为银行券发行数量的重要制约因素。即使在货币流通均转化为不可兑现的纸币流通后，一国政府所提供的信用担保也足以保证一国货币的稳定。因此，此时的中央银行必须根据经济发展的需要来决定货币发行量，并有责任规范货币发行，以确保货币价值的稳定。如果滥用货币发行权，其结果必然是通货膨胀、货币贬值，严重时中央银行所发行的现钞甚至形同废纸。因此，国家必须对中央银行的货币发行进行适当的控制。

2. 现钞发行程序

以我国的人民币发行为例说明中央银行发行货币的程序。人民币的具体发行是由中国人民银行设置的发行基金保管库（简称发行库）和商业银行的业务库之间划拨来办理的。所谓发行基金，是指人民银行保管的已印制好而尚未进入流通的人民币票券。发行库在人民银行总行设总库，下设分库、支库，在不设人民银行机构的县，发行库委托商业银行代理。各商业银行对外营业的基层行处设立业务库。业务库保存的人民币，是作为商业银行办理日常现金收付业务时的备用金。为避免业务库过多存放现金，通常由上级银行和同级中国人民银行为业务库核定库存限额。现金发行的具体操作程序是：当商业银行基层行处现金不足时，可到当地人民银行在其存款账户余额内提取现金。于是，人民币从发行库转移到商业银行基层行处的业务库，这就意味着这部分人民币现钞进入了流通领域，这一过程被称为“出库”。当商业银行基层行处收入的现金超过其业务库库存限额时，超过的部分应自动送交人民银行。该部分人民币现钞进入发行库，意味着退出流通领域，这一过程被称为“入库”。总之，中央银行发行货币并不仅仅是印制新钞票并投入流通，还要负责现钞货币的整个动态流动过程。在现代经济社会中，现金货币的动态流通过程可以被称为货币物流（currency logistics），具体来说指货币的印制、调拨、保管、投放、流通、回笼，反复流转，从新到旧，由整到残，直至最终退出流通并被销毁，以及与之相关的信息流等的整个物理性过程。

（二）中央银行是“政府的银行”

1. 含义

“政府的银行”是指中央银行为政府提供金融服务，是政府管理国家金融的专门机构。

2. 职能

（1）代理国库。国家财政收支一般不另设机构经办具体业务，而是交由中央银行代理，主要包括按国家预算要求代收国库库款、按财政支付命令拨付财政支出、向财政部门反映预算收支执行情况等。

（2）为政府融通资金。在政府财政收支出现失衡、收不抵支时，中央银行具有为政府融通资金以解决政府临时资金需要的义务。中央银行对政府融资的方式主要有两种。

第一种，为弥补财政收支暂时不平衡或财政长期赤字，直接向政府提供贷款。为防止财政赤字过度扩大造成恶性通货膨胀，许多国家明确规定，应尽量避免发行货币来弥补财政赤字。

第二种，中央银行直接在一级市场上购买政府债券。

（3）代理政府债务的发行。中央银行代理发行政府债券，办理债券到期还本付息。

（4）代表政府参加国际金融活动。代表政府参加国际金融活动，进行金融事务的协调与磋商，积极促进国际金融领域的合作与发展。参与国际金融重大决策，代表本国政府与外国中央银行进行两国金融、贸易事项的谈判、协调与磋商，代表政府签订国际金融协定，管理与本国有关的国际资本流动，办理政府间的金融事务往来及清算，办理外汇收支清算和拨付等国际金融事务。

（5）为国家持有和经营管理国际储备。国际储备包括外汇、黄金、在国际货币基金组织中的储备头寸、国际货币基金组织分配的尚未动用的特别提款权等。为国家持有和经营管理国际债务有以下作用。

第一，对储备资金总量进行调控，使之与国内货币发行和国际贸易等所需的支付需要相适应。

第二，对储备资产结构特别是外汇资产结构进行调节。

第三，对储备资产进行经营和管理，负责储备资产的保值增值。

第四，保持国际收支平衡和汇率基本稳定。

（三）中央银行是“银行的银行”

1. 含义

“银行的银行”有以下几层意思：一是中央银行的业务对象是商业银行和其他金融机构及特定的政府部门；二是中央银行在与其业务对象之间的业务往来中仍表现出银行所固有的“存、放、汇”等业务特征；三是中央银行在为商业银行提供支持和服务的同时，也是商业银行的监督管理者。

2. 职能

（1）集中保管存款准备金。集中商业银行的存款准备金，其必要性在于以下几个方面。

第一，为保障存款人的资金安全，以法律的形式规定商业银行和其他存款机构必须按存款的一定比例向中央银行交存存款准备金，以保证商业银行和其他金融机构具备最低限度的支付能力。

第二，有助于中央银行控制商业银行的信用创造能力，从而控制货币供给量。

第三，强化中央银行的资金实力，存款准备金是中央银行的主要资金来源之一。

第四，为商业银行之间进行非现金清算创造条件。

（2）充当最后贷款人，为商业银行提供信贷。最后贷款人指商业银行无法进行即期支付而面临倒闭时，中央银行及时向商业银行提供贷款支持以增强商业银行的流动性。

中央银行主要通过两种途径为商业银行充当最后贷款人：其一，票据再贴现，即商业银行将持有的票据转贴给中央银行以获取资金；其二，票据再抵押，即商业银行将持有的票据抵押给中央银行获取贷款。

（3）创建全国银行间清算业务平台，办理商业银行间的清算业务。商业银行按规定在中央银行开立存款账户交存存款准备金，各金融机构之间可利用在中央银行的存款账户进行资金清算，这加快了资金流转速度，节约了货币流通成本。于是，中央银行成为银行业的清算中心。

（4）外汇头寸调节。中央银行根据外汇供求状况进行外汇买卖，调节商业银行外汇头寸，为商业银行提供外汇资金融通便利，并由此监控国际收支状况。

第三节　中央银行制度

一、中央银行的组织制度

（一）单一式中央银行制度

单一式中央银行制度是指国家建立专门的中央银行机构，使之全面行使中央银行职能、领导金融事业的中央银行制度。它是目前世界各国所采用的最主要、最典型的类型，分为以下两类。

1. 一元式中央银行制度

一元式中央银行制度是指一国只设立一家统一的中央银行，行使中央银行的职能和履行中央银行的全部职责。机构设置一般采取总分行制,逐级垂直隶属。这种组织形式下的中央银行是完整标准意义上的中央银行,目前世界上绝大多数国家的中央银行都实行这种制度,如我国、英国、法国、日本等。一元式中央银行制度的特点是权力集中统一、职能完善、有较多的分支机构。

2. 二元式中央银行制度

二元式中央银行制度是指在一个国家内设立一定数量的地方级中央银行,并由地方级中央银行推选代表组成在全国范围行使中央银行职能的机构,从而形成中央和地方两级的中央银行体系。中央级中央银行和地方级中央银行在货币政策方面是统一的,中央级中央银行是最高金融决策机构,地方级中央银行要接受中央级中央银行的监督和指导。美国、原联邦德国、原南斯拉夫等国家的中央银行皆属此类。

(二) 复合式中央银行制度

国家不单独设立专司中央银行职能的中央银行机构,而是由一家集中央银行与商业银行职能于一身的国家大银行兼中央银行职能的中央银行制度。这种中央银行制度往往与中央银行初级发展阶段和国家实行计划经济体制相对应。这种制度主要存在于改革前的苏联和东欧等国。

(三) 准中央银行制度

准中央银行制度是指国家不设通常意义上的完整的中央银行,而设立类似中央银行的金融管理机构,执行部分中央银行职能,或者由政府授权某个或几个商业银行承担部分中央银行的职能。例如,新加坡中央银行的职能由新加坡金融管理局和新加坡货币局两个法定机构共同承担。

(四) 跨国中央银行制度

跨国中央银行制度是指由参加货币联盟的所有成员国联合组成的中央银行制度。第二次世界大战后,地域相邻的一些欠发达国家建立了货币联盟,并在联盟内成立参加国共同拥有的统一的中央银行。这种跨国的中央银行发行共同的货币,执行统一的金融政策。例如,1998 年成立的欧洲中央银行。

▶二、中央银行的所有制形式

按所有制形式,各国的中央银行可划分为以下五大类。

(一) 国家所有形式

全部资本归国家所有是目前世界上大多数国家的中央银行所采用的所有制形式。这既包括中央银行直接由国家拨款设立,也包括国有化后的中央银行。这类中央银行包括英国、法国(英、法两国是第二次世界大战后将私有的中央银行收归国有的)、德国、加拿大、澳大利亚、荷兰、挪威、印度等 50 多个国家的中央银行,中国人民银行也属于这种类型。

（二）公私合股形式

公私合股形式即国家拥有部分股份与民间股份混合所有的中央银行，也可以称半国家性质的中央银行。这种资本组成类型的中央银行，其资本金一部分由国家持股，一般占资本总额的50%以上；另一部分由民间持股，非国家资本即民间资本包括企业法人和自然人的股份低于一半，如日本银行，政府拥有55%的股份，民间持股为45%；墨西哥的中央银行，国家资本占53%，民间资本占47%；巴基斯坦中央银行的股份，政府持有51%，民间资本占49%。也有些国家如比利时、委内瑞拉等国中央银行的资本中，政府和民间股份各占50%。

（三）私人持股形式

私人持股形式即国家不持有股份，全部资本为非国家所有，执行中央银行职能，主要有美国、意大利和瑞士等少数国家。

（四）无资本金形式

无资本金形式是指中央银行建立之初，根本没有资本，而由国家授权其执行中央银行职能。中央银行运用的资金，主要是各金融机构的存款和流通中的货币，自用资金只占很小部分。韩国的中央银行是目前世界各国唯一没有资本金的中央银行。

（五）多国所有形式

多国所有形式是指跨国中央银行的资本不为某一国家所独有，而是由跨国中央银行的成员国所共有，如西非货币联盟、中非货币联盟和东加勒比海货币管理局。在多国所有形式中，共同组建中央银行的各成员国按照一定比例认缴中央银行资本，各国以认缴比例拥有对中央银行的所有权。如欧洲中央银行的资本是由所有欧元区成员国按其人口和国内生产总值的大小向欧洲中央银行认购的。

无论是哪种类型的中央银行，都是由国家通过法律赋予其中央银行的职能，资本所有权的归属已不对中央银行的性质、职能、地位、作用等发生实质性影响。

三、中央银行的组织结构

中央银行的组织结构包括权力分配结构、内部职能结构和分支机构设置等方面。

（一）中央银行的权力分配结构

中央银行的权力分配结构涉及两个方面：首先是中央银行享有哪些权力；其次是这些权力在中央银行内部如何分配。中央银行的权力与其职能是分不开的，从中央银行产生的历史来看，货币发行管理和集中清算是中央银行与生俱来的职能。

中央银行的权力分配结构主要是指最高权力分配状况，这一点通过权力结构的设置和职责分工体现。中央银行的最高权力大致包括决策权、执行权和监督权三个方面。根据不同情况，中央银行的最高权力机构划分为以下三种类型。

1. 决策权、执行权和监督权由一个机构统一行使

设立一个机构行使中央银行的最高权力，其权力机构一般是中央银行的理事会。理事会既是各项政策和方针的制定者，又负责这些政策、方针的贯彻、实施和监督。如美国、英国、菲律宾的中央银行的董事会或理事会同时负责各项货币金融政策的制定、执行和监督。

2. 决策权、执行权和监督权分别由不同机构承担

例如，日本银行的决策权、执行权和监督权分别属于日本银行的政策委员会、理事会和监事会。

3. 决策权、执行权和监督权由不同机构交叉承担

例如，瑞士国家银行的监督机构和执行机构也有一定的决策权。

（二）中央银行的内部职能结构

中央银行内部机构的设置，是指中央银行总行或总部机关的职能划分及分工。各国中央银行内部职能部门的设置都是根据其担负的任务，包括货币政策的组织实施、与各类金融机构的业务往来、金融监管等，依据精干、高效和有利配合协调等原则而设置的。尽管各国中央银行的内部机构设置数量不等，名称也有差别，但总体来看，大都包括以下几类部门。

(1) 与行使中央银行职能直接相关的部门。这是中央银行内部机构的主体部分，包括办理与金融机构业务往来的部门、货币政策操作部门、负责货币发行的部门、组织清算的部门、金融监管部门等。

(2) 为中央银行行使职能提供咨询、调研和分析的部门，包括统计分析部门、研究部门等。

(3) 为中央银行有效行使职能提供保障和行政管理服务的部门，包括行政管理部门、服务部门、后勤保障部门等。

（三）中央银行的分支机构设置

中央银行分支机构的设置大致有以下三种情况。

1. 按经济区域设置分支机构

根据各地经济金融发展状况和中央银行业务的大小，视实际需要按经济区域设立分支机构，与行政划分并不一致。经济区域的划分主要考虑以下因素：地域关系；经济、金融联系的密切程度；历史传统业务量等。分支机构一般都设立在该区域内的经济和金融中心，机构规模的大小视实际需要而定。这种设置方式有利于中央银行各项政策方针的贯彻执行和货币政策的集中统一操作，受地方政府的干预较少。

2. 按行政区划设置分支机构

中央银行的分支机构设置与国家的行政区划相一致，逐级设置分行或支行。分支机构规模的大小与其所在的行政区的级别相关，与业务量的关系不大。这种设置方式一般与计划经济体制相适应。

在1998年以前，中国人民银行采取这种设置方式：总行设在首都北京，各省、自治区、直辖市一级经济特区和国家确定计划单列的重点城市，设立一级分行；在省辖地区和市设立二级分行；在全国的县一级设立支行，总、分、支机构实行垂直领导和管理。

3. 以经济区域为主、兼顾行政区划设置分行机构

这种设置方式一般是按经济区域设置分行，而分行之下的机构设置则尽量与行政区划相一致。例如，日本银行分支机构的设置基本上是这种模式。德国、意大利、匈牙利、南斯拉夫等国中央银行分支机构的设立在依据经济区域的同时，也都考虑了行政区划这一因素。

拓展阅读

中国人民银行上海总部

中国人民银行上海总部是中国人民银行的直属机构之一，成立于2005年8月，它作为总行的有机组成部分，在总行的领导和授权下开展工作，主要承担部分中央银行业务的具体操作职责，同时履行一定的管理职能。

人民银行上海总部的设立，是我国中央银行体制的一次自我完善，是更好地发挥中央银行在宏观调控中作用的重要制度安排。成立上海总部，主要是围绕金融市场和金融中心的建设来加强中央银行的调节职能和服务职能。中央银行在内的金融组织形式顺从客观规律，围绕金融市场的发展开展各项业务、围绕金融中心的建设改进各种功能，并为上海国际金融中心的建设注入新的活力。

中国人民银行上海总部的主要职能包括以下内容。

(1) 根据总行提出的操作目标，组织实施中央银行公开市场操作；承办在沪商业银行及票据专营机构再贴现业务等。

(2) 管理银行间市场，跟踪金融市场发展，研究并引导金融产品的创新；分析市场工具对货币政策和金融稳定的影响；负责对区域金融稳定和涉外金融安全的评估。

(3) 负责有关金融市场数据的采集、汇总和分析；围绕货币政策操作、金融市场发展、金融中心建设等开展专题研究。

(4) 负责有关区域金融交流与合作工作，承办有关国际金融事务。

(5) 承担上海地区的人民银行有关业务。

(6) 根据管理权限，负责上海总部及辖区的人事、党建、内审、纪检监察工作。

(7) 负责在上海的人民银行有关机构的管理及相关机构的协助管理工作。

(8) 承办总行交办的其他事项。

资料来源：中国人民银行上海总部官网。

第四节　中央银行在经济体系中的作用

中央银行是一国最高的货币金融管理机构。它不以营利为目的，不直接管理商业银行的业务。中央银行的宗旨是维持一国的货币和物价稳定，促进经济增长，保障充分就业和维持国际收支平衡。目前，世界上大多数国家都有自己的中央银行，即与一般银行分开设立的中央银行。

▶一、中央银行在社会经济体系中的地位和作用

根据中央银行产生的经济原因和职能，中央银行在社会经济体系中的作用如下。

（一）从经济体系的运转看，中央银行为经济发展创造货币和信用条件，为经济稳健运行提供保障

在现代经济发展的要素投入中，货币已成为一个先决条件。经济发展对货币的需求在不断增长，在不兑现信用货币流通条件下，中央银行是货币供给的源头。中央银行的货币供给还为经济体系提供了新的货币推动力，是推动社会经济发展的重要力量。同时，中央银行还为经济运行提供稳定的货币环境，为经济体系的信用活动提供支付保障，从而为社会经济体系的正常运转提供有效保障。

（二）从国家对经济的宏观管理来看，中央银行是最重要的宏观调控部门之一

金融是现代经济的核心，所有的经济活动均伴随货币的流通和资金的运动，中央银行则处于货币流通的起点和信用活动的中心。中央银行通过货币政策工具可以改变货币供给和信用量，通过利率调整还可以改变金融资产的价格和结构，通过金融市场机制影响经济的结构。总的来说，中央银行作为金融的管理者与调节者，通过调控金融可以实现对经济的调节，从而实现经济的稳定发展。

（三）从国际金融关系来看，中央银行是现代国际经济联系与合作的纽带

现代国际经济体系是一个相互依存的开放经济体，频繁的国际贸易、国际经济技术合作、国际资本流动和跨国公司活动等将各国经济连成一个整体。一方面，中央银行作为政府的银行，代表政府进行国际经济金融合作与谈判；另一方面，大量的国际经济活动如国际结算、国际资本流动、汇率变动等都与中央银行有着极强的相关性，中央银行对这些国际经济活动具有较强的控制能力或调节能力。因此，在国际经济交往中，中央银行有能力也应当成为国际经济联系与合作的纽带。中央银行在国际经济关系中所发挥的纽带作用包括国际货币体系的参与维护、国际金融业务合作、国际金融监管合作与国际经济金融政策协调等。

总之，在现代经济体系中，中央银行具有极为重要而关键的地位，它已成为经济体系中最为重要的组成部分，成为经济运行的轴心。

▶二、中央银行的主要职责

职责与职能在内涵上基本一致，但在严格意义上和现实工作中，职能与职责还是有所区别。一个部门或机构的职能，一般是指它自身所具有的、可以发挥作用的能力，而职责则是法律或更高一级的主管部门赋予它要履行的责任或任务，即职能的外化或具体化。一般来说部门职责源于部门职能，但是部门职责有时候会多于部门职能；部门职能只从建

立该部门需要具备的功能出发，而部门职责，是该部门需要完成的任务，所以难免会有一些在最初的部门职能之外的职责。因此，中央银行的职责是国家根据中央银行的职能通过法律或行政规定明确的责任，也就是中央银行要承担的具体任务。

将中央银行放到国民经济运行层面和国家宏观经济管理体系中分析，中央银行的职责可以归纳为以下三个方面。

（一）制定和执行货币政策

这是中央银行作为国家宏观经济调控部门的集中体现。中央银行根据社会经济发展的总体要求和经济、金融运行状况，制定和执行货币政策和其他金融政策，按经济、社会发展的客观需要提供相应的货币供给，创造信用流通工具，并运用各种方式调控货币供给量和社会信用总量以及与货币和信用有关的各种经济活动，为经济与社会发展提供良好的金融条件与环境。货币政策是现代经济条件下国家调控宏观经济最重要的基本经济政策之一，目前世界各国均对此十分重视。

（二）对金融业实施监督管理，维护金融稳定

金融是现代经济的核心，金融运行与金融业密切相关，国家对金融的管理主要是通过对金融业的管理实现的。中央银行根据国家法律赋予及自身在金融体系中的地位，依法对金融业实施监督管理，维护金融稳定。中央银行对金融业的监督管理主要包括对金融机构的监督管理和对金融市场的监督管理两个基本方面。

（三）组织、参与和管理支付清算

统一、安全高效的支付清算体系对于维护金融机构稳健运行、促进金融市场发展和保障货币政策实施具有重要意义，同时也是国民经济健康运行的重要保证。《中华人民共和国中国人民银行法》明确规定，中国人民银行有履行“维护支付、清算系统的正常运行”的职责，“应当组织或者协助金融机构相互之间的清算系统，协调金融机构相互之间的清算事项，提供清算服务”。

本章小结

1. 中央银行在世界范围内具有共同的性质，表现在：中央银行是一国金融体系的核心；中央银行是管理全国金融事务的国家机关；中央银行是经营金融业务的特殊金融机构。

2. 中央银行是发行的银行、政府的银行、银行的银行，这是中央银行职能最典型的概括。

3. 中央银行在社会经济体系中的地位和作用：从经济体系的运转看，中央银行为经济发展创造货币和信用条件，为经济稳健运行提供保障；从国家对经济的宏观管理来看，中央银行是最重要的宏观调控部门之一；从国际经济金融关系来看，中央银行是现代国际

经济联系与合作的纽带。

4. 中央银行的主要职责：制定和执行货币政策；对金融业实施监督管理，维护金融稳定；组织、参与和管理支付清算。

复习思考

1. 如何认识中央银行的性质?
2. 简述中央银行制度类型及其特征。
3. 概要说明中国人民银行当前组织结构状况。
4. 简述中央银行的所有制形式。
5. 中央银行制度在初建时期有何特点?

宏观调控篇

第十一章
货币需求理论

学习目标

- 描述货币需求的特点及影响货币需求的因素。
- 了解传统货币数量论的基本内容与特点。
- 描述凯恩斯货币需求理论的三种动机。
- 掌握凯恩斯货币需求理论的发展。

素养目标

- 具备分析经济体货币需求的金融思维视角。
- 培养学生运用货币需求理论框架分析我国货币需求问题的思维方式。
- 提高在复杂金融环境下的风险防范意识。

本章导读

货币理论的基石是货币供求规律,即货币的需求与供给相互作用。货币需求是指一国经济发展在客观上需要多少货币量。货币需求理论是货币理论的重要组成部分,货币需求理论所研究的内容包括货币需要量由哪些因素决定,货币数量同就业、产量、收入和物价等各种实际经济变量之间的关系。本章主要通过介绍三种货币需求理论来描述货币需求理论的演进历程:即传统货币数量论、凯恩斯货币需求理论和弗里德曼的现代货币数量论。

第一节　货币需求概述

一、货币需求的含义

在商品经济条件下,生产与交换都必须借助于货币来实现。人们对生产资料、生活资料和劳务的需求首先表现为对货币的需求。货币需求是指社会微观主体(包括个人、企事业单位和政府部门)在其既定的收入和财富范围内能够且愿意持有货币形式的行为。

这一概念表明,货币需求有两个基本要素:一是有持有货币的愿望;二是有持有货币的能力。因此，经济学上的货币需求是一种有效需求，即有支付能力的货币需求。人们对货币的需求必须限定在其财富限额内，因此货币需求存在着需求约束。从这一角度讲，货币需求是客观的经济需求。由于货币需求具有量的特征，而量的概念又具有时间范围，因此货币需求量是指一定时期内经济对货币的客观需求量，即在一定时期内、一定经济条件下，整个社会需要货币来执行交易媒介、支付手段和价值储藏等功能的数量。

二、货币需求的分类

货币需求理论研究在一定时期内、一定经济条件下，决定一国货币需求量的因素有哪些以及这些因素与货币需求量之间的关系。出于不同的研究目的，学者们往往从不同的角度研究货币需求。

1. 微观货币需求与宏观货币需求

微观货币需求是指单个个体在一定时点上有意愿且有能力对货币的持有量。也就是说，微观经济主体（个人、家庭或企业）在既定的收入水平、利率水平和其他经济条件下，所形成的机会成本最少、收益最大时对货币的需求。宏观货币需求是指一个社会或一个国家在一定时期，由于经济发展和商品流通所产生的对货币的需要。它是从宏观经济主体运行的角度进行界定的，讨论在一定的经济条件下（如资源约束、经济制度制约等），整个社会应有多少货币来执行交易媒介、支付手段和价值储藏等功能。两者之间的关系从数量意义上来说，全部微观货币需求的总和即为相应的宏观货币需求。

2. 名义货币需求与实际货币需求

名义货币需求是指经济主体在不考虑商品价格变动情况下的货币意愿持有量。实际货币需求是指经济主体在扣除物价因素的影响后所需要的货币量，它是用货币的实际购买力来衡量的。两者间的区别在于，是否剔除了通货膨胀或通货紧缩所引起的物价变动的影响。例如，某年物价上涨了4%，经济增长了8%，则名义货币需求增长了12%；如果按照不变价格计算，实际货币需求只增长了8%。在价格水平稳定的情况下，没有必要区分名义货币需求量和实际货币需求量，但是当价格水平经常变动且幅度较大时，区分这两种货币需求量就非常有必要。货币需求理论的任务是回答两个最重要的问题：哪些因素影响货币需求和如何测量货币需求。对于这两个问题，不同的经济学流派给予了不同的解释。其中，剑桥方程式、凯恩斯货币需求理论、弗里德曼货币需求理论是从微观角度分析货币需求的典型：剑桥方程式从收入水平变动和微观主体持币比例来展开分析；凯恩斯在货币需求函数中引入了利率这一影响微观主体货币需求的重要因素，使货币需求的研究更为切合实际；弗里德曼则在前人的基础上，通过引入微观主体财富构成、持币机会成本等众多微观因素，使货币需求函数的表达式更为具体。

三、货币需求的决定因素

1. 收入状况

收入状况包括收入水平和取得收入的时间间隔。收入水平的高低与货币需求成正比。收入越多，财富增长越快，人们以货币形式持有的财富越多；相应地，收入越多，支出越多，人们的货币需求也越多。人们取得收入的时间间隔与货币需求同样成正比。时间间隔越长,人们需要持有的货币越多,即货币需求越多。

2. 市场利率

市场利率与货币需求负相关,这是因为市场利率决定了人们持有货币的机会成本。所谓机会成本,就是指人们为了得到某种东西所放弃的这种东西在其他用途当中所能够获得的最高收益。人们持有货币就意味着放弃了这些货币能够获取利息收入的机会。当市场利率上升时,持币的机会成本增加,对货币的需求减少;反之,当市场利率下降时,持币的机会成本减少,对货币的需求增加。

3. 信用的发达程度

信用越发达,货币需求量越少。这是因为信用越发达,交易中的人们越相信对方,越愿意提供赊购赊销等商业信用,从而使债权债务关系增多。债权债务的相互抵消节约了货币需求量。

4. 消费倾向

消费倾向是指在每一元钱的收入中人们愿意拿出多少钱来进行消费或者说人们每增加一元钱的收入愿意增加多少消费。一般而言,消费倾向与货币需求正相关,消费倾向越大,则货币需求越大。

5. 物价水平、商品可供量与货币流通速度

一般来讲,在其他条件不变时,物价水平提高,人们需要持有更多的货币来交易一定数量的商品和劳务;在物价水平等条件不变时,可供交易的商品与劳务的数量增多,人们需要持有更多的货币来交易。因此,物价水平、商品可供量与货币需求正相关。

货币流通速度表示一年当中一元钱的货币用于购买经济体所生产和提供的最终产品和劳务的平均次数。在其他条件不变时,货币流通速度越快,人们为了交易一定数量的商品和劳务所需要持有货币的数量就越少,因此,货币流通速度与货币需求量负相关。

6. 流动性偏好和预期

流动性偏好这一概念由凯恩斯提出,是指人们持有货币的偏好。人们之所以产生对货币的偏好,是由于货币是灵活性最强的资产,随时可满足人们的交易动机、预防动机和投机动机对货币的需求。人们越偏好将货币留在手边,货币需求就越大。因此,流动性偏好与货币需求正相关,而人们的预期与货币需求负相关。

第二节 传统货币数量论

传统货币数量论最早产生于 17 世纪,并未形成完整系统的论述,散见于当时许多学者的论述中,主要观点是货币本身没有内在价值,对经济并不产生实质性的影响,物价水平的变动由货币数量的多少来决定。20 世纪 30 年代,传统货币数量论的发展达到了顶峰,并采取了数学的表达方式。代表人物有配第、休谟、李嘉图、费雪、马歇尔和庇古等。而其中最有影响的是费雪,他使早期的货币数量论形成了比较完整的理论体系。下面分别介绍欧文·费雪的现金交易数量说和剑桥学派的现金余额数量说。

一、现金交易数量说

美国经济学家欧文·费雪在他1911年出版的《货币的购买力》(*Purchasing Power of Money*)一书中,对古典的货币数量论进行了概括。在这本书中,他提出了著名的"交易方程式",即

$$MV_T = PT \tag{11-1}$$

式中,M代表在一定时期内流通货币的平均量;V_T代表货币的平均流通速度;P是适当选定的一个价格平均数,代表所有交易商品或劳务的平均价格;T则是一个适当选定的数量指标,代表了该时期内商品或劳务的总交易量,因此,PT代表的是该时期内商品或劳务交易的总价值。显然,这是一个恒等式,它描述了一个简单的事实:在交易中发生的货币支付总额(MV)等于被交易商品或劳务的总价值(PT)。

由于所有商品或劳务的总交易量资料不容易获得,而且人们关注的重点往往也在于国民收入,而不在于总交易量,所以交易方程式通常被写成

$$MV = PY \tag{11-2}$$

式中,Y代表以不变价格表示的一年中生产的最终产品和劳务的总价值,也就是实际国民收入;P代表一般物价水平(用价格指数表示),因此PY即为名义国民收入;V则代表一年中每一元钱用来购买最终产品或劳务的平均次数,即货币的收入流通速度。相应地,式(11-1)中的V,被称为货币的交易流通速度。下文的讨论,主要围绕式(11-2)展开。

费雪提出其现金交易数量说的基本观点时,曾做了几个重要的假设。首先,费雪认为,货币流通速度(V_T或V)是由制度因素决定的,具体地说,它取决于人们的支付习惯、信用的发达程度、运输与通信条件及其他与流通中的货币量无关的社会因素。由于这些因素是随时间的推移而缓慢变化的,所以在短期内可以将货币的流通速度视为一个常数。

其次,费雪认为通过工资和物价的灵活变动,经济会保持在充分就业的水平上,因而实际国民收入Y在短期内也将保持不变。由于V和Y都保持不变,所以货币供给量M的变化就将完全体现在价格P的变化上。这样可以得出传统货币数量论的一个重要观点:货币供给量的变化将引起一般物价水平的同比例变化。

从交易方程式中不难得出货币需求的表达式。以式(11-2)为例,只要等式的两边同除以V,就可得

$$M = \frac{PY}{V}$$

在货币市场均衡的情况下,货币存量(M)就等于人们所愿意持有的货币量,即货币需求(M^d)。因此有

$$M^d = \frac{PY}{V} \tag{11-3}$$

式(11-3)就是由传统货币数量论导出的货币需求函数。从中可以看出,货币需求取决于货币流通速度和名义国民收入。而根据货币数量论的观点,货币流通速度是一个相对固定的量,所以货币需求就取决于名义国民收入。

式(11-3)具有一定的理论和实践意义。在货币流通速度变化比较平稳的时期,中央银

行常常利用它来预测货币需求。但是这样做可能有一定风险，因为即便对货币流通速度预测的误差只有 1%，用它去除名义国民收入预测值之后所得的货币需求预测值误差仍是较大的。

费雪的现金交易数量说表明：货币需求仅仅是收入的函数，利率对货币需求没有影响。费雪之所以得出这一结论，是因为他相信人们持有货币仅仅是为了进行交易，而没有多大的自由来选择所希望持有的货币数量。费雪认为，M 是一个由模型之外的因素决定的外生变量；V 由于由社会制度和习惯等因素决定的，所以长期内比较稳定，视为常数；在充分就业条件下，T 相对产出水平保持固定的比例，也是大体稳定的，也可以视为常数。因此只有 P 和 M 的关系最重要。这样，交易方程式就转化为货币数量论。而且，货币数量论提供了价格水平变动的一种解释：价格水平变动仅源于货币数量的变动，当 M 变动时，P 作同比例的变动。费雪认为人们持有货币的目的在于交易，这样，货币数量论揭示了对于既定的名义总收入下人们所持有的货币数量，它反映的是货币需求数量论，又称现金交易数量论。

▶二、现金余额数量说

剑桥方程式是传统货币数量论的方程式之一，是由英国剑桥学派的代表人物庇古提出的一种货币需求函数，又称现金余额方程式。以马歇尔和庇古为代表的剑桥学派，在研究货币需求问题时，更重视微观主体的行为。该理论认为，处于经济体系中的个人对货币的需求，实质是选择以怎样的方式保持自己资产的问题。决定人们持有货币多少的，是个人的财富水平、利率变动以及持有货币可能拥有的便利等诸多因素。但是，在其他条件不变的情况下，对每个人来说，名义货币需求与名义收入水平之间总是保持着一个较为稳定的比例关系。

在剑桥学派的经济学家看来，影响人们希望持有的货币额的因素主要有三个：一是个人的财富总额；二是持有货币的机会成本；三是货币持有者对未来收入、支出和物价等的预期。上述分析表明，剑桥学派的经济学家已经考虑到了影响货币需求的多种因素。但遗憾的是，他们在做出结论的时候，忽略了其他因素，而只是简单地断定人们的货币需求同财富的名义值成比例，财富又同国民收入成比例，所以货币需求就同名义国民收入成比例。即

$$M^d = kPy \tag{11-4}$$

式中，k 为比例系数，代表了人们愿意以货币这种形式持有的名义国民收入的比例。剑桥学派还假定，货币供给和货币需求会自动趋于均衡。1917 年，剑桥大学教授庇古在《经济学季刊》上发表《货币的价值》一文，提出 $M=kPy$ 这一货币需求函数，即剑桥方程式。式中 y 表示实际收入，P 表示价格水平，Py 表示名义收入，k 表示人们持有的现金量占名义收入的比率，因而货币需求是名义收入和人们持有的现金量占名义收入比例的函数。如果把 k 看成一个常数，该方程式和费雪的交易方程式就仅存在符号表达的区别，如果令 $k=1/V$，两者便完全一样了。事实上，剑桥学派的经济学家正是这样推导出了传统货币数量论的另一个版本。从中也可以得出名义国民收入决定于货币供给量，乃至物价水平与货币供给量成比例的货币数量论观点。

庇古提出这一货币需求函数，其理论根据是马歇尔的货币数量论。马歇尔认为，货币流通速度决定于人们的持币时间和持币量，而人们的持币时间和持币量又决定于人们的财产和收入中多大一部分以货币形态贮存起来。人们以货币形态贮存起来的财产和收入即"人们愿意保持的备用购买力"，这部分购买力的高低决定于以货币形态保持的实物价值。按马歇尔和庇古的假定，这个"实物价值"以一定数量的小麦表示，因而货币的购买力(即货币的价值)便表现为单位货币所能购买到的小麦量。设 R 为一定量小麦所代表的全部商品的总价值(即社会总收入和总财富)，k 为以货币形态持有的备用购买力占社会总收入和总财富的比例，M 为货币量，P 为以一定的小麦量表示的单位货币价值，则

$$P=\frac{M}{ky}$$

因而庇古的货币需求函数，就是马歇尔货币数量论的数学化。

在 $M=kPy$ 的货币需求函数中，y 是一个常数且假定它是不变的，因为国民已经充分就业，经济产量已经达到最高水平时货币的需求取决于 k 和 P 的变动。而 k 的变动取决于人们拥有的资产的选择：资产可投资于实物形态，借以从事生产，也可直接用于消费，还可保持在货币形态上。怎样选择，需要权衡利弊得失，若选择在货币形态上保存，必将增加现金余额，而现金余额的增加必然要使 k 增大。在 y 和 M 不变的条件下，k 的增大必然使 P 减小，因为 $P=\frac{M}{ky}$，这表明货币的价值与 ky 成反比，与 M 成正比。

剑桥方程式所表达的经济意义被称为"现金余额说"，主要是强调人们保有的现金余额对币值乃至对物价的影响。此外，庇古还认为货币的供给对币值乃至对物价的影响，即 P 与 M 成正比。他曾假定 k 也是个常量，是不变的，因为在一定时期内交易方式(支付方式)是不变的。这样，P 的高低便取决于 M 的多少。在这一点上，剑桥方程式实际上要表达的是：货币的价值决定于货币的供求。

英国经济学家罗伯特森将剑桥学派的现金余额数量说概况为"静止的货币"，即基于某一时点的特定货币价值量的存量概念；而将费雪的"现金交易数量说"归为"飞翔的货币"，暗示其为一种流量方法，即定义为一定时间间隔中的货币数量，如一年。从这个意义上来说，我们可以理解为，剑桥学派给出了一幅给定一定水平交易额的货币流量的静态图，而费雪则提供了一幅货币与交易额流量的动态图。

三、现金交易说和现金余额说的区别

从形式上看，交易方程式中的 Y 是流通中的商品与服务的总量，它其实也是现金余额方程式中的财富总量 Y，两个 Y 具有同样的含义和数值。而且，货币流通速度 V 与持币比例 k 之间具有反比例关系，即 $k=\frac{1}{V}$。既然 $k=\frac{1}{V}$，交易方程式就与余额方程式似乎没什么区别。其实不然，这两个方程式的意义在以下几个方面表现出了极大的差异。

(1) 虽然货币流通速度 V 和持币比例 k 两者在数值上互为倒数，但 V 是一个难以把握和确定的量，而 k 易于把握和确定。其原因在于，尽管现金交易说认为 V 由结算制度和技术条件决定，是一个短期内不变的量，但实际上 V 还受到许多其他因素的影响，是一个极其难以确定的量。持币比例 k 就不同，它是人们以货币形式保持的财富占全部财富的

比例，是由人们选择以货币形式保持财富的意图和愿望决定的，易于确定和把握。

(2) 对货币需求分析的侧重点不同。现金交易说侧重从宏观角度分析在一定时期内，为完成一定的交易规模，整个社会所需要的货币量，强调的是货币的交易手段职能；而现金余额说则着重从微观角度强调人们“想要”持有多少货币，以满足自己的交易需要和价值储藏需要。

(3) 现金交易说所指的货币数量是某一时期的货币流量，着重分析货币的支出流量；而现金余额说所指的货币数量是某一时点人们手中所持有的货币存量，着重分析货币的持有而不是支出。

(4) 交易方程式把货币需求诉诸制度因素，忽视了人的主观动机的作用；而剑桥方程式则特别重视人的持币动机和主观判断的作用。

(5) 货币职能不同。现金交易说强调了货币的交易手段职能；而现金余额说认为，货币不仅可以充当交易媒介，还可作为财富储藏手段。

(6) 货币需求的影响因素不同。现金交易说认为货币需求只受收入水平影响；而现金余额说则认为个人偏好也影响货币需求，从而暗含着货币需求也受利率水平影响。剑桥学派的现金余额说为货币需求理论开辟了一条新的研究途径。它引导研究者以效用的观点来分析人们对货币余额的需求，并且把货币视为众多有价资产中的一种。如此一来，货币需求研究就可作为一般商品需求理论的应用来看待了。这一观点为后来的凯恩斯流动性偏好理论以及弗里德曼现代货币数量论奠定了基础。

综合现金交易数量说和现金余额数量说，可以得出传统货币数量论的主要观点有以下四方面。

第一，认为货币的功能只是交易媒介。

第二，假定经济处于“充分就业”水平，货币流通速度和商品产量在短期内不会有大的变化，可视为常数。

第三，认为物价水平取决于货币数量的变化，随货币数量的变动而变动。也就是说，货币供给量的增加会直接引起物价同比例上升，达到通货膨胀的境地。

第四，认为货币政策应是控制货币量的增长以稳定币值和物价。

这里要指出的是，在早期的货币需求理论中，除了货币数量论外，还有非货币数量论，即商品价格论观点，如斯图亚特的观点。该观点认为并非货币数量决定商品价格，而是商品价格决定货币数量。这种观点并未形成主流学派。

第三节 凯恩斯货币需求理论

作为古典经济学宏观经济理论的传统货币数量论认为货币只影响物价，而并不影响就业和产量。20 世纪 30 年代，空前严重和持久的经济大危机宣告了传统货币数量论的破产。正是在这种历史背景下，凯恩斯提出了新的货币理论。

约翰·梅纳德·凯恩斯在其 1936 年出版的《就业、利息和货币通论》一书中，摒弃了古典学派将货币流通速度视为常数的观点，提出了一种强调利率重要性的货币需求理论。凯恩斯继承了剑桥学派的分析方法，从资产选择的角度来考察货币需求。凯恩斯对人们持有货币的各种动机进行了详尽的分析，进而得出了实际货币需求不但受实际收入的影响，而且也受利率影响的结论。不仅如此，这一结论还隐含着另一个重要含义，那就是：货币流通速度也是受利率影响的，因而是多变的。

凯恩斯将人们持有货币的动机称为流动性偏好，所以凯恩斯的货币需求理论也被称为流动性偏好理论，具体内容如下。

一、持有货币的三种动机

凯恩斯将人们持有货币的动机分为三类，即交易动机、预防动机、投机动机。相应地，货币需求也被分为交易性需求、预防性需求和投机性需求。

（一）交易性需求

货币的交易性需求是指企业或个人为了应付日常的交易而愿意持有一部分货币。这是基于货币的交易媒介职能而产生的一种需求。遵循这一古典传统，凯恩斯强调货币的交易性需求主要取决于人们的交易规模，虽然货币的交易性需求也受到一些次要因素的影响，但它主要还是取决于收入的大小。与古典经济学家的观点一致，凯恩斯假定货币需求的交易部分与收入成比例。

（二）预防性需求

凯恩斯还认为，人们之所以持有货币，不仅是为了完成当期交易，还用来预防意料之外的需求。这一认识使得凯恩斯货币需求理论超越了古典分析的理论框架。货币的预防性需求是指企业或个人为了应付突然发生的意外支出，或者捕捉一些突然出现的有利时机而愿意持有的一部分货币。根据凯恩斯的观点，人们愿意持有的预防性货币余额的数量主要取决于人们对未来交易规模的预期，并且与收入成比例。因此，凯恩斯假定出于预防动机的货币持有与收入成正比。

（三）投机性需求

凯恩斯货币需求理论的真正创新之处在于他引入了对货币的投机性需求的分析，从而强调了利率在货币需求中的影响。这一创新对于其整个宏观经济理论体系也很重要。所谓货币的投机性需求是指人们为了在未来某一适当的时机进行投机活动而愿意持有一部分货币。为分析方便起见，凯恩斯假定人们可以两种形式来持有其财富：货币或生息资产，后者可以长期政府债券为代表。因此，影响财富在这两者之间进行分配的因素也就是影响货币投机性需求的因素。

那么究竟有哪些因素会影响人们在货币和生息资产之间的选择呢？凯恩斯认为，这主要取决于这两种资产分别能给人们带来多少预期报酬。凯恩斯假定，每个人心目中都有一个利率的“安全水准”。当利率低于这个安全水准时，人们就会预期它将上升；反之，当利率高于这个安全水准时，人们就预期它将下降。因此，预期资本利得就取决于当前利率与安全利率的偏离程度。

▶二、凯恩斯的货币需求函数

将上面的讨论归纳起来，就可以得到凯恩斯的货币需求函数。应当注意的是，凯恩斯讨论的货币需求是实际的货币需求，而不是名义的货币需求。他认为，人们在决定持有多少货币时，是根据这些货币能够购买到多少商品来决定的，而不是仅仅看货币的面值是多少。实际货币需求可由名义货币需求除以价格水平$\left(\text{也就是}\frac{M^d}{P}\right)$来表示。

凯恩斯将与实际收入成正向关系的交易性需求和预防性需求归在一起，称为L_1，它随实际收入的增加而增加，即$L_1=L_1(Y)$，$\mathrm{d}L_1/\mathrm{d}Y>0$。把受利率影响的投机性需求称作$L_2$，它随利率的上升而减少，即$L_2=L_2(i)$，$\mathrm{d}L_2/\mathrm{d}i<0$。将这两项合起来，得到以下的货币需求函数

$$\frac{M^d}{P}=L_1(Y)+L_2(i) \tag{11-5}$$

显然，由式(11-5)描述的货币需求同实际收入成正向关系，与利率成反向关系。

由货币需求对利率的敏感性可以得出以下一系列与货币数量论格格不入的结论。

1. 货币需求是不稳定的

由于市场利率往往波动较大，受其影响，人们对货币这种资产的需求也会有较大的波动。而且，由于人们对于安全利率的看法也会发生变化，所以货币需求函数本身也是不稳定的，它会随人们对安全利率看法的变化而发生变化。这样，货币需求与利率和实际收入之间就缺乏稳定的关系。因此，货币需求不但是波动的，而且是难以预测的。

2. 在货币需求波动较大的情况下，货币流通速度也必然有较大的波动

在货币市场均衡的情况下，恒等式$MV=PY$可写成$M^dV=PY$，从中可得

$$V=\frac{PY}{M^d} \tag{11-6}$$

也就是说，货币流通速度与实际货币需求成反向关系。这样，当实际货币需求随利率的涨落而发生波动时，货币流通速度也就随之波动。

3. 在货币流通速度波动很大的情况下，货币量 M 与名义收入 PY 之间不具有稳定的关系

因而名义收入完全由货币量决定的货币数量论观点就不能成立。

例如，当货币供给增加时，利率将下降，从而实际货币需求上升，由式(11-6)可以看出货币流通速度将因此下降。这样，货币供给量的增加就可能完全为货币流通速度的减小而抵消，从而对名义收入没有任何影响。更进一步讲，在货币流通速度不稳定的情况下，交易方程式虽然是一个随时都成立的恒等式，但其本身并不能说明任何问题。这也是凯恩斯抛弃交易方程式这一分析工具的重要原因。

凯恩斯将货币同实物经济紧密联系起来，使货币贯穿在一般理论体系中，成为一个必不可少的、非常独特而重要的范畴。特别在资本边际效率理论、流动偏好理论、工资与就业理论、经济危机理论、物价一般理论等领域，居于更为突出的重要地位。这是凯恩斯货币理论的一大变革，也是对传统货币数量论的补充和发展。尽管如此，凯恩斯货币需求理

论仍然存在许多不足之处，体现在以下方面。

(1) 凯恩斯认为利率取决于由流动性偏好决定的货币需求和中央银行决定的货币供给，把利息视为与生产过程无关的纯粹货币现象。这就完全抹杀了利息的本质，同时也歪曲了决定利率及其变动的真正原因。因此，马克思指出，这实际上是"作为现象观念的单纯的现象复写"。

(2) 在分析货币需求时，凯恩斯把货币的需求归结为由流动性偏好决定，完全从人们的主观动机出发，研究人们的心理因素对经济活动的影响，并根据人们的心理状态去把握经济活动的客观必然性。这显然是错误的。人的心理因素虽然对经济活动有一定的影响，但仅仅根据人们的心理状态来分析社会的现实生活，显然不可能得出结论。

(3) 凯恩斯在分析货币需求时，将货币需求分为交易性货币需求和投机性货币需求，认为交易性货币需求只取决于收入而与利率无关，而投机性货币需求则决定于利率。这实际上是认为人们对自己未来利率变化的预期是确信不疑的，因而人们根据对未来利率的预期决定是持有债券还是货币，在债券和货币两者之间只能择其一。事实上，人们不能肯定自己对未来利率变化的预期是否准确，因而总是既持有货币又持有债券，以分散风险。

(4) 凯恩斯的分析是短期、均衡的静态分析，所使用的都是各种经济总量及其相互关系。显然，这种分析是不够的，它并不能揭示各种经济活动或经济变量的实际运动过程及在运动过程中的调节。因此凯恩斯的分析显得过于笼统。

第四节　弗里德曼的现代货币数量论

1956年，美国经济学家弗里德曼发表了《货币数量论：一种新表述》一文，为货币主义奠定了理论基础。伴随这一理论的产生而出现的，还有一个崭新的宏观经济学派——货币主义学派。根据弗里德曼的观点，货币数量说"原是货币需求的理论。它不是产出、货币所得或价格水准的理论"。弗里德曼对货币数量论的表述从货币需求入手，具体内容如下。

一、影响人们持有货币数量的因素

与以前的经济学家一样，弗里德曼继续探索人们持有货币的原因。与凯恩斯不同的是，弗里德曼不再具体分析人们持有货币的动机，而是笼统地认为影响其他资产需求的因素也必定影响货币需求。然后，弗里德曼将资产需求理论应用到货币需求分析中来。他认为，影响人们持有实际货币量的因素主要有以下几种。

（一）财富总额及其构成

弗里德曼认为，财富总额是影响货币需求的重要因素，个人持有的货币量不会超过其总财富。但由于财富总额很难直接计算，因此他提出用恒久性收入来代替总财富。所谓恒久性收入，是指预期在未来年份中获得的平均收入。因而恒久性收入比较稳定，它不同于带有偶然性和临时性的当期收入。弗里德曼认为，当期收入极不稳定，对于货币需求影响更大的是恒久性收入。也就是说，人们是依据其恒久性收入做出相应支出安排，从而产生对货币的相应需求的。

（二）持有货币和其他资产的预期收益率

弗里德曼所指的货币包括现金和存款。因此，持有货币的收益有三种可能情况：可能为零（现金）、可能为正（存款）、可能为负（通货膨胀下持有现金，或活期存款不付利息而收取服务费）。显然，货币需求量与持有货币的预期收入成正比。其他资产如债券、股票以及不动产的收益率取决于市场利率和市场供求状况。在其他条件不变时，货币以外的其他资产的收益率越高，货币需求量就越小。弗里德曼认为，货币和其他资产的预期收益率的不同，决定了这些财富之间存在着相互替代关系。

（三）影响货币需求的其他因素

影响货币需求的其他因素，这些因素可能是随机出现的，如财富所有者的主观偏好以及客观技术与制度等因素。

二、弗里德曼的货币需求函数

弗里德曼继承了凯恩斯等人将货币视为一种资产的观点，将货币需求当作财富所有者的资产选择行为来加以考察。不同之处在于，他不像凯恩斯那样，用债券来代表所有货币之外的金融资产，把资产选择的范围限定在货币和债券之间，而是把债券、股票，以及各种实物资产都列为可替代货币的资产，从而将资产选择的范围大大扩大，并从中得出了与凯恩斯主义者截然不同的结论：货币既然是一种资产，那么最终财富所有者对它的需求，也就是以货币这种资产形式持有财富的愿望就会受以下因素的影响。

（一）财富总量相当于消费者理论中的预算约束

在实际生活中，财富很难加以估计，因而往往用收入来代表。但弗里德曼认为，利用一般的现期收入指标来作为衡量财富的指标是有缺陷的，因为它会受到经济波动的影响。他认为必须用持久性收入来作为财富的代表。所谓持久性收入，是指消费者在较长一段时期内所能获得的平均收入。在实际计算中，可以用现在及过去年份实际收入的加权平均数来加以估算，利用这一变量可以排除一些暂时性因素的干扰。

（二）财富在人力与非人力形式上的比例

所谓人力财富主要是指个人的谋生能力。由于人力财富向非人力财富的转化往往因社会制度的转化而局限在很小的范围内，所以人力财富的流动性较低。因此，人力财富在财富总额中占较大比例的所有者将试图通过持有较多的货币来增加其资产的流动性，因为货币是流动性最高的资产。弗里德曼据此认为，人力财富对非人力财富的比率（或者非人力财富占总财富的比率）是影响货币需求的重要因素。

（三）持有货币的预期报酬率

持有货币的预期收益包括两个部分：首先是银行为支票存款支付的少量利息；其次

是银行为支票存款提供的各种服务。

（四）其他资产的预期报酬率，即持有货币的机会成本

持有货币的机会成本包括两部分：首先是任何当期支付的所得或所支，例如债券的利息，股票的股息以及实物资产的保管费用；其次是这些资产项目价格的变动，例如债券和股票的资本利得，实物资产在通货膨胀时期的价格上涨；最后是财富所有者的特殊偏好等其他因素，它们在短期内可以被视为是不变的。

通过以上的分析，弗里德曼得出了下面的货币需求函数：

$$\frac{M_d}{P}=f\left(Y_P,w,r_m,r_b,r_e,\frac{1}{P}\frac{\mathrm{d}P}{\mathrm{d}t},u\right) \tag{11-7}$$

式中，$\frac{M_d}{P}$表示实际货币需求；Y_P 表示实际持久性收入，用来代表财富；w 表示非人力财富占总财富的比率；r_m 表示货币的预期名义报酬率；r_b 表示债券的预期名义报酬率，包括债券的资本利得；r_e 表示股票的预期名义报酬率，包括股票的资本利得；$\frac{1}{P}\frac{\mathrm{d}P}{\mathrm{d}t}$表示商品价格的预期变化率，也就是实物资产的预期名义报酬率；u 表示其他影响货币需求的因素。在上述影响货币需求的因素中，Y_P，r_m 与货币需求成正向关系，w，r_b，r_e，$\frac{1}{P}\frac{\mathrm{d}P}{\mathrm{d}t}$与货币需求成反向关系。

三、现代货币数量论

现代货币数量论试图用稳定的货币需求函数来重新表述货币数量论，它不考虑人们持有货币的动机，而只是像剑桥学派那样设定货币具有效用，然后考察什么因素决定人们想要持有货币的多少。其货币需求函数可以表述为

$$\frac{M_d}{P}=f(Y_P,r,h,ze,u) \tag{11-8}$$

首先，弗里德曼的货币需求函数暗含着货币需求对利率并不敏感的结论。这是因为，利率的变动往往是和货币的预期报酬率同向变化的。当利率上升时，银行可以从贷款中获得较高的收益，所以就会希望吸收更多的存款来发放贷款。当存款利率不受限制时，银行将通过提高存款利率来做到这一点；当存款利率受到限制时，银行就会通过提供更完善的服务来竞争存款。无论采取哪种方式，都意味着货币(M1 或 M2)的预期报酬率提高了。由于影响货币需求的是货币和其他资产之间相对预期报酬率的高低，所以当货币的预期报酬率与其他资产的预期报酬率同向变化时，货币需求将相对保持不变。

弗里德曼认为，事实上，货币和其他资产的预期报酬率往往是同向变化的，所以影响货币需求的主要因素实际上只是持久性收入，即

$$\frac{M_d}{P}=f(Y_P) \tag{11-9}$$

弗里德曼认为，利用过去数据估计出来的货币需求函数经验公式可以被用来估计未

来的货币需求。这一点与凯恩斯的理论有很大的不同。在凯恩斯看来，货币需求函数将因人们对安全利率看法的改变而发生变化。

根据上述两点可直接导出结论：货币流通速度是稳定的、可预测的。

在货币市场均衡的条件下，由交易方程式可知：

$$V=\frac{PY}{M_d}=\frac{Y}{f(Y_P)} \tag{11-10}$$

只要货币流通速度是稳定的、可预测的，那么当货币供给发生变化时，把货币流通速度的预测值代入交易方程式，就可以估计出名义国民收入的变动。因此，货币供给是决定名义收入的主要因素这一货币数量论观点仍然能够成立。弗里德曼将他的这一理论称为名义收入货币理论，也就是现代货币数量论。

本章小结

1. 货币需求是指社会微观主体(包括个人、企事业单位和政府部门)在其既定的收入和财富内能够且愿意持有货币形式的行为。这一概念表明，经济学上的货币需求是指一种有效需求，即有支付能力的货币需求。

2. 传统货币数量论的货币需求理论包括现金交易数量说和现金余额数量说。①费雪的现金交易数量说认为人们持有货币仅为了满足交易之需要，货币需求量取决于货币流通速度和名义国民收入。而根据其假设，货币流通速度是一个相对固定的量，所以货币需求取决于名义国民收入。货币需求是收入的函数，与利率无关。②剑桥学派的现金余额数量说认为货币不仅是交易媒介，而且可作为财富储藏。因此，财富水平也影响对货币的需求，这取决于个人偏好以及持有货币的机会成本大小，即利率的变化。

3. 凯恩斯提出了货币需求的三种动机：交易动机、预防动机、投机动机。他认为，交易性需求和预防性需求是收入水平的函数，投机性需求是利率水平的函数。

4. 凯恩斯将资产分为货币与债券两类。因此，当利率低于正常值时，人们会预期(债券)利率上升，会更愿意持有货币来保存其财富，从而货币需求会上升。反之，当利率高于正常值时，人们会预期(债券)利率下降，债券价格上升，实现更大的资本利得，债券收益率为正(超过货币收益率)，人们会更愿意持有债券来保存其财富，从而货币需求会下降。结论为当利率上升时，货币需求下降，即货币需求与利率水平呈反比例关系。

5. 弗里德曼的现代货币数量论认为，影响人们持有货币数量的因素包括：第一，恒久性收入 Y_P，货币需求与之正相关；第二，非人力财富占总财富的比率 w，货币需求与之负相关；第三，持币的机会成本；第四，其他因素 u。

复习思考

1. 试比较现金交易数量说与现金余额数量说的异同。
2. 凯恩斯流动性偏好理论与传统货币数量论有何异同?
3. 试比较弗里德曼的现代货币数量论与传统货币数量论的异同。

第十二章

货币供给理论

学习目标

- 了解货币供给完整模型。
- 掌握影响货币乘数的因素。
- 了解计算存款乘数和货币乘数的方法。

素养目标

- 了解货币发行量在宏观经济发展中的作用，培养专业知识和技能。
- 学会在团队中发挥自己的作用，与他人协作完成工作任务。
- 培养创新思维和实践能力，以应对未来的挑战。

本章导读

货币供给是指一国在某一时点上为社会经济运行服务的货币量，它由包括中央银行在内的金融机构供给的存款货币和现金货币两部分构成。研究货币供给的目的在于使社会实际提供的货币量与经济发展客观需求的货币相吻合。所以，对货币供给有重要研究价值的不是实际的货币供给量，而是合理的货币供给量。

货币供给理论是货币理论的重要组成部分，它主要包括货币供给量的规定性、供给渠道或程序、决定因素及中央银行调控等内容。相较于货币需求理论的研究，货币供给理论的研究要滞后得多。

第一节　货币供给和货币供给量

货币供给是指某一国或货币区的银行系统向经济体中投入、创造、扩张(或收缩)货币的金融过程，是一国货币量的形成机制和控制机制的总和。货币供给量是指在一定时点上流通的现金和银行存款货币之和，主要包括个人、企业、政府及各金融机构等的货币总存量。

根据国际货币基金组织对货币供给的统计口径，货币有狭义、广义之分。狭义货币具有很强的流动性，由流通于银行体系之外的现钞加上商业银行活期存款构成。广义货币则除了包括狭义货币所包括的内容，还包括准货币。准货币的流动性较差，是指以货币计算价值，不能直接用于流通但可以随时兑换成通货的资产，包括银行定期存款、储蓄存款、外币存款以及各种短期信用工具，如银行承兑汇票、短期国库券等。准货币本身并非真正的货币，但经过一定的手续后，能比较容易地转化为现实的货币，从而加大流通中的货币供给量。因此准货币又称为“亚货币”或“近似货币”。无论从狭义货币还是广义货币的角度来说，现金发行都不能等同于货币供给，它只是货币供给的一个重要组成部分。

第二节 商业银行的货币供给

一、货币供给理论的基础——信用创造学说

货币供给理论的产生不仅有客观必要性，还有现实可能性，信用创造学说由此产生与发展。信用创造学说认为，银行的功能在于为社会创造信用，银行能够大于其所吸收的存款额发放贷款，并且能够通过发放贷款再创造出存款。因此，银行的授信业务（资产业务）优先于其授信业务（负债业务）。银行通过创造信用，能够为社会创造出新的资本并推动国民经济的发展。

19 世纪初期，资本主义信用制度迅速发展，支票流通和存款转账的办法被广泛采用。麦克劳德（H. D. Macleod）提出了创设转账存款的信用创造理论。他认为，银行及银行业的本质就是信用的创造和发行。信用被银行创造出来流通于社会，承担着货币的一切职能。此外，麦克劳德还认为，不只是发行银行能够创造货币，一般商业银行也能够创造货币，后者所创造的货币数额要远比发行银行所创造的货币数额大；银行在收受现金存款的基础上，究竟能够膨胀多少信用，主要取决于人们习惯的存款准备金率。

信用创造学说的另一代表人物阿伯特·汉（Albert Hahn）将银行划分为两类，第一类银行是信用创造银行，第二类银行是信用表现银行。信用表现银行只起信用媒介作用，它提供的信用规模依赖于它所接受的信用即现金存款的多少。信用创造银行主要提供信用，而且提供信用的规模并不受存款现金的影响。在他看来，信用创造银行创造信用规模的大小只受社会公众的信赖程度和它自己对于流动性的顾虑这两个因素的制约，其他因素都不能够限制它。

二、原始存款和派生存款

（一）原始存款

原始存款是整个银行体系最初吸收的存款，具体是指商业银行吸收的现金存款或中央银行向商业银行提供再贷款、再贴现、购买政府证券而形成的存款，是银行从事资产业务的基础。对于吸收的原始存款，商业银行有义务随时给客户提取。由于很少会发生所有的储户在同一时间里取走全部存款的情况。因此商业银行可以将绝大部分存款用于从事贷款或者是购买短期债券等盈利活动。

（二）派生存款

派生存款是原始存款的对称，是指由商业银行发放贷款，办理贴现或投资等业务活动引申而来的存款。派生存款产生的过程，就是商业银行吸收存款，发放贷款，形成派生存款，最终导致银行体系存款总量增加的过程。在现代银行制度中，中央银行规定的各商业银行和存款机构必须遵守的存款准备金占其存款总额的比率称为法定存款准备金率。这一比率称为法定存款准备金率，按法定存款准备金率提取的准备金是法定存款准备金。法定存款准备金的一部分是商业银行的库存现金，另一部分则存放在中央银行的存款账户中。由于商业银行追求利润最大化，它们会把法定存款准备金以外的那部分存款（也称为可用资金）贷放出去或者用于短期的债券投资，派生存款由此产生。

三、存款货币创造的假设条件

为了说明商业银行是如何通过贷款、贴现、投资等资产业务创造派生存款货币的，我们首先需要明确几个假设条件。

（一）部分准备金制度

商业银行要开展资产业务必须有资金来源，而其最重要的资金来源就是存款。为了应对客户随时提存的需要，确保银行体系的安全和维护银行信誉，商业银行必须从其吸收的存款中按一定比例提取存款准备金，上缴至中央银行，这部分资金就是法定存款准备金。所谓法定存款准备金，是指货币当局以法律制度规定的，要求银行必须持有的准备金。为了防止商业银行过度放贷，出现流动性危机，中央银行通过法律法规强制规定，商业银行对于所接受的存款，必须保持一个最低比率的准备金，不得动用，其余部分的存款，即超额准备金才可以用于发放贷款。

（二）客户不提取现金

商业银行的客户将其收入存入银行，并使用支票结算方式，不提取现金，即没有贷款以现金的形式流出银行系统。

（三）银行体系由中央银行以及两家以上的商业银行组成

现代银行体系中，中央银行是一国的货币管理当局，其主要职能之一就是垄断货币发行权，集中商业银行的存款准备金，并对其提供信贷，通过有效手段调节货币供给量。商业银行是以存贷款为主要业务、以获取利润为目标的金融企业，是中央银行监管和调控的对象。

（四）商业银行无超额准备金

超额准备金是指商业银行及存款性金融机构在中央银行存款账户上的实际准备金超过法定准备金的部分。商业银行为了安全和应付意外之需，实际持有的准备金常常多于法定存款准备金，从而形成了超额准备金。银行将超额准备金全部用于发放贷款。

（五）商业银行没有活期存款向定期存款或储蓄存款等非交易性存款的转化

中央银行对活期存款、定期存款和储蓄存款所规定的法定存款准备金率不同，这里为了简化存款货币创造的分析过程，我们人为假定商业银行只有活期存款，而没有活期存款向非交易性存款的转化。

四、存款货币多倍扩张的过程

为了简单清晰地描述派生存款的创造过程，我们通过举例来说明商业银行派生存款创造过程。我们先做以下假设：①假定支票存款的法定存款准备金率为10%；②假定银行不持有任何超额准备金；③假定没有现金从银行系统中流出；④假定没有从活期存款向定期存款或储蓄存款的转化。客户张三将10 000元现金存入A银行；A银行按照法定存款准备金率保留法定存款准备金存入中央银行，再将这笔原始存款的其余部分全部放贷给客户李四用来购买计算机；计算机厂商得到这笔销售款后全部存入与自己有往来的B银行；B银行按照法定存款准备金率保留法定存款准备金存入中央银行，再将其余的存款全部放贷给客户王五用来购买化妆品；化妆品厂商得到这笔销售款后全部存入与自己有往来的C银行……依此不断地存贷下去，就创造了派生存款。

商业银行创造派生存款的过程如表12-1所示。

表12-1 商业银行创造派生存款的过程　　单位：元

存款人 (1)	银行存款 (2)=(3)+(4)	银行贷款 (3)=(2)×0.9	法定存款准备金 (4)=(2)×0.1
张三	10 000	9 000	1 000
计算机厂商	9 000	8 100	900
化妆品厂商	8 100	7 290	810
……	……	……	……
合　计	100 000	90 000	10 000

从表12-1我们可以看到，整个银行体系的存款总额为：10 000＋9 000＋8 100＋7 290＋…＝10 000×(1＋0.9＋0.9^2＋0.9^3＋…)＝10 000/(1－0.9)＝100 000(元)。其中，原始存款为10 000元，派生存款为100 000－10 000＝90 000(元)。这90 000元的派生存款就是商业银行创造的。通过这个例子，我们可以看到，存款的总和(用D表示)同这笔原始存款(用R表示)及法定存款准备金率(用r_d表示)之间的关系为：$D=R/r_d$，也就是说，原始存款将活期存款的总和扩大为原始存款的$1/r_d$倍。

本例中的商业银行派生出了相当于原始存款9倍的存款，由此可以看出单一银行与整个银行体系在存款创造上的差别。单一银行仅能够创造等于其可用资金的存款，所以单凭自身并不能引起多倍的创造。单一银行发放的贷款之所以无法超过其可用资金的金额，是因为当这笔由贷款创造的存款存入其他银行时，该银行将不再拥有这笔可用资金。但是，银行体系可以作为一个整体来进行存款的多倍创造，因为当一家银行失去其可用资金时，尽管单个银行的可用资金减少，但是这些可用资金并没有离开银行体系，所以当其他银行发放贷款并创造存款时，这些可用资金就转移到其他银行，而后者再利用这些可用资金发放贷款以创造新的存款，这一过程将不断延续，直到最初的可用资金增量引起存款成倍增长。

五、存款货币多倍收缩的过程

存款货币的创造过程可以多倍扩张，也可以多倍收缩，派生存款的倍数原理同样适用于存款货币的收缩过程，只不过方向相反。当商业银行的原始存款数量减少或中央银行提高法定存款准备金率时，商业银行的存款货币会呈倍数收缩。例如：社会公众将存在商业银行的原始存款全部取出，这样，商业银行就无法发放贷款，存款货币的派生过程就无法持续，因此，存款货币的多倍收缩实际上就是多倍扩张的反方向过程。

第三节　中央银行的货币供给

中央银行的货币供给机制是一个由内在诸因素有机联系和相互作用的复杂综合体。它的组成可从以下四个层次剖析。

一、基础货币

（一）基础货币的含义和公式

1. 基础货币的含义

基础货币也称货币基数、强力货币、始初货币，因其具有使货币供给总量成倍放大或收缩的能力，又被称为高能货币，是指流通于银行体系之外被社会公众持有的现金与商业银行体系持有的存款准备金的总和。它是中央银行发行的债务凭证，表现为商业银行的存款准备金(R)和公众持有的通货(C)。

从理论上讲，货币供给量是基础货币和货币乘数之积。基础货币内的数额大小对货币供给总量具有决定性的影响。基础货币是整个商业银行体系借以创造存款货币的基础，是整个商业银行体系的存款得以倍数扩张的源泉。

从本质上看，基础货币具有以下基本特征。

(1) 基础货币是中央银行的货币性负债，而不是中央银行资产或非货币性负债，是中央银行通过自身的资产业务供给出来的。

(2) 通过由中央银行直接控制和调节的变量对基础货币的影响，可以达到调节和控制供给量的目的。

(3) 基础货币是支撑商业银行负债的基础，商业银行不持有基础货币，就不能创造信用。

(4) 在实行准备金制度下，基础货币被整个银行体系运用的结果，能产生数倍于它自身的量。

2. 基础货币的公式

从用途上看，基础货币表现为流通中的现金和商业银行的准备金。从数量上看，基础货币由银行体系的法定准备金、超额准备金、库存现金以及银行体系之外的社会公众手持

现金等四部分构成，其公式为

基础货币＝法定准备金＋超额准备金＋银行系统的库存现金＋社会公众手持现金

（二）影响基础货币变化的主要因素

基础货币由现金和存款准备金两部分构成，其增减变化，通常取决于以下四个因素。

1. 中央银行对商业银行等金融机构债权的变动

中央银行对商业银行等金融机构债权的变动是影响基础货币的最主要因素。一般来说，中央银行的这一债权增加，意味着中央银行对商业银行再贴现或再贷款资产增加，同时也说明通过商业银行注入流通的基础货币增加，这必然引起商业银行超额准备金增加，使货币供给量得以多倍扩张。相反，如果中央银行对金融机构的债权减少，就会使货币供给量大幅收缩。通常认为，在市场经济条件下，中央银行对这部分债权有较强的控制力。

2. 国外净资产数额

国外净资产由外汇、黄金占款和中央银行在国际金融机构的净资产构成。其中外汇、黄金占款是中央银行用基础货币来收购的。一般情况下，若中央银行不把稳定汇率作为政策目标的话，则对通过该项资产业务投放的基础货币有较大的主动权；否则，中央银行就会因为要维持汇率的稳定而被动进入外汇市场进行干预，以平抑汇率，这样外汇市场的供求状况对中央银行的外汇占款有很大影响，造成通过该渠道投放的基础货币具有相当的被动性。

3. 对政府债权净额

中央银行对政府债权净额增加通常由两条渠道形成：一是直接认购政府债券；二是贷款给财政以弥补财政赤字。无论哪条渠道都意味着中央银行通过财政部门把基础货币注入了流通领域。

4. 其他项目（净额）

其他项目（净额）主要是指固定资产的增减变化以及中央银行在资金清算过程中应收应付款的增减变化。它们都会对基础货币量产生影响。

（三）基础货币供给渠道

1. 总供给渠道

总供给渠道从严格定义上说有三个：银行体系、财政体系和企业体系。

（1）银行体系对货币的供给。银行体系在货币总供给中占据决定性地位。在禁止金银流通的情况下，流通中的货币首先是从银行投放出去。这些由银行体系投放出去的初始货币，通过信用创造作用和乘数作用，能创造出更多的货币，保证经济发展对货币的需求，并对货币供给量进行控制。

（2）财政体系对货币的供给。银行体系通过信贷渠道把货币投入社会，经过流通和周转之后，形成银行现金库存、企业存款、财政存款、个人手持现金和银行存款。其中财政和银行部门是再分配部门，但财政和银行集中的货币不能自己直接运用，而是要拨给或贷给国民经济各部门、企业和个人等使用。因此，财政体系和银行一样成为国民经济货币供给渠道之一。

(3) 企业体系对货币的供给。企业体系作为货币供给渠道的原因是它们对货币资金的需求,从而引起对货款的需求。一般而言,企业在追求发展的过程中要不断扩大规模,要进行技术改造,就需要追加投资,从银行取得贷款。企业对贷款需求的增加使得银行超额准备金减少,从而使货币乘数扩大,最终导致货币供给增加。

2. 结构供给渠道

这里讲的结构供给渠道,是指货币总量不变的条件下,货币购买力结构的变化。具体表现在以下三方面。

(1) 财政与银行货币资金的变化。财政收入存入银行,银行作为资金来源发放贷款,这只是财政资金与银行借贷资金之间的此消波长,而货币供给总量未发生变化。

(2) 企业货币供给结构的变化。企业货币由日常支付准备金和长期积累基金构成,分别体现在银行的活期存款和定期存款。活期存款代表正在流通着的货币包括在 M0 的结构内。定期存款为贮藏性存款货币,包括在 M2 的结构内。这两部分存款货币可以相互转化,即由现实购买力转化为潜在购买力,或出现反方向转化。在物价不稳定和金融资产收益率变化较大的情况下,二者的转化成为常见现象。另外,在企业经营机制尚未真正转换的情况下,企业的短期行为也可能驱使其将积累基金不适当地转换为消费基础,从而影响货币供给结构发生不适当的改变。

(3) 居民货币供给结构的变化。居民货币由手持现金、活期存款、长期存款与债券三部分构成,这三部分会发生互相转移。不少国家的实践证明,除其他因素外,物价和利率的高低是引起居民货币供给结构转化的重要原因。通常的情况是,通货膨胀率较低,利率大于物价指数,居民 M1 货币供给和物价大体稳定;而通货膨胀率较高,利率和物价指数倒挂,物价指数上升越快,定期存款增长越慢,M1 货币供给越多,通货膨胀愈加恶化。这在有价证券不发达的情况下表现得尤为明显。

此外,中央银行调节货币供给的渠道有两个:一是直接通过增减货币发行、增减财政向中央银行透支等手段,来调节货币供给;二是通过运用金融手段(准备金、贴现、贷款、金融市场等)影响金融机构的存放款业务,从而间接地调节货币供给量。由于中央银行最终掌管货币发行权,并承担着最后贷款人的角色(银行的银行),因此中央银行有能力调节货币供给。但是,中央银行对货币需求调节的传递机制比较分散和间接,中央银行通过政策影响整个金融系统,金融系统通过金融手段影响企业与居民的消费与投资倾向,进而影响企业与居民的货币需求。因此,中央银行对于货币需求的调节并非随心所欲,有时甚至相当困难。

▶二、公开市场业务

公开市场业务是指中央银行根据不同时期货币政策的需要,在金融市场上公开买卖政府债券(如国库券、公债等)以控制货币供给量及利率的活动。中国人民银行自 1998 年开始建立公开市场业务一级交易商制度,规模逐步扩大,已成为中国人民银行货币政策日常操作的主要工具之一,对于调节银行体系流动性水平、引导货币市场利率走势、促进货币供给量合理增长发挥了积极的作用。

（一）公开市场业务的作用机制

公开市场业务的作用机制分为三个方面。其一，中央银行与商业银行进行证券买卖，影响商业银行存款准备金，影响基础货币供给。假设中央银行用一张 1 000 元的支票向商业银行购买了 1 000 元的债券。该商业银行既可以将这张支票存入其在中央银行的账户，也可以将之兑现并且计入库存现金，这两种方式都意味着该银行会减少 1 000 元的证券持有额，增加 1 000 元可用资金，由于流通中的现金没有变化，所以基础货币也增加了 1 000 元。其二，中央银行向非银行公众买卖证券，影响流通中的现金，影响基础货币供给。假设中央银行用一张 1 000 元的支票向非银行公众购买了 1 000 元的债券，该个人或公司将得到的支票在当地银行兑现，其在获得 1 000 元现金的同时，减少了 1 000 元的证券持有额。在这种情况下，流通中的现金增加了 1 000 元，则基础货币也增加了 1 000 元。其三，同时改变流通中的货币和银行准备金数量，影响基础货币供给。假设中央银行用一张 1 000 元的支票向非银行公众购买了 1 000 元的债券，该个人或公司将得到的支票在当地银行兑现了 500 元，还有 500 元存入该银行，在这种情况下，流通中的现金增加了 500 元，该银行也同时增加了 500 元可用资金，则基础货币增加了 1 000 元。

一般来说，公开市场业务操作对基础货币的影响比对存款准备金的影响更具有确定性，中央银行运用公开市场业务操作控制基础货币比控制存款准备金更为有效。

（二）正回购协议和逆回购协议

正回购协议是指中央银行从交易商处购买证券，同时约定在未来某一时期中央银行将这些证券以更高的价格返售给交易商。根据该协议在回购期满前一国的基础货币会增加，但是在返售以后增加的基础货币又会回到中央银行，因此，该国的基础货币整体上会略有紧缩。

逆回购协议又称为再买回交易，与正回购协议相反，是指中央银行将证券卖给交易商，但同时约定在未来某一时期中央银行将以更高的价格从交易商处把这些证券买回。因此，根据该协议在逆回购期满前一国的基础货币会减少，但是在中央银行从交易商处买回证券的时候，该国的基础货币整体上会增加。绝大多数中央银行的回购交易期限都很短，一般在两周以内。也有部分中央银行（如欧洲央行）的回购交易期限长达三个月。

三、贴现业务

商业银行在缺少可用资金时可通过借款弥补不足，可以从中央银行或其他可用资金充足的银行借入资金。其中中央银行提供给商业银行的借款称为贴现。当这种贴现或借款增加时，就意味着商业银行可用资金增加，基础货币供给增加，进而引起货币供给量多倍增加；当这种贴现减少时，会引起货币供给量减少。

贴现率是指中央银行因为应付可用资金的短期不足而向其借款的商业银行所收取的利息率，是商业银行从中央银行借款的成本。贴现率提高，商业银行向中央银行的借款就会减少，商业银行的可用资金减少，货币供给量就会减少；贴现率降低，商业银行向中央银行的借款就会增加，商业银行的可用资金增加，货币供给量就会增加。由于贴现窗口是中央银行向商业银行提供的满足其短期的、非永久性的流动性需求的业务，主要是作为一种紧急救援的手段来满足商业银行临时可用资金的不足，因此中央银行并不经常使用贴现率来控制货币供给。贴现业务除了可以作为中央银行影响存款准备金、基础货币和货币供给的工具，对于中央银行承担最后贷款人角色来防止金融危机也能起到重要作用。在银行业出现危机期间，中央银行向有偿债能力但资金暂时周转不灵的商业银行提供贷款，从而阻止商业银行陷入困境和金融系统出现恐慌。这一工具如果使用得当，就能够有效避免或者降低金融危机的影响。

四、货币乘数与货币供给模型

货币乘数是研究货币供给量问题的基础。在这里，我们通过分析货币供给变动与基础货币变动之间的关系，推导出货币乘数，并考察影响货币乘数的因素。

（一）货币乘数的概念

货币供给量与基础货币之间通过货币乘数联系起来。货币乘数是货币供给量对基础货币量的比率，表示货币供给量随基础货币的变动而变动。它是基础货币转化为货币供给量的倍数，用 m 表示货币乘数，即

$$m = \text{货币乘数} = \frac{\text{货币供给量}}{\text{基础货币}} = \frac{M}{B}$$

于是，货币供给 M 与基础货币 B 之间的关系便为

$$M = \text{货币供给} = \text{货币乘数} \times \text{基础货币} = m \times B$$

在一般情况下，货币乘数总是大于 1。因此，货币供给量成倍于基础货币，这个倍数就是货币乘数。正是出于这个原因，人们通常又将基础货币称为高能货币。

（二）货币乘数公式

在推导货币乘数之前，我们必须做出一些指标假定。

（1）流通中现金（C）和支票存款（D）的比率为漏现率，其计算公式为

$$c = \frac{C}{D}$$

（2）非交易存款（T）和支票存款的比率为

$$t = \frac{T}{D}$$

（3）银行持有的总准备金为 R，其中，超额准备金占支票存款的比率为 e。

（4）支票存款的法定准备金率为 r_d，定期存款的法定准备金率为 r_t。

根据上式，我们要计算货币乘数，只需分别写出货币供给 M 和基础货币 B 的表达式，再将二者相除即可。根据定义有

$$B = C + R$$

$$M = C + D$$

显然，总准备金 R 等于支票存款的法定准备金 $r_d D$ 和非交易存款的法定准备金 $r_t T$，

以及超额准备金 eD 之和，即

$$R = r_d D + r_t T + eD$$

又因为 $T = tD$，所以有

$$R = (r_d + r_t t + e)D$$

又因为 $C = cD$，所以有

$$m = \frac{M}{B} = \frac{C+D}{C+R} = \frac{(1+c)D}{(r_d + r_t t + e + c)D} = \frac{1+c}{r_d + r_t t + e + c}$$

这样，我们就推导出了狭义货币供给量 M1 的乘数 m，类似地，我们还可推导出 M2 的乘数。

由上式看来，只要 $(r_d + r_t t + e) < 1$，货币乘数 m 就大于 1，这一条件一般情况下都会满足。因此基础货币的增减将导致数倍的货币供给量增减。为了更清楚地了解这一点，我们不妨举例说明：

假定漏现率 $c = 0.3$，非交易存款比率 $t = 2.5$，支票存款的法定准备金率 $r_d = 0.06$，非交易存款的法定准备金率 $r_t = 0.01$，超额存款准备金率 $e = 0.02$，则有

$$m = \frac{1+0.3}{0.06 + 0.01 \times 2.5 + 0.02 + 0.3} = 3.21$$

这表明，基础货币每增减 1 元，货币供给 M1 将增减 3.21 元。

（三）货币供给的完整模型

通过以上分析，我们可以得到货币供给的完整模型，即

$$M = B \times m = B \times \frac{1+c}{r_d + r_t t + e + c}$$

由于货币乘数大于 1，货币供给之所以和基础货币之间具有倍数（即乘数）关系，这主要是由于银行准备金 R 的多倍存款创造作用。

（四）影响货币乘数的因素分析

通过前面的讨论，我们知道决定货币供给量的变量是基础货币和货币乘数。中央银行能否对货币供给实施有效控制，取决于它能否有效地影响基础货币和货币乘数的变动。

中央银行可以对基础货币实施一定程度的控制，例如，通过公开市场业务和贴现政策改变基础货币的数额。但中央银行对于货币乘数的控制就没那么容易了，从前面的分析中我们可以知道，货币乘数的大小取决于下列五个因素：①支票存款的法定准备金率 r_d；②非交易存款的法定准备金率 r_t；③银行超额准备金率 e；④流通中的通货与支票存款的比率，即漏现率 c；⑤非交易存款与支票存款的比率 t。在这五个因素中，前两个因素是由中央银行决定的，因此在理论上，只要后三个因素保持足够稳定，中央银行就可以通过调整支票存款及非交易存款的法定准备金率来相对控制货币乘数，再加上它对基础货币的控制，中央银行可以随心所欲地把货币供给量保持在它所希望达到的水平。但事实上并

非如此，中央银行对货币乘数的控制要困难得多，这是由于后三个因素在实际上是经常变动的。其中，超额准备金率 e 取决于银行的行为，流通中现金 c 及非交易存款同支票存款的比率 t 则取决于非银行公众的行为。基于此，我们要想全面了解整个货币供给过程，就必须对银行及非银行公众的行为加以分析。

1. 影响银行超额准备金率的因素

当一家银行决定把一部分本来可以用于贷放或者购买证券的资金，作为超额准备金闲置在自己手中，这是有其道理的。一个理智的银行家会这样比较成本和收益：当持有超额准备的成本上升时，超额准备水平会下降；当持有超额准备的收益增大时，则超额准备金会上升。一般地，影响超额准备金的成本与收益的因素有三个：市场利息率、预期存款的流出量和预期存款流出的不确定性。

(1) 市场利息率。银行持有超额准备的成本是机会成本，即如果银行放贷或者持有证券而不持有超额准备所能获得的利息，即市场利息。市场利息率越高，银行持有超额准备金的损失就越大，因此银行超额准备金与市场利息率呈反向变化关系。

(2) 预期存款的流出量。银行持有超额准备金的收益是银行因持有超额准备金而避免因流动性不足造成的损失。超额准备金率的高低取决于以下两个因素：一是出现流动性不足的可能性；二是出现流动性不足时从其他渠道获得流动性的难易程度。

银行出现流动性不足的可能性，一般取决于银行预期存款的流出量及其不确定性。如果银行预期存款的流出量(用 Do^e 表示)比较大，那么它出现流动性不足的可能性就比较大。银行在出现流动性不足时可以通过下述渠道补充流动性：①向别的银行借入同业资金；②同大企业签订证券回购协议；③向中央银行申请贴现贷款；④出售证券；⑤催收贷款；⑥将未收回的贷款销售给其他银行。银行从上述渠道获得流动性都要付出一定的代价。例如，借入同业资金或申请贴现贷款要支付利息，出售证券要支付佣金等。当这种损失超过了银行的自有资本，就会导致银行破产。银行持有超额准备金的收益，就在于能够避免获得流动性的代价，从而避免银行倒闭。因此，预期存款的流出量与银行超额准备金水平呈正向变动关系。

(3) 预期存款流出的不确定性。银行出现流动性不足的可能性还取决于预期存款流出的不确定性(以 δ 表示)。如果这种不确定性增加，银行将增加超额准备金以求安全。换言之，当 δ 提高时，银行将对是否能够承受存款流出的损失感到更不确定，因而要以超额准备金的形式求得更大的保险，最大限度地减少风险。反之，存款流出的不确定性下降，银行对超额准备金的要求也会下降。因此，超额准备金水平与存款流出的不确定程度呈正向相关关系。

2. 非银行公众对流通中现金、支票存款和非交易存款的选择

非银行公众对流通中现金、支票存款和非交易存款的选择是一种典型的资产选择行为，是财富所有者选择以何种资产组合持有其财富的行为。它决定了影响货币乘数的另外两个重要参数——流通中现金与支票存款的比率 c 和非交易存款与支票存款的比率 t。

(1) 影响流通中现金与支票存款比率的因素。根据标准的资产选择理论，财富所有者对某种资产的需求，或者说以该种资产形式持有财富的愿望主要取决于以下因素。

① 财富变动的效应。从财富总额来看，非银行公众财富总额的增长将会使流通中的

现金、支票存款数额增加。但是，由于这两种资产的财富弹性不同，它们之间的比率将发生变化。这是因为随着财富总额的扩大，以现金形式持有资产将越来越不便，以支票存款的方式交易则变得更有吸引力，因此流通中现金同支票存款的比率将随着财富的增加而下降。各国经济发展的实际经验也证实了这一点，即流通中现金与支票存款的比率 c 与收入或财富总额呈负相关关系。

② 预期收益率变动的效应。支票存款预期收益率和通货及其他资产预期收益率的比较是影响持有通货还是持有支票存款之决策的第二类因素。持有现金的预期收益率为零，而持有支票存款不仅可以获得利息，还可以享受银行提供的某些服务。因此，支票存款利率的提高，或银行对支票存款提供的服务增加，都会使现金与支票存款的比率 c 下降。此外，其他资产预期收益率的变化也可能会影响到现金与支票存款的比率。这是因为，当其他资产预期收益率上升时，人们对现金和支票存款的需求都将减少，但对两者需求的减少比例是不同的。一般认为，支票存款对其他资产预期收益率的变化可能较为敏感。也就是说，当其他资产预期收益率上升时，支票存款减少的比例较大。因此，现金与支票存款的比率将上升；反之，则下降。从风险角度看，流通中的现金是最安全的资产，支票存款则存在一定的风险，即银行的倒闭。当经济处于正常运转状态时，银行倒闭的风险比较小，人们可能感觉不到这种风险的影响。但是当经济处于动荡时期时，这种风险则有可能严重影响公众的行为。在 20 世纪 30 年代大危机期间的美国，大量银行的倒闭使得公众对银行的信心发生严重的动摇，人们纷纷将存款从银行中提取出来，从而使流通中现金与支票存款的比率急剧上升。因此，银行风险会引起预期收益率的变动。

③ 流动性变动的效应。现金和支票存款都可以充当交易媒介，都属于流动性最高的资产，但在某些情况下，现金有着支票存款所无法替代的优势。例如，缺乏金融经验的人将更乐于接受现金，而不是从不相识的第三者那里接受支票。当公众具有较多的金融经验时，支票更容易被接受，这使得支票存款的流动性会增大。因此，现金与支票存款的比率和公众的金融经验呈负相关关系。

当开立支票账户的银行规模较小，覆盖地的范围有限时，支票的使用范围也可能受到限制。例如，某人在家乡的某家银行开设支票账户，并利用这个支票账户进行许多日常交易。但当他出门旅行时，还是要带一些现金，这是因为其他地方的人可能会因为没有听说过开票的银行而不愿意接受支票。最后，利用现金进行的交易不像通过支票存款进行的交易那样容易被警察或税务部门追查。在非法的地下经济活动中，现金被大量使用。因此，非法活动和现金与支票存款比率之间存在着正向联系。

(2) 影响非交易存款与支票存款比率的因素。非交易存款与支票存款的比率 t，即定期存款比率，在狭义货币供给模型中，由于仅会出现在货币乘数公式的分母中，因此其变动必然引起货币乘数的反方向变动。定期存款比率的变动主要取决于社会公众的资产选择行为，影响这种资产选择行为，从而影响定期存款比率 t 的因素主要有以下三个。

① 定期存款利率。定期存款利率决定了持有定期存款所能取得的收益。在其他条件不变的情况下，定期存款利率上升，t 就上升；定期存款利率下降，t 就下降。

② 其他金融资产收益率。其他金融资产收益率是人们持有定期存款的机会成本。如果其他金融资产收益率提高，则 t 下降；若其他金融资产收益率下降，则 t 上升。

③ 收入或财富水平的变动。收入或财富水平的增加往往引起各种资产持有额同时增加，但各种资产持有额的增加幅度却未必相同。以定期存款和活期存款两种资产为例，随着收入或财富的增加，定期存款的增加幅度一般大于活期存款的增加幅度。因此，收入或财富的变动一般会引起 t 的同方向变动。

综上所述，货币供给量是由中央银行、商业银行及社会公众这三个主体的行为共同决定的。在货币供给模型中，B、r_d、r_t 这三个因素基本上代表了中央银行的行为对货币供给的影响。e 则代表了商业银行的行为对货币供给的影响，t 和 c 则代表了社会公众行为对货币供给的影响。即货币供给过程是由上述三个参与者共同作用的结果。

第四节　货币供求均衡

一、货币供求均衡的含义

货币供求均衡简称货币均衡，是指一国在一定时期内货币供给与货币需求基本相适应的货币流通状态。其具体含义是货币供给量的实际操作结果和客观需求量相一致，或当年一国的货币发行量与经济增长的合理需求相适应。在现实生活中，货币供给与货币需求之间往往呈现三种状态：供给大于需求；需求大于供给；供需基本相适应。前两种状态是货币失衡，它往往会导致市场价格和币值不稳，对国民经济带来负面影响；第三种状态即货币均衡状态是最为理想的。

在实际经济生活中，绝对的货币均衡很难实现，因为一国的经济状况甚至国际经济环境都处于经常变动之中，影响货币需求和货币供给的因素也千变万化，一旦经济情况出现波动，就必然破坏原有的货币均衡关系，出现货币失衡。这时就往往需要中央银行综合运用各种调控机制和调节手段，重新建立新的货币均衡关系。因此，货币均衡是一个动态概念，它是一个由均衡到失衡，再由失衡恢复到均衡的，不断运动的过程。同时，货币均衡也是一种在经常发生的货币失衡中暂时达到的均衡状态，因而货币均衡又具有相对性。

二、货币供求均衡的实现条件

在市场经济条件下，利率不仅是判断货币供求是否均衡的重要信号，还对货币供求具有明显的调节功能。货币均衡可以通过利率机制的作用而实现，也可以说，均衡的利率水平是货币均衡的实现条件。所谓均衡的利率水平，是指在货币供给既定的条件下，货币需求正好等于货币供给时的利息率。

就货币供给而言，当市场利率升高时，一方面，社会公众会因持币机会成本加大而减少现金提取，这样就使现金比率缩小，货币乘数加大，货币供给增加；另一方面，银行因贷款收益增加而减少超额准备来扩大贷款规模，这样就使超额准备金率下降，货币乘数变大，货币供给增加。因此，利率与货币供给量之间存在着同方向变动关系。

就货币需求来讲，当市场利率升高时，人们的持币机会成本加大，必然导致人们对金融生息资产需求的增加和对货币需求的减少。因此，利率同货币需求之间存在反方向变动关系。

当货币市场上出现均衡利率水平时，货币供给与货币需求相等，货币均衡状态便得以实现。当均衡利率水平发生变化时，货币供给与货币需求也会随之变化，因此均衡利率水平的形成是由货币供求的条件决定的。货币供不应求，利率上升；货币供过于求，利率下降。同样，适当调节利率水平，就可以有效地调节货币供求，使其处于均衡状态。

均衡的价格水平也是判断货币供求均衡的重要因素。在市场经济中，可以将价格信号作为货币供求是否均衡的指标。作为反映信号，价格波动在短时期内是供求关系变化的灵敏指示器。如果价格水平提高，则名义收入增加，名义货币需求增加；价格水平下降，则名义收入减少，名义货币需求减少。如果名义货币供给不能相应随之调整，则必然会带来货币供求的非均衡。

拓展阅读

我国的货币供给量几乎是美国的两倍，为什么没有出现严重通胀？

根据中央银行公布的数据显示，2023 年我国的广义货币(M2)余额达到了 292.27 万亿元，是我国 GDP 的两倍多。而美国的 M2 还不到 21 万亿美元，按当前的汇率折算成人民币为 150 万亿元左右。所以，我国的货币发行量约是美国的 2 倍。

然而，我国的货币发行量虽然比较多，但我国物价的上涨速度并不快，甚至还一度出现了负增长。相反，美国在过去两年里，却出现了比较严重的通货膨胀，这又是为何呢？一个原因，可能就是我国的消费不足。货币发行得虽然多，但只有让这些货币形成实际的购买力，才能推动物价上涨。而要让货币形成实际的购买力，主要就是靠消费。比如某生产部门产出了一个包子，如果只有一个消费者想要买，那么它的价格肯定很难涨，而如果有两个消费者想要买，价格就有可能要涨，而在有十个人要买时，价格大概率会涨，如果是一百个人想要买呢？肯定是必涨！所以，我国发行的货币量那么多，如果都形成实际的购买力，通货膨胀水平可能就要高得多了。可实际上，这些货币并没有都形成购买力，尤其是在转化为消费力上明显不够。我国一年的社会消费品零售总额才 40 多万亿元，仅为 M2 的 1/7 左右。

这可能是因为国人比较喜欢存钱，所以大量的货币都是以存款的形式存在，没有形成消费力，所以货币虽然发行得较多，但消费力却仍然不足，也就制约了物价上涨。而美国人的储蓄率就比我国低得多，并且消费能力也比我国强。若是美国的货币发行量也像我国这么多，通货膨胀数据可能就得涨上天了。另一个原因可能就是我国是一个商品生产大国，商品供应量大，遏制了通货膨胀的上涨。通货膨胀的表现就是物价上涨，而物价上涨的主要原因之一就是商品供不应求。而我国是一个商品生产大国，生产出来的商品不仅能供本国消费者使用，还能大量出口，很多商品生产线甚至还出现产能过剩。这可能也是因为我国比较重视发展制造业，所以在资金分配上也会向商品生产者倾斜。比如我国每年发放出去的贷款，大多是流向了实体经济，我国的股市也是一个为实体企业服务的融资市场。因为大量的货币都流向了实体经济，所以生产出来的商品也就比较多，这又遏制了商品价格的上涨。正因如此，在发行这么多货币之下，仍然不出现严重的通货膨胀，恐怕也只有我国才能做到了。

资料来源：希财网.我国的货币供应量几乎是美国的两倍，为什么没有出现严重通胀?[EB/OL],(2023-12-19)[2024-04-24]. https://baijiahao.baidu.com/s?id=1785695838148730485&wfr=spider&for=pc.

本章小结

1. 在货币供给过程中，中央银行直接创造基础货币，商业银行则通过其存款货币创造机制来扩大货币供给量。

2. 商业银行创造派生存款的能力需要具备两个基本假设条件，即部分准备金制度和转账结算制度。而且，存款货币的多倍创造和收缩要受到诸多因素的制约。存款乘数是指存款总额(即原始存款与派生存款之和)与原始存款的倍数。

3. 基础货币由现金和存款准备金两部分构成，其增减变化，通常取决于以下四个因素：中央银行对商业银行等金融机构债权的变动、国外净资产数额、对政府债权净额、其他项目(净额)。

4. 货币供给量是由中央银行、商业银行及社会公众这三个主体的行为共同决定的。在货币供给模型中，B、r_d、r_t 这三个因素基本上代表了中央银行的行为对货币供给的影响。e 则代表了商业银行的行为对货币供给的影响，t 和 c 则代表了社会公众行为对货币供给的影响。即货币供给过程是由上述三个参与者共同作用的结果。

复习思考

1. 中央银行是如何调控基础货币变动的?

2. 描述下列三方当事人对货币乘数可能产生什么样的影响：中央银行、商业银行和社会公众。

3. “货币乘数必须大于1”这个说法是正确的、错误的，还是不确定的?请解释。

第十三章

通货膨胀与通货紧缩

学习目标

- 理解通货膨胀和通货紧缩的定义。
- 掌握通货膨胀的衡量指标。
- 掌握通货膨胀和通货紧缩的主要类型。
- 了解通货膨胀和通货紧缩的主要成因及治理政策。

素养目标

- 能够用宏观经济视角分析问题。
- 能够将经济学理论与实际相联系。

本章导读

在现代信用货币制度下，由于经济总是处于不断调整和变化之中，影响货币需求和货币供给的因素也处于不断变化之中。一旦经济出现波动，就会导致货币供求失衡。因此，通货膨胀已经成为世界各国经济的常态。对通货膨胀的研究成为经济学研究的重要分支。有经济学家认为，通货膨胀总是表现为过多的货币追逐过少的商品，因此通货膨胀是一种货币现象。事实是否如此，有待我们深入分析。作为通货膨胀的对立面，通货紧缩现象则极其罕见。本章将对这两种现象的成因、性质和治理政策进行研究。

第一节　通货膨胀

通货膨胀成为世界性的问题，是近一个世纪的事情。在此之前，它只存在于一些国家的非常时期。人们通常把通货膨胀与纸币流通联系在一起，认为金属货币一般不会造成通货膨胀。历史上几次严重的通货膨胀，都是在纸币出现之后发生的。

一、通货膨胀概述

（一）通货膨胀的含义

通货膨胀是指市场上的货币供给量超过商品生产和流通对货币的客观需要量而引起

的货币贬值、一般物价水平持续上涨的经济现象。一方面，通货膨胀是一般物价水平的持续上涨，仅仅是某几种商品价格的上涨不能称为通货膨胀，而应是一般物价水平或者物价总水平的上涨；另一方面，通货膨胀是持续性的上涨，暂时性、偶然性、季节性的物价上涨不能称为通货膨胀。

（二）通货膨胀的衡量标准

大多数经济学家倾向于将通货膨胀看作与一般物价上涨有关的经济现象。通货膨胀往往反映在物价变动上，因此，可以通过计量物价水平的变动幅度来反映通货膨胀的程度。各国经济学家也常把物价上涨率视为通货膨胀率，而反映物价水平变动的相对指标是物价指数。目前，被世界各国广泛采用的物价指数主要有以下三种。

1. 消费者价格指数

消费者价格指数(consumer price index，CPI)也称为零售物价指数或生活费用指数，我国称为居民消费价格指数。它是根据与消费者生活有关的商品和劳务价格统计出来的价格变动指数。

消费者价格指数表明消费者的购买能力，也反映经济的景气状况。如果该指数下跌，则反映经济衰退，必然对货币汇率走势不利。当该指数上升时，如果升幅温和，表示经济稳定向上，对该国货币有利；但如果升幅过大，则会对经济有不良影响，因为物价指数与购买能力成反比，物价越贵，货币的购买能力越低，必然对该国货币不利。

消费者价格指数是由各国政府根据本国若干主要食品、衣服和其他日用消费品的零售价格，以及水、电、住房、交通、医疗、娱乐等服务费用而编制计算出来的。在编制这一指数时所选用的商品数量和劳务价格取决于各国的实际状况，并无统一的标准。目前，我国用于计算消费者价格指数的商品和服务项目，由国家统计局和地方统计部门分级确定。

2. 生产者价格指数

生产者价格指数(producer price index，PPI)是统计部门通过向各大生产商收集的各种商品报价资料，再加权换算，用于衡量各种商品在不同生产阶段的成本价格变化情况。生产者价格指数与消费者价格指数不同，其主要目的是衡量企业购买的一篮子物品和劳务的总费用。我国生产者价格指数涉及的商品有 4 000 多种，覆盖全部 39 个工业行业大类，涉及调查种类 186 个。

3. 国民生产总值平减指数

国民生产总值平减指数(GNP deflator)是按当年价格计算的国民生产总值与按不变价格计算的国民生产总值的比率。其优点是：范围广，既包括消费资料，也包括生产资料，既包括有形商品，也包括无形商品(劳务)，能准确反映物价总体水平的变动情况。其缺点是：第一，资料难以收集，多数国家每年只统计一次，不能迅速反映通货膨胀的程度和动向；第二，国民生产总值包括与居民生活并无直接联系的生产资料和出口商品，它不能准确反映对居民生活的影响。

二、通货膨胀的类型

随着经济的发展，通货膨胀日趋复杂和多样化。各国经济学家在对通货膨胀进行具体分析时，通常从不同的角度把通货膨胀划分为多种不同的类型。

(一) 按物价上升幅度的划分

按物价上升幅度的不同,通货膨胀可分为爬行的通货膨胀、飞奔的通货膨胀和恶性的通货膨胀。

1. 爬行的通货膨胀

爬行的通货膨胀又称温和的通货膨胀,是指通货膨胀维持在可容忍的幅度内,一般认为在10%以下,一般物价水平年均上涨幅度缓慢,短期内不易察觉,但持续的时间很长。

2. 飞奔的通货膨胀

飞奔的通货膨胀又称加速的通货膨胀,是指物价水平年均上涨幅度较高,一般在两位数以上,而且还在加剧。人们普遍感到物价上涨的压力,不愿意保存货币,开始大量购买商品实物或寻找其他保值方式。

3. 恶性的通货膨胀

恶性的通货膨胀又称超速通货膨胀,是指一般物价水平年平均上涨幅度非常高,通常认为每月通货膨胀率达到50%以上,并且持续一段时间,就意味着发生了恶性通货膨胀。恶性通货膨胀下物价水平完全失去控制,人们的生活秩序紊乱,对本国货币完全失去了信心,最终会导致货币制度的崩溃。

(二) 按表现形式划分

按表现形式的不同,通货膨胀可以分为公开的通货膨胀和隐蔽的通货膨胀。

1. 公开的通货膨胀

公开的通货膨胀是指在市场经济条件下,存在物价上涨现象的通货膨胀。在市场经济条件下,价格可以根据供求状况自由波动,货币供给超过货币需求,引起物价上升,就会存在通货膨胀。通货膨胀程度的大小可以用物价指数来衡量。

2. 隐蔽的通货膨胀

隐蔽的通货膨胀是一种受抑制的通货膨胀。这种通货膨胀是指经济中存在着通货膨胀的压力(货币供给超过货币需求),但由于政府实施了严格的价格管制与配给制,物价并没有上涨。一旦解除价格管制并取消配给制,就会发生较严重的物价上涨。隐蔽的通货膨胀往往是通过非价格形式表现出来的。例如,我国在改革开放前,政府对物价实行严格管制,虽然商品供应价格变动很小,但仍存在隐蔽的通货膨胀。据统计,1959—1962年,政府零售物价指数虽然只上涨了24.4%,但商品供应十分紧张,要凭票供应。与之相应地,黑市商品交易十分活跃,黑市价格远远超过国家商品供应价格。这说明隐蔽的通货膨胀还是存在的。

(三) 按产生的原因分类

按照通货膨胀产生的原因,通货膨胀可以分为需求拉上型通货膨胀、成本推动型通货膨胀、供求混合推进型通货膨胀和结构型通货膨胀。

1. 需求拉上型通货膨胀

需求拉上型通货膨胀是指由于总需求的不断增长超过总供给的增加所导致的通货膨

胀，即由于太多的货币追求太少的商品，从而使包括物资与劳务在内的需求超过了按现行价格可得到的总供给，因而引起物价上涨。一般来说，政府实行赤字政策，刺激投资，会使商品和劳务需求不断增长。如果在劳动力充分就业，资源被充分利用的情况下，总需求扩大时，而总供给不变，就会引起物价的大幅度上涨，出现通货膨胀。

2. 成本推动型通货膨胀

成本推动型通货膨胀是指在没有超额需求的情况下，由于供给方面成本的提高所引起的一般价格水平持续和显著的上涨。成本推动型通货膨胀可以分为三种类型：工资推动型、利润推动型、进口和出口推动型。工资推动型通货膨胀是指由于工人工资的增加超过了劳动生产率的提高从而导致物价上涨而引发的通货膨胀。利润推动型通货膨胀特指在市场总需求相对稳定的情况下，由垄断企业通过主动提高产品价格获取超额利润而引发的持续物价上涨现象。进口和出口推动通货膨胀是指由于进口品价格上涨，特别是进口原材料价格上涨，引起的通货膨胀。

3. 供求混合推进型通货膨胀

虽然在理论上可以划分为需求拉动型通货膨胀和成本推进型通货膨胀，但实际上两者常混合在一起，因此人们将这种在总供给和总需求共同作用情况下的通货膨胀称为供求混合型通货膨胀。事实上，单纯的需求拉动或成本推进不可能引起物价的持续上涨，只有在总需求和总供给的共同作用下，才会导致持续性的通货膨胀。

4. 结构型通货膨胀

由于各国经济部门的结构特点不同，当一些产业或部门在需求方面和成本方面发生变动时，往往会通过部门之间的传递而影响到其他部门，从而导致一般物价水平的上升。这就是说，即使在总需求与总供给平衡的条件下，某些结构性因素也可能导致通货膨胀，从而产生结构型通货膨胀。

（四）按是否存在预期分类

按是否存在预期，通货膨胀可分为预期通货膨胀和非预期通货膨胀。

1. 预期通货膨胀

预期通货膨胀(anticipated inflation)是指民众对于通货膨胀中物价上涨的程度存在理性的预期，通货膨胀过程被经济主体预期到了，以及由于这种预期而采取各种补偿性行动所引发的物价上升运动。例如，当某一国家的物价水平年复一年地按5%的速度上升时，人们就会预期，物价水平会以同一比例继续上升。既然物价按照5%的速度上升成为所有人的合理预期，则所有国民经济部门的工资、利润率最终都会按照这一比例上升。因此，预期通货膨胀具有自我维持的特点，又称为惯性的通货膨胀(inflation persistence)。

2. 非预期通货膨胀

与预期通货膨胀刚好相反，非预期通货膨胀(unanticipated inflation)是指价格上升的速度超出人们的预期，从而造成实际的价格上涨速度高于预期水平，是不知不觉中出现的物价上涨。将通货膨胀按预期和非预期进行划分，主要目的在于考察通货膨胀的效应。一般认为，只有非预期通货膨胀才有真实效应，而预期通货膨胀的影响则由于经济主体已根据预期采取相应的对策而抵消了。这一点将在之后的内容中具体讲述。

（五）其他分类方法

除了上面的分类方法外，通货膨胀还有以下几种分类方法。

1. 按是否推行通货膨胀政策

按是否推行通货膨胀政策可分为自主性通货膨胀和被动性通货膨胀。由当局主动推行膨胀性的政策而引发的通货膨胀为自主性通货膨胀，反之，则是被动性的。

2. 按通货膨胀是否由国际因素引起

按通货膨胀是否由国际因素引起可分为内生性通货膨胀和外生性通货膨胀。内生性通货膨胀是由国内因素引起的，外生性通货膨胀是由对外经济联系，如国际贸易活动引起的，有时又称输入型通货膨胀。

3. 按是否存在战争因素

按是否存在战争因素可分为战时通货膨胀和和平时期通货膨胀。

战时通货膨胀是指战争时期国家纸币的发行量超过流通实际需要量所引起的货币贬值现象；和平时期通货膨胀是非战争时期发生的通货膨胀。

三、通货膨胀的危害

世界各国经济发展的实践证明，通货膨胀对经济具有极大的危害，主要体现在下述几方面。

（一）对生产领域的危害

通货膨胀对生产领域的危害表现在三个方面。一是由于物价普遍上涨，生产者难于区分物价上涨的真正原因，常常作出错误的投资决策，使大量资源流入价格较高的生产部门，造成资源的不合理配置，从而导致产业结构失调。二是在通货膨胀期间，商品价格不稳定、生产成本不容易核算、利润难于预期等因素使得企业生产经营的难度增大，而投资于商业流转部门，则资金周转相对较快，风险小，获利容易，由此导致生产者将生产资金从生产部门抽出调到商业流转部门。因此，通货膨胀使大量资金从生产领域流向流通领域，造成生产资金短缺而导致生产萎缩。三是通货膨胀导致企业技术革新成本上升，使企业不愿意或不能进行技术改造，其结果必然影响技术进步，降低劳动生产率，影响产品的升级换代。

（二）对流通领域的危害

在通货膨胀时期，物价上涨分布不均衡，使得商品流向价格上涨较快的地区，扰乱了正常的商品流通秩序；物价持续上涨，货币失去了储藏手段职能，存在提前消费、增加消费的倾向；投机者趁机哄抬物价、囤积居奇，使本来供需不平衡的市场更加不平衡，加剧市场供需矛盾，导致流通领域更加混乱。

（三）对分配领域的危害

在通货膨胀时期，虽然居民的名义货币收入可能有所提高，但如果提高幅度低于通货膨胀率，将导致居民实际收入下降。由于各阶层收入来源不同，通货膨胀的影响也各不相同，通常在通货膨胀时期，最大受害者往往是固定收入者和低收入者。比如，依靠固定的工资、固定的退休金和福利救济金生活的人，由于物价上涨、货币贬值，原来同等数量的货币买不到与原来同等数量的生活资料，他们的实际收入水平下降，消费能力下降。而一些浮动收入者可能成为受益者，这种不公正的国民收入再分配，会引起社会不稳定。

四、通货膨胀的形成原因

（一）需求拉上型通货膨胀

需求拉上型通货膨胀理论认为，通货膨胀的原因在于总需求大于总供给，即物价水平是由过多的总需求拉上来的。

能对物价水平产生需求拉上作用的因素有两个方面：实际因素和货币因素。实际因素是指，由于政府采取措施扩大需求，并通过降低利率和实行某些产业投资优惠措施等刺激投资，使投资需求增加，因而使商品和劳务的总需求不断增长。货币因素主要是指两个方面：一是经济体系对货币的需求大大减少，即使在货币供给无增长的条件下，原有的货币量也会相对过多；二是在货币需求不变时，货币供给增长过快，货币量也会相对过多。大多数时候，货币供给过多造成的供不应求与投资需求过多造成的供不应求所引起的物价水平上涨是一样的。但也存在着区别，如投资需求过旺必然导致利率上升，而货币供给过多必然导致利率下降；过旺的投资需求又往往要求追加货币供给，反过来，增加货币供给也往往是为了刺激投资，等等。如果投资的增加引起总供给以同等规模增加，物价水平可保持不变；如果总供给不能以同等规模增加，物价水平上升较缓慢；在劳动力充分就业、可用资源被充分利用的情况下，投资的增加不能引起总供给的增加，需求的拉动将完全作用在物价上，这就必然引起物价持续上涨，出现通货膨胀。

如图 13-1 所示，假设一个市场，其所有的产品供给和需求都处于均衡状态，总需求曲线 D 和总供给曲线 S 相交于点 1，这时，如果经济发生某些变化，比如货币供给扩大、新投资活动高涨等，都会引起总需求的增加，即总需求曲线 D_1 向右移动至 D_2，则会因移动而出现新的总需求曲线 D_2 和原供给曲线 S 的交点 2，产量由 Y_1 上升到 Y_2，价格由 P_1 上升至 P_2；同理，当需求进一步由 D_2 移动至 D_3 时，价格进一步上升至 P_3……最终形成需求拉上型通货膨胀。

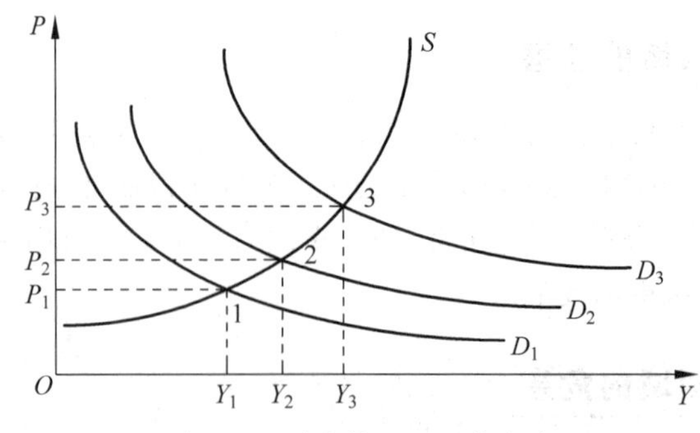

图 13-1　需求拉上型通货膨胀

上面的分析有一个假定前提，就是总供给给定，即如果投资增加引起总供给同等规模地增加，物价水平可以不动；如果总供给不能以同等规模增加，物价水平上升缓慢；如果总供给完全不能增加，则需求的拉动将完全作用到物价上。

（二）成本推动型通货膨胀

成本推动型通货膨胀是指在社会商品和劳务需求不变的情况下，由于生产成本增加而引起物价总水平持续上涨的现象。这种理论认为，通货膨胀的根源在于总供给，而不是总需求。在商品和劳务需求不变的情况下，生产成本的提高主要有以下三个因素。

1. 工资与物价螺旋上升

工资的增长引起成本的增加，物价上涨；物价上涨后，消费增加，要求工资再一次增长，生产成本继续提高，物价继续上涨，如此工资与物价呈刚性上涨，最终导致工资推动型通货膨胀。

这种情况发生的前提是存在强大的工会组织和不完全竞争的劳动力市场。在完全竞争的劳动力市场条件下，工资取决于劳动力的供求，而在不完全竞争的劳动力市场条件下，工资则由工会和雇主双方协商决定，并往往会高于单纯由市场供求竞争决定的工资。如果工资的增长率超过了劳动生产率，企业就会因人力成本的加大而提高产品价格，以维持盈利水平，这样就形成了工资提高引发物价上涨、物价上涨反过来又引起工资提高的循环。在西方经济学中，这种现象被称为工资—价格螺旋(wage-price spiral)。需要注意的是，尽管货币工资率的提高有可能成为物价水平上涨的原因，但绝不能由此认为，任何货币工资率的提高都会导致工资推动型通货膨胀。如果货币工资率的提高没有超过边际劳动生产率的提高，那么，工资推动型通货膨胀就不会发生。而且，即使货币工资率的增长超过了劳动生产率的增长，如果这种结果并不是由于工会发挥作用，而是由于市场对于劳动力的过度需求所致，那么，它也不是工资推动型通货膨胀，而只能是需求拉上型通货膨胀。

2. 垄断产品的价格垄断

当垄断企业操纵某些垄断产品及其价格后，往往造成以该产品为原材料的企业生产成本增加，从而在存在通货膨胀预期的情况下，带动其他产品价格的上涨，引起物价总水平的上涨。这也是造成通货膨胀的原因之一。

3. 追求高额利润

成本推进的另一个因素是追求高额利润，它的产生是以存在商品和劳务销售的不完全竞争市场为前提的。这是因为，在完全竞争市场上，商品价格由供求双方共同决定，任何一方都不能操纵价格。但在存在垄断的不完全竞争市场条件下，卖方就有可能操纵价格，使价格上涨的速度超过成本支出上涨的速度，以赚取垄断利润。如果这种垄断的作用大到一定程度，就会形成利润推动型通货膨胀。

由上述内容可知，成本推动型通货膨胀主要从供给和成本角度解释了物价上涨的原因，它与需求拉上型通货膨胀有所区别：成本推动型通货膨胀主要是在生产领域形成物价上涨的压力；需求拉上型通货膨胀则主要是在流通领域直接增加有效需求形成通货膨胀。在实际中，大多数通货膨胀的发生总是包括这两方面的内容，需求拉上和成本推动这两个因素往往交叉结合在一起，并相互影响。一方面，过度的需求提高了物价水平，而物价水平的提高又使成本提高；另一方面，没有需求增长相伴的成本推动必然导致生产萎缩、失业增加、生产衰退，从而使通货膨胀不可持续。因此，在现实经济生活中往往是供求混合型通货膨胀。

总之，由于各种因素所造成的产品成本的增加，在保证既得利润率的前提下，企业必然提高产品价格，特别是消费品的价格，而由于存在通货膨胀预期，必然引起物价总水平的上涨。无论是工资推动、价格垄断还是追求高额利润，其目的都在于解释：不存在需求拉上的条件也会产生物价上涨。所以总需求给定是假设前提，当物价水平上涨时，取得供求均衡的条件只能是实际产出的下降，相应带来的必然是就业率的降低，因此，这种条件下的均衡是非充分就业的均衡。

（三）供求混合型通货膨胀

由于需求和供给两个方面的原因而引起的物价上涨，称为供求混合型通货膨胀。这种理论认为，虽然从理论上通货膨胀可区分为需求拉上型通货膨胀和成本推动型通货膨胀，但在实际经济生活中，需求拉上的因素与成本推动的因素是混合在一起发生作用的，任何单方面的作用都只会暂时引起物价上涨，并不能带来物价总水平的持续上涨，只有总需求与总供给的拉动和商品生产成本的推动共同起作用，才会带来持续较长时间的物价水平上涨，即所谓“拉中有推、推中有拉”。例如，一方面，通货膨胀可能从需求过度开始，但由于需求过度所引起的物价上涨会促进工资的增长（工会等强烈要求），因而转化为成本推动的因素。另一方面，通货膨胀也可能从成本方面开始，例如迫于各方面的压力而提高工资等。但如果不存在需求和货币收入的增加，这种通货膨胀过程是不可能持续下去的，因为工资上升会使失业增加或产量减少，结果将会使成本推动型通货膨胀过程终止。

可见，“成本推进”只有加上“需求拉上”才有可能产生一个持续的通货膨胀。在现实经济中，这样的论点也得到证实：当非充分就业均衡中存在过多失业时，就往往会引出政府的需求扩张政策，以期缓解矛盾。这样，成本推动与需求拉上并存的供求混合型通货膨胀就会成为经济生活的现实。

在图 13-2 中，随着总成本曲线从 S_0 向 S_1 和 S_2 的方向移动，为了不减少实际产量和出现过高的失业率，政府通常会通过增加货币供给和扩大投资支出来增加需求。这样，总

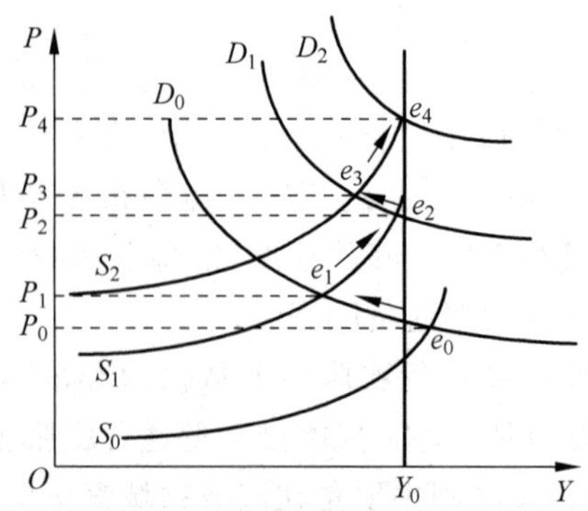

图 13-2　供求混合型通货膨胀

需求曲线就会由 D_0 向 D_1 和 D_2 的方向移动。在总成本曲线和总需求曲线分别向上移动的过程中,均衡点沿着 $e_0 \rightarrow e_1 \rightarrow e_2 \rightarrow e_3 \rightarrow e_4$ 这样的轨迹螺旋式上升。由此,在价格水平从 P_0 上升到 P_1 的过程中,在经济生活中就会出现明显的持续性通货膨胀。

(四) 结构型通货膨胀

一些经济学家从经济部门的结构方面来分析通货膨胀的成因,发现即使整个经济中总供给和总需求处于均衡状态,但由于经济部门结构方面的变动因素,也会发生一般物价水平的上涨,这就是结构型通货膨胀。

结构型通货膨胀可分为以下三种情况。

1. 需求转移型

由于经济各部门之间发展的不平衡,在总需求不变的情况下,一部分需求会转向其他部门,但劳动力和生产要素却不能及时转移,因此需求增加的部门因供给不能满足需求会使工资和产品的价格上涨;如果需求减少的部门的产品价格和工资具有“刚性”特点而未能相应下跌,则物价总水平就会上升。

2. 外部输入型

一国的经济部门可分为开放性部门(与世界市场联系密切的部门)和非开放性部门(与世界市场没有直接联系的部门)。对于小国经济(其经济对世界市场没有重要影响)而言,外部通货膨胀会通过一系列机制传递到其开放性部门,使其通货膨胀率向世界通货膨胀率看齐。而小国开放性部门的价格和工资上涨后,又会使其非开放性部门的价格和工资向开放性部门的价格和工资看齐,从而导致全面的通货膨胀。输入型通货膨胀的主要因素有两个:一是剖析进口产品价格的提高、费用的提高对国内物价水平的影响。对于一个主要依赖对外贸易的经济体来说,这种影响往往具有决定意义。二是剖析通货膨胀通过汇率机制的国际传递。

3. 部门差异型

一国不同的经济部门如产品部门与劳务部门、工业部门与农业部门之间劳动生产率的提高会存在差异,但各部门之间货币工资的增长却存在相互看齐的倾向。当发展较快的经济部门因劳动生产率提高而增加货币工资时,其他部门由于向其看齐也会增加货币工资,从而引起成本推进型通货膨胀。在一些发展中国家,传统农业部门和现代工业部门并存,在农业落后条件的制约下,政府为促进经济发展,往往不得不通过增加农业开支或提高农产品价格来促进农业的发展,从而引发价格总水平的上涨。

五、通货膨胀的治理

通货膨胀是由货币供给量超过货币需求量,社会总需求超过社会总供给引起的,因而应采取措施控制货币供给量,通过减少货币供给量,达到紧缩社会总需求的目的,或采取改善供给的措施,增加货币需求量以吸纳多增加的货币供给量,使货币供给与货币需求平衡、社会总供给与社会总需求平衡,从而抑制通货膨胀。

（一）宏观经济政策

1. 实施紧缩性货币政策

（1）中央银行通过提高法定存款准备率，使商业银行的超额存款准备金减少，以降低商业银行的货币扩张倍数，压缩商业银行放贷，减少货币供给量。

（2）中央银行对商业银行提高再贴现率，促使商业银行对企业提高贴现率，导致企业利息负担加重，利润减少，从而抑制企业对信贷资金的需求，以此减少投资，减少货币供给量。同时提高储蓄存款利率，鼓励居民增加储蓄，将更多的消费基金转化为生产资金，减少直接需求，从而减轻通货膨胀压力。提高利率是控制货币供给量较为有效的手段，但也有一定的副作用，主要表现为：会直接降低企业的投资，导致经济衰退；会直接增加企业的贷款成本，容易使企业提高商品价格，出现成本推进，加剧通货膨胀；高利率会诱使大量境外资金涌入，使其掌握甚至控制本国经济等。

（3）中央银行在金融市场上向商业银行、企业及其他社会公众出售手中的有价证券，主要是政府债券、中央银行金融证券等，吸纳社会各界资金，并回笼至中央银行。这样可以减少商业银行及其他社会公众手中的现金或存款，达到减少市场货币供给量的目的。

2. 实施紧缩性财政政策

紧缩性财政政策即当总支出过多，价格水平持续上涨时，减少政府支出，增加政府收入，从而抑制总支出。具体措施包括以下方面。

（1）削减政府预算，限制公共事业投资。这一措施的目的在于减少政府支出，减少财政赤字。

（2）增加税收，使企业和个人的利润和收入减少，从而使投资减少，政府赤字也随之减少，最终控制总需求的膨胀。

（3）降低政府转移支付水平，减少社会福利费用，从而减少个人收入，抑制个人消费需求。

（4）发行公债，国家向企业和个人发行公债，既可以减少财政赤字，又可以减轻市场压力。

总的来说，紧缩性货币政策通过影响信贷和投资来调节市场货币供给量，压缩总需求；紧缩性财政政策则直接影响政府和个人的消费支出，压缩总需求。但在实际中，由于人们对紧缩性货币政策和紧缩性财政政策导致的总需求下降常常缺乏准确的预期，或者即使对此有准确的预期，却由于宏观紧缩政策的滞后效应而不会立即产生预期的效果。另外，紧缩性政策还通常伴随短期内的失业上升和产出下降，导致经济增速放缓。

（二）收入紧缩政策

收入紧缩政策主要是根据"成本推进论"制定的，其理由是依靠财政信用紧缩的政策虽然能够抑制通货膨胀，但由此带来的经济衰退和大量失业的代价往往过高，尤其是当成本推进引起菲利普斯曲线向右上方移动、工会或企业垄断力量导致市场出现无效状况时，传统的需求管理政策对通货膨胀将无能为力，因此必须采取强制性的收入紧缩政策。收入紧缩政策的主要内容是通过采取强制性或非强制性手段,限制提高工资和获取垄断利润,抑制成本推进的冲击,从而控制一般物价的上升幅度。具体措施一般包括工资管制和利润管制两个方面。

1. 工资管制

工资管制是指政府以法令或政策形式对社会各部门和企业的工资上涨采取强制性的限制措施。工资管制可阻止工人借助工会力量提出过高的工资要求,从而导致产品成本和价格的提高。

2. 利润管制

利润管制是指政府以强制手段对可获得暴利的企业的利润率或利润额实行限制措施。通过对企业利润进行管制可限制大企业或垄断性企业任意抬高产品价格,从而抑制通货膨胀。

(三) 改善供应政策

对于需求拉上型通货膨胀,由于收入紧缩政策是通过压缩社会总需求来实现总需求与总供给的平衡,容易造成生产、投资萎缩,使经济衰退,经济发展速度放慢,失业人口增加。改善供应政策则是在压缩社会总需求的同时,运用刺激生产增长的方法来增加供应。这样一方面解决了社会总需求与总供给的不平衡,使物价稳定;另一方面不会增加失业率,甚至还会降低失业率。改善供应政策主要包括减税、提高机器设备的折旧率、实施差别利率和差别信贷等。例如,1981 年,美国为控制通货膨胀所采取的供应政策有:削减政府开支以降低社会总需求;降低所得税税率,提高机器设备折旧率,以促进生产,促进投资,增加供应;限制货币增长率,压缩社会总需求。总的来说,改善供应政策的实施,改变了过去只着眼于解决过度需求的做法,而是从解决过度需求和增加供应两方面来解决社会总需求超过总供给的状况,从而实现稳定物价、消除通货膨胀的目的。

(四) 收入指数化政策

收入指数化政策是货币学派的代表人物弗里德曼提出的一种旨在与通货膨胀"和平共处"的适应性政策,也就是将工资、储蓄和债券利息、租金、养老金、保险金和各种社会福利津贴等名义收入与消费者价格指数紧密联系起来,名义收入部分或全部地与价格指数相联系,自动随价格指数的升降而升降,从而避免或减少通货膨胀所带来的损失,减弱由通货膨胀带来的分配不平等现象,剥夺各级政府从通货膨胀中捞取的非法利益,杜绝人为制造通货膨胀的可能性。对于面临世界性通货膨胀的开放经济小国来说,实行收入指数化政策,尤其具有积极意义。它是这类国家对付输入型通货膨胀的有效手段,例如比利时、芬兰和巴西等国曾广泛采用,美国也曾在 20 世纪 60 年代初期实施过这种政策。但要注意的是,全面实行收入指数化政策在技术操作上难度很大,会使一些金融机构经营困难,还有可能造成物价的螺旋上升,反而加剧成本推动型通货膨胀。因此,收入指数化政策只是一种消极地对付通货膨胀的政策,并不能对通货膨胀起到有效的抑制作用。

第二节 通货紧缩

一、通货紧缩的含义

通货紧缩是一个与通货膨胀相对立的概念，是指一般物价的持续下跌，一般用CPI(消费物价指数)作为度量指标。应该指出的是，单个商品或劳务价格的下降并不是通货紧缩，只有一般物价水平的持续下跌才成为通货紧缩。

要正确认识通货紧缩问题，可从以下三方面来看。第一，通货紧缩是一种货币现象。在发生通货紧缩的情况下，物价全面持续下跌，必然伴有货币供给不足的问题：要么货币供给总量减少，造成社会总需求不足；要么货币供给总量没有显著减少，但货币流通速度减慢，由此造成社会总需求不足；要么前两者兼而有之。因此，通货紧缩和通货膨胀一样，也是一种货币现象。第二，通货紧缩是物价疲软乃至持续下跌的态势，它同通货膨胀一样，不是偶然的、一时的，而是成为经济走向和趋势的物价疲软乃至下跌。第三，如果通货膨胀反映的是社会总需求大于社会总供给，那么通货紧缩则反映的是社会总需求小于社会总供给。

二、通货紧缩的类型

（一）按通货紧缩的发生程度划分

按通货紧缩的发生程度划分，可分为相对通货紧缩和绝对通货紧缩。相对通货紧缩是指物价水平在零值以上，但在适合一国经济发展和充分就业的物价水平区间以下，通货处于相对不足的状态。这种情形虽然是轻微的，但已经开始损害经济的正常发展，如果不加以重视，就可能会由量变到质变，加重对经济发展的损害。绝对通货紧缩是指物价水平在零值以下，即物价出现负增长，一国通货处于绝对不足状态。这种状态的出现，极易造成经济衰退和萧条。

（二）按通货紧缩对经济的影响程度划分

按通货紧缩对经济的影响程度划分，可分为轻度通货紧缩、中度通货紧缩和严重通货紧缩。轻度通货紧缩、中度通货紧缩和严重通货紧缩三者间的划分标准主要是物价绝对下降的幅度和持续的时间长度。一般来说，物价出现负增长，但幅度不大(比如－5%)，时间不超过两年的称为轻度通货紧缩；物价下降幅度较大(比如在－10%～－5%)，时间超过两年的称为中度通货紧缩；物价下降幅度超过两位数，持续时间超过两年甚至更长的情况称为严重通货紧缩。20世纪30年代发生的世界性经济大萧条所对应的通货紧缩，即属于此类。

（三）按通货紧缩产生的原因划分

按通货紧缩产生的原因不同划分，可分为需求不足型通货紧缩和供给过剩型通货紧缩。需求不足型通货紧缩是指由于总需求不足，使得正常的供给显得相对过剩而出现的通货紧缩。引起总需求不足的原因可能是消费需求不足、投资需求不足，也可能是国外需求减少或者几种因素共同造成的不足，因此需求不足型通货紧缩还可以细分为消费抑制型通货紧缩、投资抑制型通货紧缩和国外需求减少型通货紧缩。供给过剩型通货紧缩是指由于技术进步和生产效率的提高，在一定时期产品数量的绝对过剩而引起的通货紧缩。这种产品的绝对过剩只可能发生在经济发展的某一阶段，如一些传统的生产、生活用品(如钢铁、落后的家电等)，在市场机制调节不太灵敏，产业结构调整严重滞后的情况下，可能会出现绝对的过剩。供给过剩型通货紧缩如果严重的话，则说明该国市场机制存在较大缺陷，会对经济的正常发展产生不利影响。

三、通货紧缩的危害

从表面上看，似乎通货紧缩引起的物价持续下跌导致人们的购买力有所提高，给消费者带来一定利益，但实际上通货紧缩与通货膨胀一样，都会对经济造成不利影响。通货紧缩对经济的最大危害是导致经济持续衰退。

(一) 通货紧缩造成经济的衰退

物价的持续普遍下跌，使厂商生产的产品价格下降，厂商利润减少甚至可能出现亏损。这会严重挫伤生产者的积极性，减少生产或退出生产，经济增长速度就会放慢甚至出现负增长。厂商减少生产或退出生产时还会裁员，或降低在职员工的工资水平，导致失业率增加，或使其收入下降。这样就会导致消费需求不足，通过货币乘数的放大作用还会加剧市场萎缩，加剧社会总需求不足，厂商利润进一步受到挤压，又会有更多的厂商缩减生产或退出，从而导致经济严重衰退。

(二) 通货紧缩使社会财富缩水

社会财富由企业财富、居民财富与政府财富组成，下面分别进行阐述。

1. 企业财富缩水

企业财富一般用企业的资产价格来反映。在通货紧缩情况下，一方面，全社会物价水平普遍下降，企业固定资产价格、产品价格都会下跌，因而减少了企业的资产价值；另一方面，通货紧缩加重了企业债务负担。这是因为大部分企业是负债经营，当通货紧缩时，名义利率未下降，实际利率会上升，因而加重了企业债务负担。

2. 居民财富缩水

居民财富由货币收入(如工资等)、金融资产(如股票和债券等)、实物资产(如住房等)组成。在通货紧缩情况下，劳动力市场供过于求，失业人数增加，居民的工资收入降低；在货币供给量减少的情况下，股市、债券市场、外汇市场、房地产市场等价格持续低迷，居民拥有的金融资产和实物资产价格下降，因而造成居民财富缩水。

3. 政府财富缩水

政府财富分为存量与流量两大部分：其存量部分与前面的企业资产类似，在通货紧缩下会缩水；其流量部分是指政府的收入和支出，在通货紧缩时期，如果财政赤字增长较快，政府财富的流量部分也会缩水。

（三）通货紧缩加剧失业现象

在通货紧缩的情况下，企业生产萎缩、企业投资规模降低、企业提供的就业岗位减少，这必然会导致失业人员增多。在劳动力资源丰富的国家，通货紧缩使投资、生产、消费低迷，劳动力供给远大于需求，劳动力供求失衡的矛盾会特别突出。

四、通货紧缩的形成原因

从近200年来世界各国发生通货紧缩的原因来看，形成通货紧缩的原因多种多样，不仅可能与货币政策有关，还更多地与生产能力过剩、有效需求不足、政府支出缩减、技术进步和放松管制、汇率制度僵硬、金融体系效率低、不良贷款比率高等因素有关。

（一）货币政策和财政政策紧缩

货币政策和财政政策是宏观经济调控的重要手段，但是过度紧缩的货币政策和财政政策可能导致通货紧缩。在实行反通货膨胀政策时，一般会采取压缩社会总需求的紧缩性政策，包括实施紧缩性财政政策以抑制财政总支出，实施以控制信用规模和货币供给量为目的的紧缩性货币政策等。这些政策的实施有利于控制社会总需求的过度膨胀。但是，如果紧缩性货币政策、财政政策失当，投资和消费的缩减有可能造成社会需求的过分萎缩，使市场出现疲软。

（二）生产能力过剩

社会总供给大于社会总需求是导致一国出现通货紧缩的主要原因。当生产能力出现过剩时，便会产生商品供过于求的现象，并出现物价的持续下跌。此外，较低的融资成本和资产价格，使资本形成的成本趋于下降，导致过量的资本设备投资，也会加剧生产能力的进一步过剩，形成通货紧缩的压力。

（三）有效需求不足

当投资者对投资项目或产品的未来市场看跌时，投资者会缩减投资计划，致使投资需求下降，首先是生产资料价格下降，最终导致一般物价水平的下跌。通货紧缩一旦形成，实际利率就会有所上升，债务人的债务负担会因此加重，并进一步降低未来收益，促使投资需求下降。由于收入预期变化或宏观经济政策的影响，消费需求出现下降，导致总需求出现下降。因此一旦消费需求出现下降，消费品的价格就会大幅下降，从而带动一般物价水平的下跌。而当物价降低时，实际利率趋高，即期消费要比远期消费更加昂贵，在这样的情况下，消费者往往会推迟消费，使得即期消费支出减少，因而进一步加强了通货紧缩。

（四）政府削减支出

如果政府打算紧缩财政预算，降低财政赤字，政府部门会大力削减公共开支，减少转移支出，这便会使社会总需求趋于减少，甚至可能导致商品和劳务市场出现供求失衡，从而促使了通货紧缩的形成。

（五）技术进步和放松管制

技术进步使生产力有所提高，放松管制则使生产成本出现下降，按照产品价格的“成本加成”法则，产品价格出现下跌，就可能导致物价普遍出现下跌。

（六）金融体系效率低下

如果金融机构不愿意贷款，便会出现“信贷紧缩”并有可能进一步形成通货紧缩。例如，由于日本银行曾存在严重的不良贷款问题，银行资本金不足，因而需要重新增加资本金，以防止银行倒闭。在这种情况下，日本银行不发放贷款，提高贷款标准，抑制社会投资需求的增加，社会总需求趋于减少，形成通货紧缩，并最终导致经济衰退。

五、通货紧缩的治理

通货紧缩形成的原因比较复杂，并非由单一某个方面的原因引起，而是由多种因素共同作用形成，因此其治理难度甚至比通货膨胀还要大，必须根据不同国家不同时期的具体情况进行认真研究，才能找到有针对性的治理措施。治理通货紧缩的对策一般有以下几种。

（一）扩张性的货币政策和财政政策

财政政策历来被视为扩大支出的法宝。因为同货币政策相比，财政政策具有动员迅速、作用直接等优点，可以经过简单的决策程序，通过发放国债等手段迅速筹集资金，并可以根据宏观经济调节的需要指定投向，在短时间内转化为购买支出，直接消化某些行业的过量库存或形成新的生产能力。比如在20世纪末期，在国际金融危机和国内经济转型的双重影响下，我国曾出现通货紧缩的经济局面。在1998年第四季度，我国政府开始采用积极财政政策刺激内需，实际上就是采用了扩张性的财政政策。在开始运用时，我国的财政政策偏重于增加支出方面。到1999年，我国政府出台了一些税收措施，如减免商品房交易税等，这意味着征税对象收益的相对增加，可以刺激消费和投资。

货币政策是一个能够对总支出水平施加重要影响的宏观政策。扩张性货币政策的具体措施如下：一是降低金融机构的法定存款准备金率，增强商业银行创造派生存款的能力；二是利用再贴现政策，降低再贴现率和贴现率，减少商业银行的借款成本，进而降低市场利率，以刺激投资需求和消费需求；三是在公开市场买进政府债券，以相应增加经济体系中的货币量；四是扩大中央银行的基础货币投放，扩大信贷发放规模，增加货币供给量；五是强化国有商业银行的激励和约束机制，妥善处理防范金融风险与扩大信贷业务之间的关系，完善货币政策运作环境，不断健全货币市场建设，疏通货币政策传导渠道。

（二）调整供给结构

通货紧缩表现为总需求小于总供给，物价总体水平下降。其原因除总需求不足之外，在供给方面的原因主要就是供给结构的不合理，由于产业结构和产品结构与需求结构不对称，从而造成供给相对过剩。实际上，真正导致市场供过于求、物价水平下降的是那些技术水平落后、无法满足市场需求的低端商品。因此，政府应实行积极的财政政策，发挥税收杠杆作用，优化财政收支结构，支持具有增长潜力的高新技术产业和民生类产业，调整供给结构。

对于因生产能力过剩等结构因素导致的通货紧缩，必须进行产业结构的调整。产业结构的调整主要是推进产业结构的升级，培育新的经济增长点，形成新的消费热点。除此之外，产业结构调整还包括同一产业中不同企业的兼并与重组，即产业组织结构的调整。如果同一产业的生产能力过剩，就会经常出现恶性的市场竞争，例如打价格战，这会使整个行业的价格水平越来越低、利润越来越少。进行产业结构的组织调整，使一些企业退出市场，另一些企业并购重组形成新的优势企业，能够防止过度竞争，从而避免价格的不断下降。

（三）对工资和物价进行政策干预

对工资和物价进行干预也是治理通货紧缩的手段之一。例如，在通货紧缩时期进行工资制度改革，提高工资水平，限制价格的下降。这与通货膨胀时期的限制工资增加与物价上涨的措施作用方向相反，但原理相同。此外，还可以采取各种措施，如制定更完善的社会保障体系、增加社会福利开支、努力促进就业水平提高等，以增强人们对未来的信心，形成对未来的美好预期，从而刺激人们的消费意愿，提高人们的消费水平。

（四）健全金融体系

健全的金融体系是有效缓解通货紧缩的重要条件。这是因为，货币政策是通过金融中介的有效传导而发挥其作用的。健全金融体系的具体措施包括加强银行的稳健性、提高银行的资本充足率和降低不良资产比例。通货紧缩往往伴随着有效需求不足、经济衰退等，因此，以上政策往往是针对经济增长和物价等多重目标的，不能简单理解为上述政策的实施目的仅仅是治理通货紧缩。

（五）完善社会保障体系

完善社会保障体系能够从三个方面起到缓解通货紧缩的作用：一是社会保障制度起到自动稳定器的作用。当通货紧缩时，失业增多、收入下降，此时该机制发挥作用，降低消费支出减少的程度；二是社会保障制度能降低人们对未来收入减少过多的担心，缓解居民减少当期消费的压力；三是社会保障制度能适当改变人们的收入结构，提高社会总体消费倾向。

本章小结

1. 通货膨胀是指市场上的货币供给量超过商品生产和流通对货币的客观需要量而引起的货币贬值、一般物价水平持续上涨的经济现象。

2. 通货膨胀按物价上升幅度分为爬行的通货膨胀、飞奔的通货膨胀、恶性的通货膨胀；按表现形式分为公开的通货膨胀和隐蔽的通货膨胀；按通货膨胀产生的原因分为需求拉上型通货膨胀、成本推动型通货膨胀、供求混合型通货膨胀和结构型通货膨胀。

3. 通货膨胀的治理对策有实施宏观政策、实施收入紧缩政策、实施改善供应政策、实施收入指数化政策等。

复习思考

1. 简述需求拉上型通货膨胀的形成过程。
2. 如何治理通货膨胀?
3. 通货紧缩的危害主要有哪些?
4. 货币主义经济学的代表人物米尔顿·弗里德曼有一句名言:“通货膨胀无处不在，并且总是一种货币现象。”你对这种观点怎么看?
5. “通货紧缩比通货膨胀的危害性更大”,请对这一观点加以评析。

第十四章

货币政策

学习目标

- 理解货币政策目标之间的对立与统一关系。
- 了解货币政策中介目标选择问题。
- 理解法定存款准备金政策、再贴现政策及公开市场操作运作机制及优缺点。
- 掌握货币政策影响实体经济的几种传导机制。

素养目标

- 理解货币政策对社会经济发展的重要性,强调货币政策应当服务于宏观经济的全面发展,培养创新思维。
- 培养解决复杂宏观经济问题的能力,促进全面发展。
- 主动发现问题、解决问题,形成良好的金融学思维习惯。

本章导读

1993 年,斯坦福大学的约翰·泰勒通过对美国等西方国家的货币政策实绩的细致研究发现,在各种影响物价水平和经济增长率的因素中,真实利率是唯一能够与物价和经济增长保持长期稳定相关关系的变量。因此,他认为调整真实利率应当成为货币当局的主要操作方式,这就是“泰勒规则”。根据泰勒规则,假定美国经济中存在着一个“真实”的均衡联邦基金利率,在该利率水平上,就业率和物价均可以保持在由其自然法则决定的合理水平上。如果因某种原因,真实利率、经济增长率和通货膨胀水平的关系遭到破坏,货币当局就应当采取措施。美联储如果能够遵循泰勒规则行事,就会使美国的经济运行保持在一个稳定且持续增长的理想状态上。那么,货币政策包含哪些内容?货币政策是如何实施的?其传导过程怎样?这是本章将要讲述的主要内容。

第一节　货币政策目标

货币政策是指中央银行为实现既定的经济目标而运用各种政策工具调节货币供给量和利率,进而影响宏观经济的方针和措施的总和。

货币政策目标是指中央银行采取调节货币和信用的措施所要达到的目的。按照中央银行对货币政策的影响力、影响速度及施加影响的方式，货币政策目标可分为最终目标和中介目标。

一、货币政策最终目标

最终目标是指货币政策在一段较长的时期内所要达到的目标。最终目标相对固定，基本上与一国的宏观经济目标一致，因此最终目标也被称为货币政策的战略目标或长期目标。

（一）货币政策最终目标的内容

货币政策最终目标主要包括稳定物价、充分就业、经济增长和国际收支平衡。

1. 稳定物价

稳定物价又称稳定币值，是指社会一般物价水平在一定时期内大体保持稳定，不发生明显的波动，也就是要求既要防止物价上涨，又要防止物价下跌。由于在现代信用货币流通条件下，物价波动总体呈上升趋势，因此货币政策的首要目标就是将一般物价水平的上涨幅度控制在一定范围内，以防止通货膨胀。至于物价水平控制的范围，依据各国国情不同，所设定的容许幅度也有差异。但从各国货币政策的实际操作来看，大都比较保守，一般要求物价上涨率应控制在5%以下，以2%～3%为宜。

2. 充分就业

充分就业是指有劳动能力并愿意参加工作者，都能在较合理的条件下找到适当的工作，此时劳动力市场处于均衡状态。充分就业是反映劳动力的就业程度，是通过失业率的高低来体现的。一般来说，中央银行把充分就业目标定于失业率应控制在4%以下。

充分就业并不等于人人都有工作，而是消灭了周期性失业的就业状态。失业分为由需求不足而造成的周期性失业，以及由经济中某些难以克服的原因而造成的自然失业，充分就业与自然失业的存在并不矛盾。充分就业时仍然会有一定的失业率，这是因为在现实经济生活中有些造成失业的原因是难以克服的，劳动力市场总是不十分完善的。因此，人们把实现了充分就业时的失业率称为自然失业率，当失业率等于自然失业率时就实现了充分就业。

3. 经济增长

经济增长是针对国民经济发展状况这一宏观问题而设置的宏观经济目标，是指经济在一个较长的时期内始终处于稳定增长的状态中，一个时期比另一个时期更好一些，不出现大起大落，不出现衰退。经济增长的核算通常依靠国内生产总值(GDP)、国民生产总值(GNP)等统计数据，以前者为主。核算的基本方法是以本年度的GDP总量对比往年的GDP总量，从而得出经济增长的百分比。如果一个国家的国内生产总值增长为负数，即当年国内生产总值比往年减少，就叫作经济衰退。通常情况下，国内生产总值连续两个半年持续减少，就会被称为经济衰退。

经济增长的目的是增强国家实力，提高人民生活水平。但是，经济增长并不一定代表发展。这是因为经济增长的衡量尺度是国内生产总值，而国内生产总值的增长不一定代表了生产力的发展。目前，世界各国由于所处经济发展阶段和发展条件的不同，在经济增长率的选择上也往往存在差异。一般来说，大多数发展中国家比发达国家更偏好高经济增长率，也由此对货币政策提出了相应的要求，通常认为人均国内生产总值大于5%的经济增长率是可接受的。

4. 国际收支平衡

国际收支状况是一个国家同世界其他国家之间经济关系的反映。国际收支平衡，是指一国对其他国家的全部货币收入和货币支出持平，略有顺差或逆差。国际收支平衡可分为静态平衡和动态平衡：静态平衡是以1年内的国际收支数额持平为目标，而动态平衡则是以一定周期内的国际收支数额持平为目标。目前在国际收支管理中，动态平衡越来越受到重视。这是由于国际收支状况与国内市场的货币供给量有着密切关系，因此对于开放条件下的宏观经济而言，国际收支平衡也成为一国货币政策目标之一。

（二）货币政策最终目标之间的相互关系

虽然四类货币政策最终目标具有同等重要的社会福利含义，但在实际的政策操作中，它们相互间却并不总是协调一致的，往往存在矛盾。下面分别阐述诸目标之间的统一关系和矛盾关系。

1. 统一关系

从长期来看，货币政策的最终目标是一致的，彼此之间相互依存、相互促进，并不存在舍其一而保留其他目标的问题。

（1）经济增长是其他目标的物质基础。经济增长可以扩大社会总供给，提供更多的就业机会和就业渠道，增强进出口实力，从而有利于其他三个目标的实现。

（2）物价稳定是经济增长的前提。持续、稳定、协调的经济增长是以合理的经济结构为条件的，而合理的经济结构必须有合理的价格结构和准确的价格信号作为引导。这就要求要有稳定的物价水平，才能提供准确的价格信号。因此，物价稳定是经济增长的前提条件。

（3）充分就业与经济增长相互促进。充分就业意味着资源的充分利用，意味着企业更乐于进行资本设备投资以提高生产率，从而促进经济增长。相反，经济增长也可以提供更多的就业机会和就业渠道，从而促进充分就业目标的实现。

（4）国际收支平衡有助于其他目标的实现。国际收支平衡有助于国内物价稳定，有利于国际资源的充分利用，为其他三个目标的实现提供了有利的外部环境，从而能够扩大国内生产能力，提供更多的国内就业机会，促进经济增长。

2. 矛盾关系

从短期看，在货币政策的实际操作过程中，各目标间往往存在矛盾，短期内的矛盾尤为突出，导致政策目标的选择只能有所侧重而很难兼顾。一般认为，除经济增长与充分就业之间存在正相关关系，具有较多的一致性之外，其他几个目标之间都存在着矛盾，下面逐一阐述。

（1）充分就业和稳定物价之间存在着矛盾与冲突。矛盾与冲突主要表现为失业率较高的物价稳定或通货膨胀率较高的充分就业。菲利普斯曲线是用来表示失业与通货膨胀之间替代取舍关系的曲线，由新西兰经济学家菲利普斯于1958年在《1861—1957年英国失业和货币工资变动率之间的关系》一文中最先提出。1958 年，菲利普斯根据英国 1861—1957 年失业率和货币工资变动率的经验统计资料，提出了一条用以表示失业率和货币工资变动率之间交替关系的曲线。这条曲线表明，当失业率较低时，货币工资增长率较高；反之，当失业率较高时，货币工资增长率较低，甚至是负数。此后，经济学家对该曲线进行了大量的理论解释，特别是萨缪尔森和索洛，他们于 1960 年在《关于反通货膨胀政策的分析》一文中将原来表示失业率与货币工资率之间交替关系的曲线，发展为用来表示失业率与通货膨胀率之间交替关系的曲线，并首次提出"菲利普斯曲线"这个名称。

根据成本推动的通货膨胀理论，货币工资增长率可以表示通货膨胀率，因此，菲利普斯曲线可以表示失业率与通货膨胀率之间的交替关系，当失业率高的时候，表明经济处于萧条阶段，此时工资与物价水平都较低，从而通货膨胀率也就低；反之，失业率低，则表明经济处于繁荣阶段，此时工资与物价水平都较高，从而通货膨胀率也就高。失业率和通货膨胀率之间存在着反方向变动的关系。但是，从 20 世纪 70 年代中期看来，菲利普斯曲线似乎完全失去了效用，它无法解释西方国家出现的高失业率和严重通货膨胀并存的"滞胀"现象，这是由其自身的局限性和复杂性决定的。

(2) 物价稳定与经济增长之间存在着矛盾与冲突。矛盾与冲突主要表现为可能会出现经济增长缓慢的物价稳定或通货膨胀率较高的经济繁荣。但是理论界对于这个问题颇有争议：有人认为，通货膨胀可作为经济增长的推动力；也有人认为，通货膨胀与经济增长是形影不离的关系；还有人认为，除非保持物价稳定，否则不能实现经济增长。

总的来讲，物价稳定与经济增长都是货币政策目标的核心内容，但短期内这两个目标往往存在着冲突。比如，在经济衰退时期采取扩张性货币政策以刺激需求、刺激经济增长和减少失业，但这常常会造成流通中的货币数量大于与经济发展相适应的货币需求量，从而导致物价上涨。相反，在经济扩张时期为了抵制通货膨胀，保持物价稳定而采取紧缩性货币政策，减少货币供给量，这又往往会阻碍经济增长并使就业机会减少。可见，短期内物价稳定与经济增长之间存在着一定的矛盾，但是从长期来看，经济的增长与发展为保持物价稳定提供了物质基础，两者在根本上是统一的。因此，如何选择这两个目标间最优结合点，便成为货币政策选择的一个重要问题。

(3) 经济增长与国际收支平衡之间也存在一定的矛盾与冲突。一般而言，国内经济的增长，一方面会导致贸易收支的逆差。这是因为经济增长会导致国民收入的增加和支付能力的增强，如果此时出口贸易的增长不足以抵消增长的进口需求，则必然会导致贸易收支的逆差；另一方面也可能引起资本与金融账户的顺差。这是因为经济增长需要大量的资金投入，在国内资金来源不足的情况下，必然要借助于外资的流入，这在一定程度上可以弥补贸易逆差导致的国际收支赤字。但是，能否确保国际收支平衡则依赖于二者能否相互持平，因为外资流入后还会有支付到期本息、分红、利润汇出、撤资等后续流出要求，国际收支能否平衡最终要取决于外资的实际利用效果。一般来说，经济迅速增长，收入水平提高，会导致进口商品的需求比出口贸易增长更快，容易使国际收支状况恶化。而要消除逆差，则必须压缩国内需求，实现紧缩的货币政策，结果可能会引起经济增长缓慢乃至衰退。

(4) 物价稳定与国际收支平衡之间的矛盾与冲突。这一矛盾与冲突主要表现为，可能会出现本国通货膨胀(别国相对物价稳定)下的国际收支逆差或本国物价稳定(别国相对通货膨胀)下的国际收支顺差。对于开放经济条件下的宏观经济而言,中央银行稳定国内物价的努力往往会导致进场项目资本与金融账户的顺差。例如,假如国内发生了严重的通货膨胀,货币当局为了抑制物价上涨,有可能提高利率以降低货币供给量,在资本自由流动的条件下,利率的提高会导致资本流入,资本项目出现顺差。同时,由于国内物价上涨势头的减缓和总需求的减少,出口增加而进口减少,进口项目也可能出现顺差,反之亦然,由此可见,稳定物价与国际收支平衡并非总是协调一致的。

货币政策最终目标之间的冲突关系,是当代世界各国政府及经济学家所面临的难题之一。为了实现一个目标而采取的货币政策措施,很可能会损害另外一个目标的实现,或者会破坏另外一些已达到很好状态的目标。因此,金融调控面临的任务就是在这些既相互统一,又相互冲突的最终目标之间做出取舍,进行最终目标的最优结合。

(三)中国货币政策最终目标

长期以来,我国理论界对货币政策最终目标的理解与认识一直存在着分歧,比较有代表性的观点有两种:单一目标论和双重目标论。前者主张以稳定货币或者经济增长为货币政策的最终目标;后者认为货币政策的最终目标不应是单一的,而应当兼顾发展经济和稳定物价两方面的要求。

从实践来看,我国对政策目标的提法也在不断发生变化。1986 年,国务院发布的《中华人民共和国银行管理暂行条例》中,首次对包括中央银行和商业银行在内的所有金融机构的"任务"做了界定,即发展经济、稳定货币、提高社会经济效益,这是对中国货币政策最终目标的首次表述。1993 年,国务院颁布《关于金融体制改革的决定》,以及后续相继颁布的《中华人民共和国中国人民银行法》《中华人民共和国商业银行法》等法律法规中,货币政策的目标被表述为"保持货币币值的稳定,并以此促进经济增长"。

2001 年前,反通胀以及经济增长,这是我国货币政策在这期间的主要目标。2001—2013 年期间,我国的货币政策以保持平稳增长以及恢复经济为目标。并且为了防止物价上升过快,避免经济增长过热,提出了货币政策需要稳中求进,宏观调控需要采用渐进式。2013—2019 年,我国货币政策的总基调仍为稳健。2020 年至今,我国货币政策稳健偏宽松。

二、货币政策中介目标

实际上,货币当局本身并不能直接控制货币政策最终目标的实现,而是只能借助于货币政策工具,通过调节和影响中介目标实现最终目标。因此,中介目标是货币政策作用过程中一个十分重要的中间环节,也是判断货币政策力度和效果的重要指示变量,通过跟踪这些变量的变化,货币当局就能够及时判断当前的货币政策是否处于准确的轨道上。

(一)货币政策中介目标的含义及其选择标准

1. 货币政策中介目标的含义

货币政策中介目标是指中央银行在货币政策实施过程中,为更好地观测货币政策的效力并保证最终目标的实现,在货币政策工具和最终目标之间插入的一些过渡性指标。

货币政策中介目标这一概念是在20世纪60年代由美国经济学家提出的,但当时的中央银行并不是从宏观控制的角度来考虑中介目标的。直至20世纪70年代中期,货币政策中介目标的思想才得到发展,中介目标逐渐成为各国中央银行货币政策传递机制的主要内容之一。

货币政策中介目标是货币当局为实现货币政策最终目标而选择作为调节对象的目标。在西方货币理论看来,中介目标的重要性有两点:一是人们认识到货币政策的作用机理具有滞后性和动态性,因而有必要借助于一些能够较为迅速地反映经济状况变化的金融或非金融指标,作为观察货币政策实施效果的信号;二是为避免货币政策制定者的机会主义行为,因而需要为货币当局设定一个"名义锚",以便社会公众观察和判断货币当局的言行是否一致。"名义锚"可以看作一套行为规范,是货币当局必须长期关注的行为准则,使之达到自己定下的目标。这会让货币政策不会因为短期的需要,而使得整体经济失去方向,到处漂泊。设置货币政策中介目标就相当于设置货币政策的"名义锚",其作用在于:第一,反映货币政策的实施进度;第二,为中央银行提供一个追踪监测的指标;第三,便于中央银行随时调整货币政策的力度和方向。

2. 货币政策中介目标的选择标准

货币政策中介目标的选择主要是依据一国经济金融条件和货币政策操作对经济活动的最终影响而确定的。一般认为,中央银行选择货币政策中介目标主要有以下三个标准。

(1) 可测性。可测性的含义有两个方面:一是中介目标应有比较明确的定义,以便于观察、分析和监测;二是中央银行能够迅速获取有关中介目标的准确数据,对中介目标变量进行迅速和准确的测量。一个中介目标变量是否有用,关键要看这个变量在政策"偏离轨道"时,是否能够比政策目标更快地发出信号。而这个变量能很快地发出信号的前提是,能够对它进行迅速、准确的测量(能够迅速得到有关数据,并依此进行准确的分析)。在实践中,货币供给量和利率的数据更容易准确掌握,因此中央银行通常将这两个变量作为中介目标来调控。

(2) 可控性。可控性是指中央银行能够运用各种货币政策工具,对所选的金融变量进行有效的调节和控制,使其能够在足够短的时间内接受货币政策工具的影响,并且按照货币政策设定的方向和力度发生变化,且较少受经济运行本身的干扰。例如,中央银行能够对货币供给量和利率从多方面加以有效控制,因此这两个变量就适合作为货币政策中介目标变量。

(3) 相关性。相关性是指中介目标与货币政策最终目标之间应存在密切、稳定和统计数量上的相关性。只要能达到中介目标,中央银行在实现或接近实现货币政策最终目标方面不会遇到障碍和困难。相关性反映了中介目标对最终目标的影响力。相关性程度越大,这种影响力就越大,中央银行通过控制中介目标变量来控制最终目标变量的效力就越大。

此外,一些学者针对转型经济国家的实际情况,提出了中介目标选择的另外两个标准,即抗干扰性和与经济金融体制的适应性。货币政策在实施过程中,常会受到许多外来因素或非政策因素的干扰。只有选取那些受干扰程度较低的中介指标,才能通过货币政策工具的操作达到最终目标。经济及金融环境不同,中央银行为实现既定的货币政策目标而采用的政策工具不同,选择作为中介指标的金融变量也必然有所区别。

在实践中,根据上述标准所确定的中介目标一般有利率、货币供给量、超额准备金和基础货币等。根据这些指标对货币政策工具反应的先后和作用于最终目标的过程,可将这些目标分为两类:一类是近期中介目标,即中央银行对它的控制力较强,但离货币政策最终目标较远的目标,如超额准备金和基础货币,又称为操作指标;另一类是远期中介目标,即中央银行对它的控制力较弱,但离最终目标较近,又称为中间目标,如货币供给量和利率。

(二)近期中介目标

近期中介目标也称操作目标,是指中央银行对它的控制力较强,但与货币政策最终目标相距较远的中介目标。近期中介目标主要有以下几种。

1. 短期货币市场利率

经常被选作操作指标的短期货币市场利率主要是指银行同业拆借利率。银行同业拆借市场作为货币市场的基础,其利率是整个货币市场的基准利率。中央银行通过调控银行同业拆借利率就可以影响货币供给量,从而影响长期利率,因而有较强的相关性。中央银行可以很方便地获得有关银行同业拆借利率的水平和变动情况。当中央银行根据既定的中介目标,认为有必要维持或改变现有利率水平和结构时,它就可以利用公开市场操作或再贴现等政策工具来调控同业拆借,使其能体现货币政策意图,进而作用于中介目标。因此,从可测性和可控性方面看,短期货币市场利率是符合要求的。

2. 银行准备金

银行准备金是指商业银行和其他存款机构在中央银行的存款余额及其持有的库存现金。银行准备金的用途主要有三个:一是用于满足客户的提款需要;二是用于满足法定存款准备金的要求;三是用于银行之间的资金清算。

银行准备金是中央银行通过各种货币政策工具影响远期中介目标的主要传递目标。中央银行通过法定准备金率的变动,可直接引起法定准备金的变动,再引起远期中介目标的变动;公开市场操作可以改变商业银行的非借入准备,再进一步影响远期中介目标等。因此,银行准备金是中央银行货币政策的主要操作目标之一。

3. 基础货币

基础货币由流通中的货币和银行准备金组成,构成了货币供给量倍数伸缩的基础。一般认为,基础货币是比较理想的操作指标,其具有以下特点。

(1)可测性强。基础货币直接表现为中央银行的负债,其数额随时反映在中央银行的资产负债表上,很容易为中央银行所掌握。

(2)可控性强。基础货币通常可以由中央银行直接控制。对于银行准备金中的非借入准备金,中央银行可以通过公开市场操作控制;对于银行准备金中的借入准备金,中央银行可以通过贴现窗口进行目标设定并进行预测,也有很强的可控性。

(3)相关性强。货币供给量等于基础货币与货币乘数之积。因此,只要中央银行能够控制基础货币的投放,也就等于间接地控制了货币供给量,从而就能进一步影响利率、价格及国民收入,实现货币政策的最终目标。

拓展阅读

我国坚持实施正常的货币政策

2024年4月23日，财政部党组理论学习中心组在《人民日报》发表文章《坚持深化金融供给侧结构性改革——学习习近平关于金融工作论述摘编》。文章中提到，"中观机制上，要加强财政与货币政策、金融改革的协调配合，完善基础货币投放和货币供给调控机制，支持在中央银行公开市场操作中逐步增加国债买卖，充实货币政策工具箱。"

对此，中国首席经济学家论坛理事长连平表示，这明确了两个问题，一是中央银行在二级市场交易国债，可以发挥基础货币投放和货币政策调控机制的功能，不存在法律障碍；二是中央银行进入市场大量购买国债，发挥所谓QE功能，并非宏观政策的初衷和目标。

随着国债发行需求增加，作为购债主体的银行需要应对持续增长的各种贷款需求，购债能力逐渐受到制约；而准备金率已持续下调到不高的水平，未来有下调空间，但下调空间已经不大；中央银行作为功能独特的有能力的主体，适当增加国债购买是货币政策支持财政政策的重要体现，有助于国债市场的发展与稳定。

资料来源：每日经济新闻. 我国坚持实施正常的货币政策，中央银行买卖国债与QE截然不同[EB/OL].（2024-04-24）[2024-04-24]. https://baijiahao.baidu.com/s?id=1797145493774662956&wfr=spider&for=pc.

（三）远期中介目标

远期中介目标有时简称中介目标，是指中央银行对它的控制力较弱，但与货币政策最终目标较为接近的中介目标，又称为中间目标，主要有以下几种。

1. 长期利率

从货币政策最终目标来看，长期利率主要被选作政策远期中介目标。这是因为，长期利率对投资的影响显著，尤其是对不动产及机器设备的投资。但在实践中，经常操作的中介指标是短期利率，主要是指银行同业拆借利率。

利率作为远期中介指标具有以下优点：①可控性强。中央银行可直接控制对金融机构融资的利率，通过公开市场操作或再贴现政策，还能调节市场利率的走向。②可测性强。中央银行在任何时候都能观察到市场利率的水平及结构。③中央银行可以通过利率影响投资和消费支出，从而调节总需求。

利率作为远期中介指标也有一定的局限性。首先，中央银行所能够调控的是名义利率而非实际利率，它说明不了借贷的实际成本。其次，作为经济的内生变量，在经济繁荣时期，利率因信贷的需求而上升；在经济萧条时期，利率则随信贷需求的减少而下降。然而，作为政策变量，当经济过热时其应提高利率以抑制需求，当经济疲软时应降低利率以刺激需求。也就是说，利率作为经济的内生变量，与政策变量往往难以区分，使政策效果和非政策效果混杂在一起，导致中央银行无法确定政策是否有效，容易形成错误的判断。

值得注意的是，并非每个国家都适合以利率作为货币政策中介指标。特别是在利率还没有市场化的条件下，利率既不能正确地反映货币需求，也不能有效地调节货币需求，这时选择利率作为中介指标就会失去意义。

2. 货币供给量

货币供给量是以弗里德曼为代表的现代货币主义者所推崇的中介目标。把货币供给量作为中介目标的理由是：①可测性强。M0、M1、M2 等指标都有很明确的定义，分别反映在中央银行、商业银行及其他金融机构的资产负债表内，可以很方便地测算和分析货币供给量。②可控性强。现金直接由中央银行发行并进入流通，通过控制基础货币，中央银行也能有效地控制 M1 和 M2。③具有直接相关性。一定时期的货币供给量代表了一定时期的有效需求总量和整个社会的购买力，对最终目标有直接影响，因而具有直接相关性。

中央银行应以哪一个口径的货币供给量作为中介目标呢？在 20 世纪 90 年代以前，M1 是大多数国家执行货币政策的主要依据。到了 20 世纪 90 年代以后，随着金融创新的迅猛发展，新型金融工具在金融市场上大量涌现，模糊了货币的边界，使得越来越多的国家将 M2 甚至 M3 作为货币政策的中介目标。目前，货币供给量的计量日趋复杂，中央银行对货币供给量的控制也日益困难，这使其作为货币政策中介指标的可测性和可控性均受到冲击。

3. 汇率

一部分国家由于特定的经济金融条件，将汇率作为货币政策的中介目标。这些国家或地区的货币当局确定其本币同另一较强国家货币的汇率挂钩，并通过货币政策操作盯住这一水平，以此实现最终目标。例如，墨西哥在 1987 年经济危机后的调整中，通过将本币与美元强行挂钩，成功地使墨西哥的通货膨胀率从调整前的 159%下降到 1994 年的 7.1%。

（四）利率目标与货币供给量目标的选择

货币政策远期中介目标选用货币供给量还是利率，当前是一个存在争议的课题。人们通常将货币供给量指标称为总量指标，将利率指标称为结构指标。必须明确的是，在实际操作过程中，总量指标与结构指标不能同时选作中介目标，因为两者之间存在着冲突。货币供给量目标和利率目标之间的冲突可以通过货币供求曲线来加以说明，如图 14-1 所示。

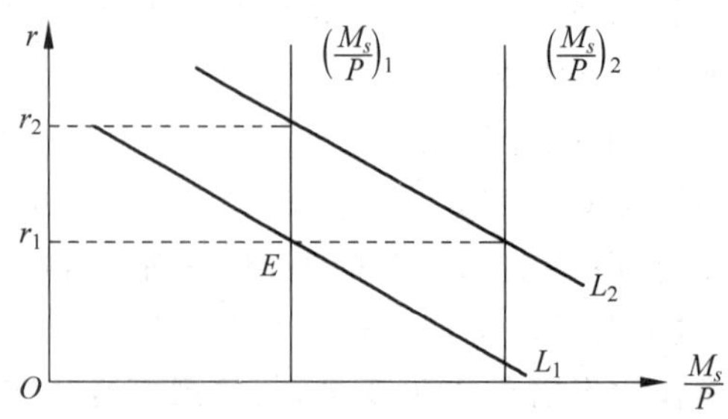

图 14-1　货币供给量目标与利率目标的冲突

假定开始时货币市场正处于货币当局所希望的均衡点 E 处,利率为 r_1,实际货币供给量为$(M_s/P)_1$。但是,由于收入增加或者某些其他因素的变化,使得货币需求曲线由 L_1 右移到 L_2,此时货币当局将面临以下两种选择:一种是继续维持原来的货币供给量目标$(M_s/P)_1$,从而听任利率由 r_1 上升至 r_2;另一种是继续维持原来的利率目标,为达到这一目标,货币当局就必须将实际货币供给量由$(M_s/P)_1$ 增加到$(M_s/P)_2$。总之,无论货币当局坚持哪一个目标,都要被迫放弃另一个目标。那么,究竟应该如何在利率目标和货币供给量目标之间进行选择呢?实际上这也是凯恩斯主义者和货币主义者经常争论的一个问题。

由于凯恩斯主义者倾向于认为货币需求函数(*LM* 曲线)较不稳定,而货币主义者则认为货币需求函数很稳定,因而两者在关于货币政策中介目标的选择上存在很大的分歧。凯恩斯主义者主张以利率为中介目标,而货币主义者主张以货币供给量为中介目标。

受到上述理论上分歧的影响,在各国货币政策实践中,中介目标的选择也经历了一个发展化的过程。20 世纪 70 年代以前,受凯恩斯主义经济学的影响,西方主要国家货币当局一般采用利率作为货币政策的中介目标,对宏观经济实施积极调控。然而随着西方国家在 20 世纪 70 年代普遍出现经济滞胀现象后,主张宏观干预政策无效的货币主义理论逐渐发展起来,货币供给量目标开始受到货币政策制定者的青睐。进入 20 世纪 90 年代,某些西方国家又实行以反通货膨胀为唯一目标的货币政策,放弃了以货币供给量作为中介目标的监控方法,货币政策的目标就是盯住通货膨胀。部分国家甚至建立了以短期利率为主要操作手段,实现通货膨胀目标的货币政策体系,货币政策操作直接盯住通货膨胀目标,而不再依赖于其他中介目标。

至此,我们已分析了货币政策目标体系:由最终目标、近期中介目标(操作目标)、远期中介目标(中介目标)构成。从图 14-2 中不难看出,货币政策工具由操作目标、中介目标到最终目标是一个依次传递的过程。对中央银行而言,这些目标的可控性依次减弱,从经济分析的角度看,则宏观性逐渐增强。

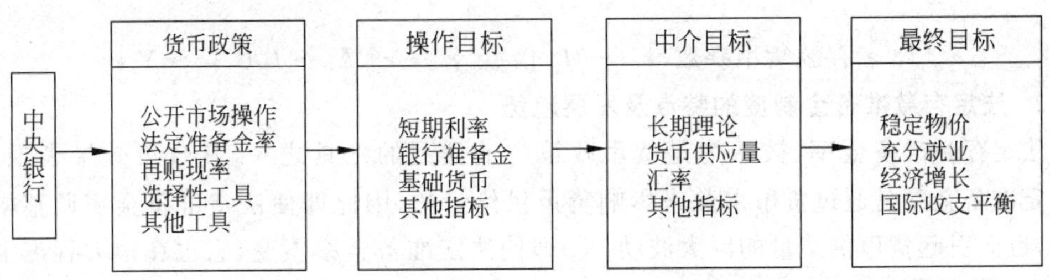

图 14-2　货币政策目标体系

第二节　货币政策工具

货币政策工具是中央银行为达到货币政策目标而采取的手段。货币政策要达到最终目标,需要经过一个传导过程,一般是中央银行运用货币政策工具→操作目标(近期中介目标)→远期中介目标→最终目标。也就是中央银行通过货币政策工具的运作,影响商业银行等金融机构的活动，进而影响货币供给量，最终影响国民经济宏观经济指标。根据货币政策工具的调节职能和效果来划分，货币政策工具可分为以下五类。

一、一般性货币政策工具

一般性货币政策工具又称常规货币政策工具，是中央银行采用的对整个金融系统的货币信用扩张与紧缩，能够产生全面性或一般性影响的手段，是最主要的货币政策工具，包括存款准备金制度、再贴现政策和公开市场操作，俗称中央银行的“三大法宝”，它们主要从总量上对货币供给和信贷规模进行调节。

（一）存款准备金制度

存款准备金制度也就是法定存款准备金制度，是指在国家法律所赋予的权力范围内，通过规定和调整商业银行交存中央银行的存款准备金的比率，控制商业银行的信用创造能力，间接地调节社会货币供给量的政策工具。

1. 法定存款准备金制度的作用机理

中央银行变动法定存款准备金率将通过以下主要途径发挥作用：①通过影响商业银行的超额准备金余额调控其信用规模。如果中央银行提高法定存款准备金率（r_d），商业银行交存中央银行的法定准备金就会增加。在其他条件一定的情况下，用于发放贷款的超额准备金（E）就会减少，促使商业银行收缩信贷规模，使货币供给量（M_s）减少，利率（r_m）回升。②通过影响存款乘数影响商业银行的信用创造能力。由于法定存款准备金率与商业银行的存款乘数成反比，因此当中央银行提高法定准备金率时，将会引起货币乘数的下降，从而大大降低商业银行存款货币创造的能力，进而引起货币供给量的倍数收缩，反之则倍数扩张。

$$r_d \uparrow \rightarrow E \downarrow \rightarrow \text{贷款规模} \downarrow \rightarrow M_s \downarrow \rightarrow r_m \uparrow \rightarrow I,C \downarrow \rightarrow Y \downarrow$$

或者

$$r_d \uparrow \rightarrow \text{存款货币乘数} \downarrow \rightarrow M_s\ \text{倍数} \downarrow \rightarrow r_m \uparrow \rightarrow I,C \downarrow \rightarrow Y \downarrow$$

2. 法定存款准备金制度的特点及发展趋势

法定存款准备金率，被认为是货币政策中最猛烈的工具之一，其政策效果表现在：①法定准备金率是通过货币乘数来影响货币供给量的，因此即使法定准备金率调整幅度很小，也会引起货币供给量的巨大波动；②即使法定准备金率不变，它也在很大程度上限制了存款机构创造派生存款的能力；③即使商业银行等存款机构由于种种原因持有超额准备金，法定准备金率的调整也会产生效果，如提高法定准备金率将冻结一部分超额准备金。

但是，法定存款准备金制度也存在着以下局限性：①由于效果过于强烈，不宜作为中央银行日常调控货币供给的工具；②出于同样的原因，它的调整对整个经济和社会心理预期都会产生显著的影响，以致使它有了固定化的倾向；③存款准备金对各类银行的影响不同，因而货币政策实现的效果可能因为这些复杂情况的存在而不易把握。因此，一般对法定存款准备金率的调整都持谨慎态度。

（二）再贴现政策

再贴现政策是指中央银行通过制定或调整再贴现利率和条件来干预和影响市场利率及货币供给量，从而调节宏观经济的一种政策工具。

1. 再贴现政策的内容

商业银行等金融机构将通过贴现业务获得的票据再卖给中央银行的行为，称为再贴现。中央银行在确定其票据合格的前提下，根据当时的再贴现率，从票据金额中扣除再贴现利息后，将余额付给商业银行等金融机构。

一般来说，再贴现政策包括两方面的内容：一是再贴现率的调整；二是规定向中央银行申请再贴现的资格。前者着眼于短期，主要影响商业银行的准备金和社会的资金供求；后者则着眼于长期，主要是影响商业银行及全社会的资金投向。

2. 再贴现政策的作用机理

中央银行调整再贴现率主要是通过影响商业银行的融资成本，从而影响商业银行的准备金，以达到松紧银根的目的。例如，当中央银行降低再贴现率，使其低于市场一般利率水平时，商业银行通过再贴现获得资金的成本会下降，促使其增加向中央银行借款或再贴现，导致商业银行超额准备金增加，相应地扩大对社会大众的贷款，从而引起货币供给量的增加和市场利率的降低，刺激有效需求的扩大，达到经济增长和充分就业的目的；反之，可采用提高贴现率的办法来促使物价稳定目标的实现。

此外，再贴现政策还可以进行结构调整，方式主要有两种：一是中央银行可以规定并及时调整可用于再贴现的票据种类，从而影响商业银行的资金投向；二是对再贴现的票据进行分类，实行差别再贴现率，从而使货币供给结构与中央银行的政策意图相符合。

3. 再贴现政策的优点与局限

再贴现政策的优点主要体现在以下方面：①作用较为温和。再贴现政策通过影响金融机构的借贷成本间接地调节货币供给量，其作用过程是渐进的，并不像法定存款准备金政策那样猛烈。②对市场利率有强烈的告示作用。再贴现率的变动向社会明确告示了中央银行的政策意图。如再贴现率的升高，表明政府判断市场存在过热现象，因此有紧缩意图；反之，则有扩张意向，这对短期市场利率常有导向作用。③具有结构调节效应。中央银行通过规定再贴现票据的种类和审查再贴现申请时的一些限制条件，可以设定资金流向，对不同用途的信贷加以支持或限制，从而使得货币的供给结构与国家的经济政策导向相符合，达到调整国家产业结构的目的。

再贴现政策也有一定的局限性：①缺乏主动性。商业银行是否愿意到中央银行申请再贴现，或再贴现多少，由商业银行决定。如果商业银行可以通过其他渠道融资而不依赖中央银行，则再贴现政策的效果势必大打折扣。②利率高低有限度。如在经济调整增长时期，无论再贴现率多高，都很难抑制商业银行向中央银行再贴现或借款。③再贴现率是市场利率的重要参照，再贴现率的频繁调整会导致市场利率的经常性波动，使企业和银行无所适从。因此，在货币政策工具中，再贴现政策不处于主要地位。

（三）公开市场操作

公开市场操作是指中央银行在金融市场上公开买卖有价证券（主要是政府债券），用以调控货币供给量的一种政策工具。

1. 公开市场操作的作用机理

目前，各国中央银行从事的公开市场操作主要是买卖政府债券。一般情况下，当经济停滞或衰退时，中央银行就在公开市场上买进有价证券，从而向社会投放一笔基础货币。无论基础货币是流入社会大众手中，还是流入商业银行，都必将使银行系统的存款准备金增加。银行通过对准备金的运用，扩大了信贷规模，增加了货币供给量。反之，当利率、物价不断上升时，中央银行则在公开市场上卖出有价证券，回笼货币，收缩信贷规模，减少货币供给量。公开市场操作是20世纪20年代美国联邦储备系统为解决自身收入问题，买卖收益债券时意外发现的，从此成为美国联邦储备系统最重要的政策工具，并在其他国家货币政策工具中占据了越来越重要的地位。

2. 公开市场操作的特点

与前两种货币政策工具相比，公开市场操作的优越性是显而易见的：①传递过程的直接性。中央银行通过公开市场操作可以直接调控银行系统的准备金总量，进而直接影响货币供给量。②主动性。通过公开市场操作，中央银行可以“主动出击”，避免了再贴现政策的“被动等待”。③可以进行微调。由于公开市场的规模和方向可以灵活安排，中央银行有可能对货币供给量进行微调，从而避免法定存款准备金政策的震动效应。④可进行频繁操作。中央银行可以在公开市场上进行连续性、经常性及试探性操作，也可以进行逆向操作，以灵活调节货币供给量。

公开市场操作也有一定的局限性。首先，中央银行的公开市场操作要想有效地发挥作用，必须具备一定的条件：①中央银行必须具有强大的足以干预和控制整个金融市场的资金实力；②中央银行对公开市场的操作必须具有弹性操纵权，可以根据经济需要和货币政策目标自行决定买卖证券的种类和数量；③金融市场必须具有相对的广度和深度。具备以上三点，中央银行的公开市场操作才能顺利进行。其次，公开市场操作的效果会被其他因素所抵消。比如资本的流动、国际收支不平衡，以及商业银行通过其他方式弥补准备金不足或者在准备金增加时并不马上扩张信用等因素，会部分抵消中央银行买卖有价证券的效果。最后，公开市场操作易受经济周期影响。当经济萧条时，尽管中央银行可以买进证券，扩张信用，促使利率下降，但仍有可能有生产者不愿借款，信用需求不随利率下降而增加。

二、选择性货币政策工具

选择性货币政策工具是指中央银行针对某些特殊的信贷或某些特殊的经济领域，针对某些个别部门、个别企业或某些特定用途的信贷所采用的货币政策工具。与一般性货币政策工具不同，选择性货币政策工具对货币政策与国家经济运行的影响不是全局性的而是局部性的，但也可以作用于货币政策的总体目标，是一般性货币政策工具的必要补充。选择性货币政策工具主要有以下五种。

1. 消费者信用控制

消费者信用控制是指中央银行对不动产以外的各种耐用消费品的销售融资予以控制。控制的主要内容有：①规定以分期付款方式购买各种耐用消费品时第一次付款的最低金额；②规定分期付款的最长期限；③规定可用消费信贷购买的耐用消费品种类，并就不同的耐用消费品规定相应的信贷条件等。

2. 证券市场信用控制

证券市场信用控制是指中央银行对有关证券交易的各种贷款进行限制，以抑制过度的投机，其中较为常用的是对证券信用交易的保证金比率做出规定。所谓证券信用交易的保证金比率，是指证券购买人首次支付占证券交易价款的最低比率，也即通常所说的保证金比率。中央银行根据金融市场状况选择调高或调低保证金比率，就可以间接控制证券市场的信贷资金流入量，从而控制最高放款额度。

3. 不动产信用控制

不动产信用控制是指中央银行对商业银行及其他金融机构的房地产贷款所采取的限制措施，以抑制房地产的过度投机，如对金融机构的房地产贷款规定最高限额、最长期限以及首次付款和分摊还款的最低金额等。

4. 优惠利率

优惠利率是指中央银行对国家重点发展的经济部门或产业，如出口工业、农业等所采取的鼓励措施。

5. 预缴进口保证金

预缴进口保证金是指中央银行要求进口商向指定银行预缴相当于进口商品总值一定比例的存款，目的在于抑制进口的过快增长。这种做法在国际收支长期为赤字的国家较为常见。

三、直接信用控制

直接信用控制，是指中央银行依法对商业银行创造信用的业务进行直接干预而采取的各种措施，主要有以下几种。

1. 利率最高限额

利率最高限额即规定商业银行对定期及储蓄存款所能支付的最高利率。如在1980年以前，美国的Q条例(Q条例是指美联储禁止会员银行向活期储户支付利息，同时规定定期存款支付利息的最高限额的条例)规定，活期存款不准付息，定期存款和储蓄存款的利率不得超过上限。这样规定的目的在于防止银行用抬高利率的办法竞相吸收存款，以及为了取得高回报在资产运用方面承担过高的风险。

2. 信用配额

信用配额是指中央银行根据金融市场状况及客观经济需要，分别对各商业银行的信用规模加以分配，限制其最高数量。这是一个颇为古老的做法，目前在许多发展中国家，由于资金供给相对于资金需求严重不足，这种做法被广泛采用。

3. 规定商业银行的流动性比率

流动性比率是指流动性资产对存款的比重。一般来说，流动性比率与收益率呈反比关系。为保持中央银行规定的流动性比率,商业银行必须缩减长期贷款,扩大短期贷款及增加易于变现的资产等。

4. 直接干预

直接干预是指中央银行直接对商业银行的信贷业务、放款范围等加以干预,如直接限制放款额度,直接干预商业银行对存款的吸收,对业务经营不当的商业银行拒绝再贴现或采取高于一般利率的惩罚性利率等。

四、间接信用指导

间接信用指导是指中央银行凭借其在金融体系中的特殊地位,通过与金融机构之间的磋商、宣传等,指导其信用活动,以控制信用的措施。其方式主要有窗口指导和道义劝告。

(一) 窗口指导

1. 窗口指导的含义及产生背景

窗口指导是指中央银行根据产业行情、物价走势和金融市场动向,规定商业银行每季度的贷款增减额,并要求其执行,属于温和的、非强制性的货币政策工具。如果商业银行不按规定的增减额对产业部门贷款,中央银行可削减对该银行贷款的额度,甚至采取停滞信用等制裁措施。

2. 窗口指导的特点

实行窗口指导的直接目的是通过调控贷款资金的供求以影响银行同业拆放市场利率;实行窗口指导的间接目的是通过银行同业拆放市场的利率功能,使信贷总量的增长和经济增长相吻合。窗口指导的特点在于,它作为一种货币政策工具,以限制贷款增加额为主要目的,虽非法律规定,只是劝告性指导,但由于这种指导来自中央银行,实际上带有很大程度的强制性。如果民间金融机构不听从指导,尽管不承担法律责任,但最终要承受因此带来的其他方面的经济制裁。

(二) 道义劝告

道义劝告是中央银行利用自己在金融体系中的特殊地位和威望,通过对商业银行及其他金融机构的劝告,以影响其放款的数量和投资方向,从而达到控制和调节信用之目的,是间接控制措施之一。比如,在国际收支出现赤字时,中央银行劝告各金融机构减少海外贷款;在房地产和证券市场投机盛行时,要求商业银行缩减对这两个市场的贷款等。道义劝告的操作思路与窗口指导类似。

五、非常规货币政策工具

2008 年全球金融危机使金融系统的传导机制受到破坏,影响了流动性及银行和借款者的偿付能力,从而造成了巨大的损失。为了应对金融危机,尽管美联储将美国联邦基金利率降低到接近于零的水平,但实际利率依然高企。传统货币政策不能修复金融市场的信贷功能,无法阻止金融危机的进一步恶化和蔓延,因而丧失了刺激经济的能力。为此,美国等发达国家以及发展中国家相继启动了非常规货币政策工具，通过大规模资产购买等数量型操作方式，对通货膨胀和失业率等货币政策最终目标进行直接干预。实践表明，这一系列非常规货币政策缓解了金融市场恐慌，减轻了金融机构资产负债表收缩的压力，重塑了银行系统的信贷渠道，最终避免实体经济部门陷入衰退。非常规货币政策工具可归纳为以下三类。

（一）前瞻指引

前瞻指引政策是指中央银行通过做出在相当长的一段时间内保持低利率的承诺，进而引导未来预期通货膨胀的上升和产出缺口的下降。依据利率期限结构理论，长期利率等于短期利率平均值加上风险溢价，中央银行维持低利率的时间越长，长期利率与短期利率的相关性就越明显。并且，通过降低长期实际利率和降低企业、居民的融资成本，中央银行便可以达到促进消费和刺激经济的目的。在实际操作中，美联储、欧央行和英格兰银行都曾先后提出各自的前瞻指引"阈值"。

（二）扩大中央银行资产负债表规模

在危机发生前，美国等发达国家基本采用价格型货币政策工具，通过调节银行间隔夜拆借利率（美国联邦基准利率），经由利率期限结构工具传递至中长期利率，影响企业生产和公众消费。这样的传递路径在危机后受到零利率下限约束、流动性陷阱和未来悲观预期的制约，使价格型货币工具的传导过程变得不通畅。在这种背景下，美联储决定采用非常规的数量型货币政策工具。

1. 量化宽松货币政策

量化宽松货币政策（quantitative easing，QE）主要是通过预期引导和资产负债表两条渠道对经济施加影响。美国量化宽松货币政策主要通过美联储大规模资产购买（LSAP）的方式实施。每当美联储发表 LSAP 公告时，信号效应就会产生，即市场参与者就此捕捉到中央银行对未来经济发展态势的判断。因此，LSAP 公告传递了未来政策利率走势的信息，使投资者意识到长期内短期利率将维持在较低水平，从而增加投资和消费，促使经济回升。同时，通过先后四轮的 QE 实施，美联储也向金融体系投入了大量的流动性。

2. 扭曲操作

扭曲操作（operation twist）是美联储推出的一项非常规货币政策操作，是指通过买入长期债券并卖出等额短期债券，压低长期债券收益率的做法。由于国债收益率是金融市场金融工具的定价基准，长期国债收益率的走低会引导长期利率走低的预期，刺激和长期利率挂钩的贷款利率走低，从而降低企业和公众的借贷成本并促进中小企业融资。

（三）改变中央银行资产负债表结构

后金融危机时期，零利率下限的约束制约了总量型货币政策工具的使用，结构性货币政策工具也开始被不同国家的中央银行采用。结构性货币政策工具的主要特点是定向投放流动性，包括运用定向型工具为金融部门或实体行业提供流动性支持。从目前的实践经验看，结构性货币政策作为非常规货币政策工具的一种，在常规货币政策难以为继的情况下，在为特定行业或部门提供流动性、提振市场信心、引导资金流向方面发挥了重要作用。

2024年，为了维护我国资本市场稳定，提振投资者信心，在借鉴国际经验以及人民银行自身过往实践的基础上，中国人民银行与证监会、金融监管总局协商，创设两项结构性货币政策工具，支持资本市场稳定发展。这也是中国人民银行第一次创新结构性货币政策工具支持资本市场。

第一项工具是证券、基金、保险公司互换便利。这项工作支持的是符合条件的证券、基金、保险公司，这些机构会由证监会、金融监管总局按照一定的规则来确定，可以使用它们持有的债券、股票ETF、沪深300成分股等资产作为抵押，从中央银行换入国债、中央银行票据等高流动性资产。国债、中央银行票据与市场机构手上持有的其他资产相比，在信用等级和流动性是有很大差别的。很多机构手上有资产，但是在现在的情况下流动性比较差，通过与中央银行置换可以获得比较高质量、高流动性的资产，将会大幅提升相关机构的资金获取能力和股票增持能力。计划互换便利首期操作规模是5 000亿元，未来可视情况扩大规模。

第二项工具是股票回购、增持再贷款。这个工具引导商业银行向上市公司和主要股东提供贷款，用于回购和增持上市公司股票。实际上，股东和上市公司回购或者增持公司的股票，在国际资本市场是一个非常常见的交易行为。中央银行将向商业银行发放再贷款，提供的资金支持比例是100%，再贷款利率是1.75%，商业银行对客户发放的贷款利率在2.25%左右，也就是可以加0.5个百分点，2.25%这个利率水平现在也是非常低的。

第三节　货币政策传导机制

中央银行制定货币政策后，从政策实施到发挥作用必须经历一系列的传导过程。货币政策传导机制就是描述货币政策影响经济变量的这一过程，具体是指中央银行根据货币政策目标，运用货币政策工具，通过金融机构的经营活动和金融市场传导至企业、居民，对其生产、投资和消费等行为产生影响的过程。

一、利率传递渠道的局部均衡分析

利率在凯恩斯主义的货币政策传导机制中占有重要的位置。在简单的凯恩斯模型中，存在两个部门——公共部门和私人部门，两类资产——货币和政府债券，金融市场上唯一存在的利率是债券利率。这种货币传导机制可简单描述为：通过货币供给 M_s 的增减影响利率 r（主要是债券利率），利率的变化则通过资本边际效益的影响使投资 I 以乘数方式增减，进而影响社会总支出 E 和总收入 Y。以扩张性货币政策为例，用符号表示为

$$M_s\uparrow \rightarrow r\downarrow \rightarrow I\uparrow \rightarrow E\uparrow \rightarrow Y\uparrow$$

在这一传导机制中，发挥关键作用的是利率：货币供给量的调整首先影响利率的升降，然后才使投资乃至总支出发生变化。上述分析从局部均衡的角度，揭示了货币市场对商品市场的初始影响，但是没有考察商品市场对货币市场的影响，没有反映出两个市场之间的相互作用过程。因此，这是一种局部分析方法。

二、利率传递渠道的一般均衡分析

考虑到货币市场与商品市场的相互作用，凯恩斯学派进行了进一步的分析，称为一般均衡分析，其传递过程如下。

（1）假定货币供给增加，当产出水平不变时，利率会相应下降，下降的利率会刺激投资，并引起总支出增加，总需求的增加又推动产出上升。这是货币市场对商品市场的作用。

（2）产出和收入的增加，必将引起货币需求的增加，这时如果没有增加新的货币供给，则货币供求的对比会导致下降的利率回升。这是商品市场对货币市场的作用。

（3）利率的回升，又会使总需求减少，产量下降，而产量下降又会导致货币需求下降，利率又会回落。这是货币市场和商品市场往复不断的相互作用过程。

（4）上述过程最终会逼近一个均衡点，这个点同时满足货币市场和商品市场两方面的供求均衡要求。在这个点上，利率可能较原来的均衡水平低，而产出量则可能较原来的均衡水平高。

凯恩斯学派的利率传导渠道较为间接，其传导效果如何将取决于三个参数的影响：①货币需求对利率的敏感性，它决定了货币供给的变动能在多大程度上影响利率；②私人投资对利率的敏感性，它决定了利率的变动对私人投资的影响；③投资乘数，它决定了私人投资的变动能够在多大程度上影响国民收入。按照凯恩斯学派的观点，货币需求对利率十分敏感，存在着“流动性陷阱”。所以，任何货币供给的增加都会被公众所持有，而不会引起利率的变化。而且，凯恩斯认为私人投资对利率是不敏感的，决定私人投资的因素是投资者对投资前景的预期。因此，虽然存在着这样的货币传导机制，但其实施效果却很不理想。据此，凯恩斯认为，货币是无关紧要的。

三、现代货币学派的货币政策传导机制

以弗里德曼为代表的现代货币学派认为，利率在货币政策传导机制中不起主导作用，而更强调货币供给量在整个传导机制中的直接效果。他们认为，货币政策传导机制主要不是通过利率间接地影响投资和收入，而是通过货币供给量的变动直接影响支出和收入，用符号表示为

$$M \rightarrow E \rightarrow I \rightarrow Y$$

（一）货币供给量的变动直接影响支出水平

$M \rightarrow E$ 表示货币供给量的变动直接影响支出，其原理是：①货币需求有其内在的稳定性。②弗里德曼货币需求函数中不包括任何货币供给的因素，因而货币供给的变化不会直接引起货币需求的变化。至于货币供给，现代货币主义学派将其视为外生变量。③当作为外生变量的货币供给改变，比如增大时，由于货币需求并不改变，公众手持货币量会超过其愿意持有的货币量，从而必然增加支出。

（二）支出作用于投资

$E \rightarrow I$ 表示变化了的支出作用于投资的过程，货币主义者认为这是资产结构调整的过

程。其原理是：①超过愿意持有的货币或用于购买金融资产，或用于购买非金融资产，直至用于人力资本的投资。②不同取向的投资会相应引起不同资产相对收益率的变化，如投资金融资产偏多，金融资产市值会上涨，收益率会相应下降，从而刺激非金融资产投资，如产业投资；产业投资增加，既可能促使产出增加，也会促使产品的价格上涨，如此等等。③引起资产结构的调整，在这一调整过程中，不同资产收益率的比值重新趋于相对稳定的状态。

（三）投资影响名义收入

$I \rightarrow Y$ 表示变动了的投资影响名义收入的过程。Y 是价格和实际产出的乘积，由于 M 作用于支出，导致资产结构调整，由此带动投资的变化，并最终导致 Y 的变化。这一变化究竟能在多大程度上反映实际产出的变化，又有多大比例反映在价格水平上，货币主义者认为，货币供给的变化短期内对两方面均有影响，但就长期而言，则只会影响价格。

四、资产价格渠道传导机制

在凯恩斯关于货币政策对经济影响的分析中，现代货币主义学派主要批评的是凯恩斯学派过分关注于一种资产价格形式——利率，而忽视了其他资产价格形式。自詹姆斯·托宾（1969 年）的投资 q 理论以及莫迪利亚尼的生命周期理论诞生后，资产价格也成为货币政策传导机制中一个备受关注的渠道，主要的资产价格传递机制如下。

（一）投资 q 理论

耶鲁大学的詹姆斯·托宾认为，凯恩斯所分析的投资传导机制只是一种局部均衡分析，而一般均衡分析还需考虑商品市场和货币市场的相互关系。因此，托宾等沿着一般均衡分析的思路扩展了凯恩斯的模型，提出了一种关于货币政策变化通过影响股票价格而影响投资支出的理论，该理论被称为 q 理论。该理论强调了资产结构调整在货币传导过程中的作用。所谓 q，是指一个比值，它等于企业的市场价值比企业的资本重置成本，用公式表示为

$$q = \frac{\text{企业市值}}{\text{企业资本重置成本}} = \frac{V}{P_k K}$$

式中，V 为企业的市场价值，即企业的股票总市值；P_k 为每单位实物资本的价格；K 为企业的实物资本总数。后两者相乘即为企业的资本重置成本。

托宾认为，q 和投资支出之间是正相关关系。q 的高低反映了企业的投资愿望，企业的投资决策取决于 q 值是否大于 1。如果 q 值大于 1，意味着企业的市值高于其资本重置成本。相对于企业的市值而言，新的厂房和设备的投资比较便宜，因而企业可通过发行股票获得价格相对低廉的投资品，从而增加投资和总需求。反之，如果 q 值小于 1，则企业的市值低于其资本的重置成本，企业就不会购买新的资本品。如果此时企业仍希望获得资本品，它们可以较低的价格购买其他企业来获得这些企业已有的资本品，投资支出即新资本品的购买就会减少。因此，q 值是决定新投资的主要因素。

那么，货币供给的变动又会对 q 产生什么影响呢？托宾强调了资产结构调整在货币

传导过程中的作用。假如货币政策变动导致货币供给量增加，公众发现手中的货币多了，因此增加了支出，从而增加了对股票的需求，引起股票价格(P_e)的上涨，q 值相应上升，企业投资支出增加，从而刺激生产增长。这一过程用符号描述如下：

$$M\uparrow \rightarrow r\downarrow \rightarrow P_e\uparrow \rightarrow q\uparrow \rightarrow I\uparrow \rightarrow Y\uparrow$$

因此，一个扩张性的货币政策会使得股票价格上升，降低资本成本，从而增加了投资和产出。

（二）财富效应渠道

因为消费支出是国民收入中最重要的部分(它一般占国民收入的 2/3 以上)，因而消费也可能在货币传导机制中扮演着重要的角色。

莫迪利亚尼(1971 年)引入了生命周期理论，补充了货币供给量的变化对私人消费的影响，提出了货币政策的财富效应渠道。货币政策的财富效应渠道，是指货币政策通过货币供给的增减影响股票价格，使公众持有的以股票市值计算的个人财富发生变动，从而影响其消费支出，进而影响国民收入的传导效应。

莫迪利亚尼所指的消费，是指在非耐用消费品和服务上的开支，它取决于消费者的毕生财富，而不是消费者的当期收入。他认为，消费者所获得的毕生财富包括人力资本、实物资本和金融资产，这决定了他的支出水平。

消费者毕生财富的一个重要组成部分是金融资产，而股票又往往是金融资产的主要组成部分。因此，当实施扩张性的货币政策，货币供给量增加，使普通股的价格上升，金融资产的市场价值上升时，消费者的毕生财富(用 W 表示)也增加，进而消费增加(用 C 表示)，乃至产出将上升。财富效应的货币政策传导机制用符号表示为

$$M\uparrow \rightarrow P_e\uparrow \rightarrow W\uparrow \rightarrow C\uparrow \rightarrow Y\uparrow$$

20 世纪 90 年代中后期，美国股市持续走高，美国公众持有的金融资产的市场价值上升，这对同期消费支出增加和经济稳定增长具有重要作用。需要说明的是，财富效应中影响消费者支出的是其毕生财富，所以只有股市持续较长时间的上涨，才会增加消费者整体的毕生财富。这时才具有财富效应，而股市短时间的暴涨暴跌是不具有财富效应的。

第四节 货币政策效果的影响因素

制定和实施货币政策，是为了实现调节经济的政策目标。货币政策能否实现，能够在多大程度上实现其政策目标，即货币政策效应如何，既是货币政策制定者十分关心的问题，也是经济理论界长期争论的问题。

一、货币政策时滞

任何政策从制定到获得主要或全部效果，都必须经过一段时间，这段时间即为时滞。所谓货币政策时滞，是指货币政策从制定到最终目标的实现所必须经过的一段时间。货币政策时滞由两大部分组成——内部时滞和外部时滞，内部时滞又分为认知时滞和决策时滞。

内部时滞是指从经济形势发生变化需要制定政策加以矫正，到中央银行实际采取行

动的时间过程。它又可分为两个阶段：①认知时滞，即从形势变化需要货币当局采取行动，到它认识到这种需要的时间过程；②决策时滞，即从货币当局认识到需要采取行动，到实际采取行动所经历的时间过程。内部时滞的长短取决于货币当局对经济形势发展的预见能力、制定政策的效率和行动的决心等因素，一般比较短暂，也容易缩短。只要中央银行对经济活动的动态能随时、准确地掌握，并对今后一段时期的发展趋势做出正确的预测，中央银行对经济形势的变化就能迅速做出反应，并采取相应的措施，从而可以大大缩短内部时滞。

外部时滞又称影响时滞，是指从货币当局采取货币政策措施，到对经济活动产生影响，取得效果所经历的时间过程，也是货币政策从宏观传导到微观，再反映到宏观的时间。一般地，外部时滞所需的时间比较长。货币当局采取货币政策措施后，不会立即引起最终目标的变化，而是需要经由影响中介目标的变化，通过货币政策传导机制再影响到社会各经济单位的行为，最后影响到货币政策的最终目标。这个过程需要时间，有的学者认为这一时滞相当长，约 2 年，有的学者则认为时滞不过 6～9 个月而已。

▶二、微观主体预期

对货币政策有效性或效应高低构成挑战的另外一个因素是微观主体预期，这是由理性预期学派提出的。

（一）理性预期学派的货币政策有效性研究

理性预期学派由美国经济学家穆斯提出，并经过卢卡斯、萨金特、华莱士等经济学家的共同努力而影响一时。从货币政策有效性的角度看，理性预期学派突出强调了经济行为者的预期行为对宏观调控效果的显著制约作用，并宣称在理性预期的前提下，主动的宏观调控基本上是无效的。

理性预期学派假定，人都是理性的经济人，他们能够在充分信息的基础上，对经济变动做出明智的反应，不会发生系列性错误。即使有时会发生错误的判断，也都是随机的、偶然性的，而且平均值为零。在合理预期的条件下，宏观政策之所以失败，是由于经济行为者已经将政府宏观政策的变动趋势和规律纳入了其预期之中；对于政府宏观经济政策的变化，经济行为者已经都设想了相应的对策措施。于是，宏观政策的预期效果总是被经济行为者的合理预期作用所抵消，政府的宏观政策基本上是无效的。这一原理对货币政策同样起作用。

当宏观政策发生变化时，一切经济行为主体之间，如雇主与工人之间、债权人和债务人之间、供给者和需求者之间的关系，都将因理性预期而不断做出新的安排或发生相应的变化，从而引起失业状况的持续和通货膨胀程度的加快，并使反经济周期的货币政策失效。因此，在理性预期学派看来，经济行为者的预期会对货币政策产生抵消作用和逆反作用，从而会对货币政策有效性产生重要影响。

（二）在理性预期影响下的货币政策效应

鉴于经济行为者的理性预期，似乎只有在货币政策的取向和力度部分没有或完全没有为公众所知晓的情况下，才能生效或达到预期效果。但是，货币当局不可能长期不让社会知道它所要采取的政策，这是否意味着货币政策无效呢？

实际情况不是这样的，货币政策在经济行为者的理性预期下仍然是有效果的，只是公众的预期行为会使其效果大打折扣，理由如下：①理性的预期难以形成。从理性预期学派的理论框架看，一些假定和推论是与现实经济状况不相符的。例如，人们在预期的形成过程中会受到社会阶层、知识水平、认识水平的限制，所获得的信息也必然是不全面、不真实的，因而理性的预期是难以形成的。在这种状况下，货币政策是有一定效力的。②价格调整需要一个时间过程。理性预期学派假定市场机制能够充分发挥作用，价格水平会及时根据其变动做出调整。但是，事实上，实际经济生活中存在一种工资—物价黏性，长期性的劳资合同使得工资和价格不能充分响应预期的价格水平变动。只有等到合同期满后，才有可能把预期通货膨胀率纳入新的协定。同时，生产者和消费者、债权人和债务人等签订的大多是固定价格合同，价格刚性同样存在。所有刚性的因素都会使工资和价格缺少灵活性。于是，预期价格水平的上升不一定会完全转化为工资和物价的调整。因此，在假定预期是合理的，但工资和价格具有变动上的刚性的情况下，无论是前期到的宏观政策还是没有预期到的宏观政策，都能够在一定程度上影响实际产出水平和就业水平，货币政策在此时就是有一定效果的。

三、其他因素

除时滞和微观主体的预期因素外，货币政策的效果也受其他外来或体制因素的影响。

1. 政治因素

任何一项货币政策方案的实施，都可能给不同阶层、集团、部门和地方的利益带来一定的影响。这些主体如果在自己利益受损时做出较强烈的反应，就会形成一定的政治压力，当这些压力足够大时，就可能会迫使货币政策调整。

2. 经济条件因素

一项既定的货币政策出台后总要持续一段时间。在这段时间内，如果客观经济条件发生变化，而货币政策又难以做出相应的调整，就可能出现货币政策效果下降甚至失效的情况。

本章小结

1. 货币政策是指中央银行为实现既定的经济目标运用各种政策工具调节货币供给量和利率，进而影响宏观经济的方针和措施的总和。最终目标有稳定物价、充分就业、经济增长、国际收支平衡。

2. 货币政策中介目标的选择标准有可测性、可控性、相关性、抗干扰性、适应性。中介目标的分类：近期目标或者操作目标，包括短期货币市场利率、银行准备金、基础货币；远期中介目标或者中间目标，包括长期利率、货币供给量、汇率。

3. 根据货币政策工具的调节职能和效果来划分，货币政策工具可分为以下五类：一般性货币政策工具、选择性货币政策工具、直接信用控制、间接信用指导及非常规货币政策工具。一般性货币政策工具的“三大法宝”是指存款准备金制度、再贴现政策和公开市场操作。

4. 影响货币政策效果的主要因素有货币政策时滞和微观主体预期。

复习思考

1. 简述货币政策最终目标的主要内容。
2. 论述货币政策最终目标之间的矛盾关系。
3. 简述法定存款准备金率的作用机制、特点及局限性。
4. 简述再贴现率的作用机制、特点及局限性。
5. 简述公开市场操作的作用机制及优点。
6. 简述凯恩斯主义关于货币政策传导机制的理论。

开放金融篇

第十五章

外汇与外汇市场

学习目标

- 掌握外汇、汇率的基本概念。
- 了解影响汇率变动的因素。
- 掌握长期汇率、短期汇率的计算方法。

素养目标

- 培养自主学习的能力、终身学习的意识。
- 培养创新精神和创新创业意识。
- 拓展国际视野，形成责任意识与担当意识。

本章导读

当地时间 2020 年 12 月 31 日 23 点整，英国脱欧过渡期结束，正式离开欧盟单一市场和关税同盟，即彻底脱欧。自 2016 年英国脱欧全民公投结果公布以来，英镑兑其他主要货币的汇率大幅下跌。英国脱欧一直是影响英镑兑美元汇率波动和英镑兑其他主要货币价值的关键因素之一。英国脱欧的影响在公投结果公布后立即显现，英镑在一天内经历了 30 年来的最大跌幅。在 2017 年和 2019 年，英镑又出现了两次大幅和持续的下跌，在 2019 年 8 月英镑兑欧元和美元跌至新低。一种货币以另外一种货币表示的价格被称为汇率(exchange rate)。正如脱欧的例子所示，汇率是非常不稳定的。汇率影响着整个经济和我们的日常生活。货币是如何交易的？什么在驱使汇率波动？为什么汇率如此不稳定？我们要回答这些问题，首先就要了解外汇和外汇市场是什么，以及影响长期汇率和短期汇率的因素是什么等相关知识。

第一节　外汇

▶一、外汇的含义

外汇(foreign exchange)是国际汇兑的简称。所谓国际汇兑，原本是指把一个国家的货币兑换为另一个国家的货币。但由于一个国家进行对外支付，往往是将本国货币兑换为外国货币，因此现在外汇专指一国持有的外国货币和以外国货币表示的用于进行国际结算的支付手段。

二、外汇的种类

外汇按照不同的划分标准可以分为不同的种类。

（一）按能否自由兑换分类

按能否自由兑换，可分为自由外汇和记账外汇。自由外汇是指在国际金融市场上可以自由买卖，在国际结算中广泛使用，在国际上可以得到偿付，并可以自由兑换其他国家货币的外汇。目前世界上有 50 多个国家的货币属于自由兑换货币，如美元、欧元、日元、英镑等，又被称为硬通货。记账外汇是指两国政府签订的支付协定中所使用的外汇，在一定条件下可以作为两国交往中使用的记账工具。记账外汇未经货币发行国家管理当局批准，不能自由兑换为其他国家的货币，也不能对第三国进行支付，只能根据两国的有关协定，在两国间相互使用。

（二）按来源和用途分类

按来源和用途，可分为贸易外汇和非贸易外汇。贸易外汇是通过国际贸易活动取得的外汇。各国间的主要经济交往是国际贸易，所以贸易外汇通常是一国外汇收入的主要来源。非贸易外汇是指除国际贸易以外的其他途径所获得的外汇，如侨汇、旅游、海运、保险、航空、邮电、海关、承包工程、文化交流等外汇收入和支出。

（三）按买卖的交割期分类

按买卖的交割期，可分为即期外汇和远期外汇。即期外汇是指在外汇成交后于当日或两个营业日内办理交割的外汇，故又被称为现汇。远期外汇是按商定的汇价订立买入或卖出合约，到约定日期进行交割的外汇，故又被称为期汇。买卖远期外汇的主要目的在于避免因汇价波动所造成的风险。远期外汇的期限一般按月计算，例如，1 个月期、6 个月期，甚至可长达 1 年。在实际操作中远期外汇的期限通常为 3 个月。

三、外汇的特征

（一）国际性或普遍接受性

外汇是以外国货币表示的国际上能普遍接受和使用的金融资产。本币即使可以换成外币或以外币表示的资产，也不能称为外汇。例如，美元是世界上主要的外汇资产，但它不是美国的外汇。

（二）可自由兑换性

外汇是可以为任何目的、在任何情况下、不受任何限制地兑换成其他支付手段的外币资产。

（三）可偿付性

外汇必须是在国外能得到偿付的货币债权，其持有人拥有对外币发行国的商品和劳务的求偿权。

四、外汇的作用

（一）充当国际购买手段

随着国际贸易和银行业务的不断发展，外汇成为国际购买手段而被各国普遍接受。一国如果握有大量外汇，就意味着拥有大量的国际购买力。该国可以运用所持有的外汇在国际市场上购买本国所需要的各种商品和劳务，从而使不同国家之间货币购买力的转移成为可能，促进各国间商品流通。

（二）充当国际支付手段

贸易双方可以通过银行买卖用于国际结算支付手段的外汇，进口商从银行买入外汇，出口商向银行卖出外汇，使国际债权债务关系得以结清。外汇作为国际支付手段，不仅能够弥补黄金作为支付手段存在的数量有限、开采及运送费用大、容易失窃等缺陷，还能够大大缩短支付时间，加速了资金周转，从而促进国际贸易的发展。

（三）弥补国际收支逆差

当今世界各国普遍将外汇作为一项重要的官方储备资产，这是因为其具有调节国际收支、维护汇率稳定的作用。因此，外汇收入及其储备的增加，对于稳定本币币值、保持国际收支平衡、提高一国经济实力与对外地位、增强一国对外借债信誉与偿还能力等具有重要作用。当一国的国际收支发生逆差时，就可以动用外汇储备进行弥补。外汇在充当国际储备手段时，不像黄金那样必须存放在金库中，成为一种不能带来收益的暂时闲置资产，而是主要以银行存款或以安全性好、流动性强的有价证券如外国政府债券为存在形式，从而给持有国带来收益。

（四）调剂各国间的资金余缺

由于世界各国经济发展的不平衡，资金余缺情况不同，因而在国与国之间产生了调节资金余缺的客观需要。一方面，一些发达国家存在着大量过剩资金，迫切需要寻求出路；另一方面，许多发展中国家资金严重短缺，迫切需要引进资金。实现国家间资金余缺的相互调剂，必须依靠外汇这种支付手段。外汇可以加速资金在国家间流动，有助于国际投资和资本转移，使国际资本供求关系得到调节。

第二节 汇率

一、汇率的含义

在现代经济社会中，不同国家使用不同的货币。因此，要想实现国际经济交易，就必须将一种货币兑换成另外一种货币，这就要求两种货币间有一个兑换比率，而这个比率就是汇率(foreign exchange rate)。所谓汇率，就是两个国家货币的折算比率，也就是以一国货币表示的另一国货币的价格。

二、汇率的标价方法

因为汇率具有双向表示的特点，两种货币可以相互表示对方的价格，所以在折算两个国家的货币时，首先应明确以哪个国家的货币作为标准。

(一) 直接标价法

直接标价法又称“应付标价法”，它以一定单位(如 1 或 100 等)的外国货币作为标准，折算成一定数额的本国货币。目前，世界上绝大多数国家采用直接标价法。这种标价方法的特点是：外币金额始终保持不变，其折合成本币的数额则随着本币同外币的相对价值变化而变动。如果现在需要更多的本币才能兑换到原定数额的外币，这说明外币的价值在上升(外币升值)或外汇的汇率在上浮，而本币的价值在减少(本币贬值)或本币的汇率在下浮。反之，如果现在能以较少的本币兑换到原定数额的外币，则说明外币贬值或外汇汇率下浮，而从本币的角度看，则是本币升值或本币汇率上浮。即在直接标价法下，外汇汇率的升降与本币数量的多少正比例变化。

(二) 间接标价法

间接标价法又称“应收标价法”，它以一定单位的本国货币作为标准，折算成一定数额的外国货币。与直接标价法相比，世界上采用间接标价法的国家较少。例如，英镑采用间接标价法，爱尔兰镑、澳大利亚元、新西兰元和南非兰特等也采用间接标价法。

直接标价法和间接标价法之间存在着一种倒数关系，即直接标价法下的汇率数值的倒数就是间接标价法下的汇率数值，反之亦然。

(三) 美元标价法

第二次世界大战后建立起来的布雷顿森林体系是一个“双挂钩”的国际货币体系：美元和黄金挂钩，各国货币和美元挂钩，美元成为中心货币。各国外汇市场上公布的外汇行情均以美元为标准，这种标价方法被称为美元标价法。美元标价法与前两种标价方法并不矛盾。根据外汇交易规则，银行在外汇市场报价时，须围绕美元报价，如果需要计算非美元货币之间的比价，可通过各自与美元的比价进行套算。

在上述各种标价法下，数量固定不变的货币为基础货币或基准货币，也称被报价货币，其价格用其他货币的数量来表示；数量发生变化的货币叫标价货币或非基准货币，也称报价货币，其数量用以说明基础货币价格的高低。在直接标价法下，基础货币是外国货币，标价货币是本国货币；在间接标价法下则与之相反，基础货币是本国货币，标价货币是外国货币；在美元标价法下，美元是基础货币，其他各国货币是标价货币。总之，无论采取何种标价法都是以标价货币来表示基础货币的价格。

三、汇率的种类

根据不同的标准，汇率有着不同的分类。

（一）按银行买卖外汇的用途分类

汇率按银行买卖外汇的不同用途，可分为买入汇率、卖出汇率、中间汇率和现钞价。

（1）买入汇率也叫买入价，是指银行向同业或客户买入外汇时所使用的汇率，即银行出价。因它多用于出口商与银行间交易，故也称为“出口汇率”采用直接标价法时，外币折合成本币数量较少的那个汇率就是买入价；采用间接标价法时，本币折合外币较多的那个汇率就是买入价。

（2）卖出汇率也叫卖出价，是指银行向同业或客户卖出外汇时所使用的汇率，即银行要价。因它多用于进口商与银行间交易，故也称为“进口汇率”。采用直接标价法时，外币折合本币数较多的那个汇率就是卖出价；采用间接标价法时，本币折合外币数较少的那个汇率就是卖出价。

在外汇市场上，银行的外汇报价通常要遵循双向报价的原则，即对于同种外汇要同时报出其买入汇率和卖出汇率。而且在所报的两个数值中，必须保证前面的数值小于后面的数值。不同的是：在直接标价法下，前面较小的数值代表的是外汇的买入汇率，而后面较大的数值代表的是外汇的卖出汇率在间接标价法下，恰好相反，前面较小的数值代表的是外汇的卖出汇率，而后面较大的数值代表的是外汇的买入汇率。其间买卖的差价一般为银行的营业收入。买入汇率和卖出汇率的差价一般为0.1%～0.5%。我国人民币的买卖差价为0.5%。

（3）中间汇率也叫中间价，是买入价与卖出价的平均数。中间价一般用于报刊和电讯行情对汇率走势的分析。在我国，各外汇银行的买入汇率和卖出汇率通常是以中国外汇交易中心公布的中间汇率为基础，在中国人民银行允许的幅度范围内上下浮动形成的。

（4）现钞价是银行向客户直接买卖外币现钞时所使用的价格。现钞汇率不等于外汇汇率，上述所说的汇率是银行采用电汇方式买卖外汇（外币支付凭证）时的价格。银行在购入外币支付凭证后，通过航邮划账，可以很快地存入国外银行，开始生息，调拨动用。外国现钞不能在本国流通，存放在本国银行没有意义，银行买入外币钞票后需要积累到一定数额，将其运送到发行国并存入银行才能充当流通或支付手段。在此之前，银行要承受一定的利息损失，而运送现钞须花费一定的运费、保险费等，承担一定的风险，因此，银行在收兑外币现钞时的汇价要低于现汇买入价。而一般情况下，银行卖出外国钞票时，则使用一般的外汇支付凭证的卖出价，即现钞卖出价和现汇卖出价相同。这是因为银行卖出外币现钞不承担相应费用。

（二）按汇率制定方法分类

按汇率制定方法的不同，可将汇率分为基础汇率和套算汇率。

（1）基础汇率是指一国货币与某个关键货币之间的汇率。世界上货币种类繁多，不可能一一制定本国货币与各种货币兑换的比率，因此，通常需要选择在一国国际贸易或国际收支中使用最多、外汇储备中占比重最大、自由兑换性最强、汇率较为稳定、为各国普遍接受的某一关键货币作为制定汇率的主要对象。目前，各国普遍把美元作为制定汇率的关键货币，因此一般将本币与美元之间的汇率作为基础汇率。

（2）套算汇率又称为交叉汇率，是指根据本国货币对关键货币的基础汇率和关键货币对其他国家货币的汇率，套算得到本国货币对其他国家货币的汇率。例如，某一时点上，我国基础汇率是 1 美元兑换 6.276 2 元人民币，而美元对英镑的汇率是 1 英镑兑换 1.629 0 美元，则 1 英镑可兑换 10.223 9 元人民币。

（三）按外汇交易支付的方式分类

按照外汇交易支付的方式，汇率可以分为电汇汇率、信汇汇率和票汇汇率。

（1）电汇汇率是指银行卖出外汇以后，以电报、电传等方式通知国外的分支机构或代理机构付款时使用的汇率。在国际支付中，大额的资金调拨一般都采用电汇。电汇付款快，一般可以当天到达，银行无法占用客户的资金头寸。此外国际电报、电传费用比较高，这也使得电汇汇率比信汇汇率、票汇汇率高。电汇汇率在外汇交易中占有较大的比重，成为计算框定其他汇率的基础，因此电汇汇率又称基础汇率。

（2）信汇汇率是指银行卖出外汇后，以信函方式通知国外分支机构或代理行付款时使用的汇率。因信汇邮程时间较长，银行利用在途资金时间较长，故信汇汇率较低。在外汇交易中，信汇量较少，主要在港澳及东南亚一带使用。

（3）票汇汇率是指银行卖出外汇后，签发一张由其在国外的分支行或代理行付款的支付命令给汇款人，由其自带或寄往国外取款的一种汇率。由于卖出汇票与支付外汇间隔一段时间，因此票汇汇率需要在电汇汇率的基础上对利息因素作一些调整，一般来说汇票付款期限越长，汇率越低。

（四）按外汇买卖的交割期限分类

按照外汇买卖的交割期限，汇率可以分为即期汇率和远期汇率。

（1）即期汇率(spot rate)又称现汇汇率，用于外汇的现货买卖，是买卖双方成交后，在两个营业日内办理外汇交割时所用的汇率。

（2）远期汇率(forward rate)又称期汇汇率，用于外汇远期交易和期货买卖，是买卖双方事先约定，据以在将来一定日期进行外汇交割的汇率。

即期汇率与远期汇率通常是不一样的，它们之间存在差额，这种差额称为远期差价。远期差价有升水、贴水和平价之分：当某种外汇的远期汇率高于即期汇率时，该外汇的远期汇率升水；反之，当远期汇率低于即期汇率时，该外汇的远期汇率贴水；当两者相等时，则为平价。

（五）按汇率制度分类

按照汇率制度的不同，可划分为固定汇率和浮动汇率。

（1）固定汇率是指由一国政府制定公布的汇率，对汇率的上下波动幅度有一定的限制，超过规定的限度，政府有义务通过各种手段对汇率进行干预，以保持汇率的稳定。

（2）浮动汇率是指由外汇市场供求情况决定的汇率，政府不规定汇率波动的范围，汇率可自由涨跌，政府无义务进行干预。但事实上，大多数国家政府出于各种目的仍会对浮动汇率进行干预。

（六）按衡量货币价值的角度分类

从衡量货币价值的角度，汇率可分为名义汇率、实际汇率与有效汇率。

1. 名义汇率

名义汇率（nominal exchange rate）是用一种货币所能兑换的其他货币的数量来表示该货币的汇率，是货币兑换和外汇交易时使用的汇率。由于其不一定体现不同国家的价格水平变动，不一定体现货币购买力的变化情况，不一定真正反映货币的实际价值，所以被称为名义汇率。

2. 实际汇率

实际汇率（effective exchange rate）也称真实汇率，是把名义汇率和那些与名义汇率类似、对外汇买卖有影响作用的因素结合在一起的理论汇率。因此，在分析影响国际经济活动的价格因素时，实际汇率的作用常常比名义汇率更重要。实际汇率有两种不同的含义。

第一种含义的计算公式为

实际汇率＝名义汇率±财政补贴或税收减免

实际汇率的这种含义是将名义汇率和财政补贴或税收减免等因素结合在一起，以考察其对进出口的实际影响。

第二种含义的计算公式为

$$e_r = e \times \frac{p^*}{p}$$

式中，e_r 为实际汇率；e 为名义汇率；p^* 为外国基期物价指数；p 为本国基期物价指数。

这是以不变价格计算出来的某国货币汇率，是将名义汇率中的物价因素扣除后得出的。实际汇率的这种含义是把价格因素和名义汇率结合在一起，以考察其对国际经济交易的影响。

3. 有效汇率

有效汇率（effective exchange rate）是指一国货币对一篮子货币经过加权平均计算后得出的汇率。因此，它不是反映两种货币之间的汇率，即双边汇率的指标，而是综合反映一种货币对多种货币的多边汇率平均值。利用有效汇率指数，即不同时期的有效汇率比值，还可以考察一国货币在不同时期的变动幅度。通常以对外贸易比重为权数，用以观察

某种货币的总体波动幅度及其在国际经贸和金融领域中的总体地位。其计算公式为

$$\text{A 国货币的有效汇率} = \sum_{i=1}^{n} \text{A 国对 B 国货币的汇率} \times \frac{\text{A 国同 B 国的贸易值}}{\text{A 国全部对外贸易值}}$$

四、影响汇率变动的主要因素

汇率作为两国货币价值的对比，不但受到两种币值变动的直接影响，还受到国内和国际其他经济、政治、社会和人们心理等多种因素的影响，这些因素本身的错综复杂使汇率的变动常常难以捉摸，预测十分困难。影响汇率变动的主要因素如下。

（一）经济增长率

一国经济发展状况可以用其经济增长率来表示，国内外经济增长率的差异对一国货币的汇率有多方面的影响：第一，一国经济增长率较高意味着该国收入较高，高收入引致的进口较多，不利于本国国际收支；第二，一国经济增长率较高也可能意味着该国劳动生产率提高较快，产品成本降低较快，可改善本国出口产品在国际竞争中的地位，有利于增加出口，抑制进口，改善经常收支；第三，一国经济增长率较高又意味着一国的投资利润率较高，可吸引国外资金流入，改善资本和金融项目收支。

（二）国际收支

一国的国际收支状况直接影响该国货币币值的变化。一国国际收支呈顺差，意味着该国在一定时期内外汇收入大于外汇支出，即在外汇市场上外汇的供给将持续大于外汇需求，从而使得外汇汇率下降，本币汇率上升。一国国际收支呈逆差，意味着该国在一定时期内外汇支出大于外汇收入，即在外汇市场上外汇的需求将持续大于外汇供给，从而使得外汇汇率上升，本币汇率下降。国际收支是影响汇率变动的长期因素。

（三）相对通货膨胀率

通货膨胀是指因纸币发行量超过商品流通中的实际需要量而引起的货币贬值现象。如果两国的通货膨胀率出现差异，也就是说，两国货币对内贬值的程度不同，那么必然会引起两国货币对外价格（即汇率）的变化。相对通货膨胀可以通过两个途径来影响汇率：一方面，如果本国对外国产生相对通货膨胀，那么本国出口商品的本币成本必然上升，从而导致出口商品以外币表示的价格上涨，导致出口减少；同时进口商品具有相对的价格优势，导致进口增加，使得国际收支经常项目出现恶化，导致本币贬值。另一方面，如果本国产生相对通货膨胀，那么人们会根据以往的经验预期将来本币要贬值，因此会在外汇市场上大量抛售本币，同时购入外币，从而使得本币进一步贬值。总之，产生相对通货膨胀的国家的货币将会趋于贬值。

（四）相对利率水平

利率高低会影响一国金融资产的吸引力。一国利率的上升，会使该国的金融资产对本国和外国的投资者更有吸引力，从而导致资本内流，汇率升值。当然这里也要考虑一国

利率与别国利率的相对差异，如果一国利率上升，但别国利率也同幅度上升，则汇率一般不会受到影响；如果一国利率虽有上升，但别国利率上升更快，则该国利率相对来说反而下降了，其汇率也会趋于下跌。此外，利率的变化对资本在国际流动的影响还要考虑到汇率预期变动的因素，只有当外国利率加汇率的预期变动率之和大于本国利率时，将资金移往外国才会有利可图。

（五）政府干预

在浮动汇率制下，为避免汇率急剧波动给经济造成严重的影响，各国中央银行往往通过对外汇市场进行干预来控制汇率的波动。通常当一国的本币持续升值时，中央银行会在外汇市场上抛出本币、购入外币，从而使本币汇率回落。反之，当一国的本币持续贬值时，中央银行会在外汇市场上抛出外币、购入本币，从而使本币汇率上升。总而言之，世界各国的货币当局都会通过外汇市场上的操作，实现使市场汇率朝着对本国经济发展有利的方向发展的目的。

（六）市场预期

在外汇市场上，当投机者预期某种货币汇率将要上升时，他们就会在外汇市场上大量购入这种货币，从而使得该种货币真的升值；而当投机者预期某种货币汇率将要下跌时，他们就会马上在外汇市场上大量抛售这种货币，从而导致该种货币真的贬值。在现今的国际金融市场上，短期投机资本的数目十分庞大，为了保值或盈利，它们迅速在世界各国的金融市场间转移，从而引起各国汇率水平的频繁变动。

（七）政治因素

在当今的外汇市场上，汇率变化是十分敏感的，一些非经济因素、非市场因素的变化也会波及外汇市场，如政府更迭、军事政变、战争爆发、双边矛盾加剧、遭遇严重的自然灾害、突发国际重大事件等，而这些事件和灾害如果未能得到有效的控制，就会导致国内经济萎缩或瘫痪，使投资者信心下降而引发资本外逃，其结果是导致该国汇率下跌。此外，国际金融市场间的联系十分密切，价格相互传递，黄金市场、股票市场、石油市场等其他投资品市场价格发生变化也会引起外汇市场的汇率变动。

五、我国的汇率制度

我国实行以市场供求为基础、参考一篮子货币进行调节、有管理的浮动汇率制度。该制度包括三个方面的内容：一是以市场供求为基础的汇率浮动，发挥汇率的价格信号作用；二是根据经常项目主要是贸易平衡状况动态调节汇率浮动幅度，发挥“有管理”的优势；三是参考一篮子货币进行调节，即从一篮子货币的角度看汇率，不片面地关注人民币与某个单一货币的双边汇率。

（一）人民币汇率制度的几个阶段

第一阶段：1949—1978 年，人民币汇率主要实行单一汇率制。1949—1978 年是计划经济时代,我国实行高度集中的外汇管理体制,全国外汇归国家所有、由国家计划经济委员会统一分配使用。

第二阶段:1979—1993 年,人民币汇率实行双轨制。这一阶段是我国计划经济向市场经济的转轨时期,这个时期的一个重要特点就是价格领域的双轨制,其中也包括汇率价格。

第三阶段:1994 年后,人民币汇率实行有管理的浮动汇率制。这一阶段逐渐形成了以市场供求为基础、参考一篮子货币进行调节、有管理的浮动汇率制度。

(二) 人民币汇率的特点

首先,人民币汇率的确定具有独立自主性。在相当长一段时期,许多发展中国家的汇率还采取"盯住政策",依附于金融力量较强的西方国家。有些国家有时虽然从本国利益出发,采取有利于本国的汇率政策,但时常会遭受金融霸权国家的威胁,如 1997 年遭受东南亚金融危机的一些国家,在汇率制度上往往不得不作出某种程度的妥协。我国人民币汇率的确定,则是完全独立自主的,不受任何外来的压力与影响,根据独立自主的原则,由国家外汇管理局统一制定和调整。

其次,人民币汇率具有统一性。在我国,人民币汇率由国家外汇管理局统一规定或调控,按照国家外汇管理法令,公私单位、外交机构与侨民的一切外汇收入与支出,均须通过中国银行,并按规定的外汇牌价办理。

第三节　外汇市场

一、外汇市场的含义

外汇市场(foreign exchange market)是指因国际经济交易而需要购买或出卖外汇的工商企业与个人、经营外汇业务的银行或其他金融机构,通过银行柜台或运用现代通信与网络技术,运用一定的交易方式而进行的外汇交易活动。

二、外汇市场的构成

外汇市场一般由外汇供求者即外汇银行、中央银行、外汇经纪商和一般工商客户组成。

(一) 外汇银行

在外汇市场上,外汇银行是指通过经营各种外汇业务以满足一般工商客户的需要,并自行对客户买卖外汇的银行。这类银行通常包括专营或兼营外汇业务的本国商业银行,以及在本国的外国银行分行或其他金融机构。如果一国的金融机构只有在获得中央银行的批准后才可经营外汇业务时,则又可称为外汇指定银行。

(二) 中央银行

西方国家的政府为了防止国际短期资金的大量流动对外汇市场形成猛烈冲击,由中央银行对外汇市场加以干预，即外汇短缺时大量抛售，外汇过多时大量吸进，从而使本国货币的汇率不致发生过分强烈的波动。一些国家为此设立了专门机构，筹集专门资金。如英国在 1932 年筹集资金设立“外汇平衡账户”，归财政部控制，由英格兰银行代表财政部经营管理；美国也于 1934 年设立“外汇稳定账户”，执行类似的职能。因此，中央银行不仅是外汇市场的参加者，还是外汇市场的实际操纵者。

（三）外汇经纪商

在外汇市场上进行买卖的主要是商业银行，它们外汇交易频繁，交易金额很大。外汇经纪人是指促成外汇交易，专门从事介绍成交的中介人。他们自己不买卖外汇，而是依靠同外汇银行的密切联系和对外汇供求情况的了解促进买卖双方成交，并从中收取手续费。目前这项业务已被大经纪商所垄断，它们大多是公司或合伙的组织，规模很大，利润十分可观。而大商业银行为了节省手续费，越来越倾向于与卖家直接成交，故它们与外汇经纪人存在着尖锐的矛盾。还有一种外汇经纪人叫“跑街”，专代顾客买卖外汇以赚取佣金，他们利用通信设备联络银行、进出口厂商、贴现商等机构以接洽外汇交易。

（四）一般工商客户

在外汇市场上，一般工商客户是指因从事各种国际经济交易活动而取得外汇收入或产生外汇需求的工商企业或个人。这类客户是外汇市场上最基本的外汇需求者和外汇供应者。

三、外汇市场的形式

外汇市场通常没有固定的、具体的场所，除了个别有形市场外（如法兰克福、巴黎等外汇市场），一般外汇市场指的都是无形市场，通过外汇银行或外汇经纪人利用电话、计算机网络等进行交易，如伦敦、纽约、苏黎世、香港等地的外汇市场。类似于国际金融市场与国际金融中心的关系，外汇交易中心是外汇市场上外汇交易比较集中的地方。目前，世界上大约有 30 个主要外汇市场，遍布于世界各大洲的不同国家和地区。例如伦敦、纽约、苏黎世、法兰克福等地均设有外汇市场。

四、外汇市场的特点

外汇市场作为国际金融市场的重要组成部分，与国际货币市场、国际资本市场、黄金市场等其他国际金融市场关系密切，国际货币市场的借贷业务、国际资本市场的投资活动以及黄金市场的黄金交易都离不开外汇买卖。由于外汇交易本身的独特性，外汇市场也有其独有的特点。

（一）以无形市场为主

外汇交易所的交易量比较小，无形市场的交易额比较大。国际外汇市场的交易主要是借助电子通信网络完成的，各国外汇市场之间已形成一个迅捷发达的通信网络，任何一地的外汇交易可以通过电话、电报、电传、计算机终端、通信线路等硬件设施所形成的全球联通的网络来进行，操作者发出交易指令，指定交割方式，完成资金的划拨和转移。

（二）24 小时交易机制

分布于世界各地的外汇市场根据当地的时间开盘收盘和营业，由于时差原因，外汇交易可以在全球任何一个有通信网络覆盖的地方全天 24 小时不间断地进行。按照参与交易的金融机构所在地和交易时间，全球外汇交易大致可分为三个时段市场，即亚洲时段市场、欧洲时段市场和北美洲时段市场。在三个时段中，交易最为活跃的为欧洲时段，其中伦敦所占市场份额最大，交易量约占全球交易量的 30%；第二活跃的是北美洲时段，纽约是仅次于伦敦的第二大交易市场，交易量约占全球交易量的 19%；从市场波动来看，亚洲时段市场一般较为平静，其中东京市场交易量相对较大，中国香港、新加坡市场交易量略小。由于伦敦时段市场参与者最多、大宗交易最多、经济数据公布最集中，伦敦午盘与纽约早盘又有重叠时段，也就是北京时间每日 21:00 至次日 1:00，从而导致这一时段的市场波动最为剧烈，而至纽约午盘，市场波动性又有所降低。在国际外汇市场交易的主要是发达经济体可自由兑换货币，其中交易量最大的为 USD（美元）、EUR（欧元）、GBP（英镑）、CAD（加元）、JPY（日元）、AUD（澳元）、CHF（瑞士法郎）7 种货币。

（三）汇率波动频繁

自 20 世纪 70 年代各国实行浮动汇率制度以来，国际资本流动规模越来越大，金融自由化程度越来越高，使得汇率波动日益频繁。由于国际外汇市场是高度一体化的市场，在外汇市场上交易的标的物是货币，具有同质性，而且各国的外汇市场已经形成了一个统一的全球大市场，借助于发达的通信网络，各地的行情变化可以迅速传播，人们可以随时获得汇率变动的信息，非常方便地进行货币买卖，各市场之间的汇率差距能够迅速调整，这使得外汇供给和需求以及货币汇率在全球范围内趋向一致。同时，当不同外汇市场相同货币的汇率有差异时，迅速而规模巨大的套汇行为就会产生。套汇活动使汇率较低市场的需求激增，汇率较高市场的需求骤降。需求增加的货币，其汇率迅速上升，而需求减少的货币，其汇率则会迅速下降，这样带来的结果是各外汇市场的货币汇率差异会在非常短的时间内得以消除。

（四）政府干预频繁

各国政府对经济的管理往往是通过对市场的干预实现的，政府对外汇市场的干预与对其他市场的干预相比，无论是规模还是频率都大得多。从理论上看，实行浮动汇率制度后，各国中央银行不再负有维持汇率的义务，货币汇率应由市场供求关系来决定，但世界各国从自身经济利益出发，从未停止对外汇市场的干预。这种干预有时是一国的货币当局介入，有时甚至是几国中央银行联合进行。

五、外汇市场的交易

外汇交易是不同货币的相互买卖，每笔交易的买卖双方各自在买入一种货币的同时卖出另一种货币。外汇交易的主要参与者是企业、个人、商业银行、非银行金融机构、外汇经纪人和中央银行。目前国际外汇市场交易的主要货币是欧元、美元、英镑、澳元、日元、瑞士法郎、加元、港币、澳门元、新加坡元、瑞典克朗、丹麦克朗、挪威克朗、菲律宾比索、泰铢和韩元等。外汇市场交易的类型主要有以下几种。

(一) 即期外汇交易

即期外汇交易(spot foreign exchange transaction)是指外汇交易双方在买卖成交以后,在两个营业日内办理交割(delivery)的外汇业务。即期外汇交易是外汇市场上最传统、最基本的外汇业务。由于工商客户在进行即期外汇交易与银行进行即期外汇交易时的需求不同,所以产生交易的基础也不同,由此导致即期外汇交易在外汇零售市场和银行间外汇市场实现的程序有所不同。

1. 即期外汇交易的交割日

即期外汇交易的交割日分为三种:当天交割、第二天交割(即成交后第一个营业日)、第三天交割(即成交后第二个营业日)。

2. 单位货币和计价货币

即期汇率用一种单位货币等于一定数额的另一种货币来表示。例如,即期汇率 EUR/USD=1.010 3,表示 1 欧元等于 1.010 3 美元,其中欧元称为单位货币,美元称为计价货币。

3. 即期外汇交易的报价

报价是指外汇银行报出的外汇买卖价格。即期外汇交易的报价有以下几个特点。

(1) 采取双向报价原则,即同时报出银行买入价和卖出价。例如,USD/JPY 的即期汇率 119.14/119.16,其中 119.14 是银行的美元买入价,119.16 是银行的美元卖出价。

(2) 以美元为中心的报价方法,除英镑、欧元、澳元、爱尔兰镑以外,大多数交易货币的即期交易报价都采用直接标价法进行。

(3) 银行报价的完整形式包括 5 位数字,即报出汇率的整数和小数点后四位数字。例如,2021 年 5 月 1 日在北京外汇市场:USD 1=CNY 6.460 8/6.488 2。

(4) 报价的最小单位即小数点后最后一位数字一般是计价货币最小价值单位的万分之一,这被称为一个基点。

4. 即期外汇交易交叉汇率(套算汇率)的计算

非美元货币间的交易价格可以通过它们各自的美元汇率套算出来,这种通过美元汇率套算出来的非美元货币间的汇率称为交叉汇率。

交叉汇率计算的基本原则如下。

(1) 如果在两种非美元货币的报价中,美元都是基础货币,则计算的方法是交叉相除,即以被除数所代表的货币作为交叉汇率中的计价货币,以除数所代表的货币作为交叉汇率中的基础货币。

【例 15-1】 某日,在北京外汇市场上:

USD 1=CNY 6.557 2/6.587 1

USD 1=JPY 119.14/119.16

则 1 单位人民币兑换日元的汇价为

CNY 1=JPY 119.14/6.587 1～119.16/6.557 2=JPY 18.087/18.172

(2) 如果在两种非美元货币的报价中，美元都是计价货币，则计算方法仍是交叉相除，不过此时被除数代表的货币为交叉汇率中的基础货币，而除数代表的货币为交叉汇率中的计价货币。

【例 15-2】 某日，某国际外汇市场的汇率如下：

GBP 1=USD 2.211 9/2.212 8

EUR 1=USD 1.562 1/1.562 8

则单位英镑兑换欧元的汇价为

GBP 1=EUR 2.211 9/1.562 8～2.212 8/1.562 1=EUR 1.415 3～1.416 6

(3) 如果一种非美元货币的汇率以美元为计价货币，而另一种非美元货币的汇率以美元为基础货币，则计算交叉汇率的方法为同边相乘。

【例 15-3】 某日北京外汇市场汇率如下：

USD 1=CNY 6.527 3/6.554 8

GBP 1=USD 2.013 2/2.013 9

则英镑对人民币的汇价为

GBP 1=CNY 2.013 2×6.527 3～2.013 9×6.554 8=CNY 13.140 7～13.200 7

5. 即期外汇交易的交易程序

一笔完整的外汇交易包括五个步骤：询价、报价、成交、证实及结算。

(1) 询价(asking)。外汇交易中向对方提出交易请求，要求对方报价的一方即询价者，或叫发起方。在有外汇交易需求时，询价者通常要自报家门，询问有关货币的即期汇率的买入价和卖出价，以使对方制定交易对策。询问的内容必须简洁、完整，包括币种、金额等。此外，询价时不可透露自己是想买进还是卖出，以防止对方抬价或压价。

(2) 报价(quotation)。外汇交易中应对方交易请求而进行报价的一方叫报价方。当一家银行的外汇交易部门接到询价时，一般要求做出回答，即报价，形成买入报价和卖出报价，通常是报价方为买入或卖出基准货币而报出的价格。报价是外汇交易的关键环节，报价合理与否关系到外汇买卖能否成交。报价时必须遵守"一言为定"原则和"我的话就是合同"的惯例，只要询价方愿意按报价进行交易，报价行就要承担按此报价成交的责任，不得反悔或变更。

(3) 成交(done)。当报价行报出买卖价后，询价方要立即做出答复，买进还是卖出，以及买或卖的货币金额。若不满意此报价，询价方可回答"Thanks，nothing"，表示谢绝交易，此时报价便对双方无效。

(4) 证实(confirmation)。证实即进行交易确认(trade confirmation)。在报价行做出交易承诺后，通常是回答"OK，done"，交易双方还应将买卖货币的名称、汇率、金额、起息日期及结算办法等交易细节再相互证实或确认一遍。

(5) 结算(settlement)。结算也叫清算(clearing)，是外汇交易的最后一道程序，即双方交易员将交易的文字记录交给交易后台，由后台根据交易要求，指示其代理行将卖出的货币划入对方指定银行账户的处理过程。清算包括集中清算和双边清算两种模式，既可以全额清算，也可以净额清算。

集中清算是指外汇交易达成后，第三方作为中央清算对手方(例如我国的上海清算所)分别向交易双方独立进行资金清算。双边清算是指外汇交易达成后,由交易双方按交易要素直接进行资金清算。

全额清算是指交易双方对彼此之间达成的交易,按照交易要素逐笔进行办理资金清算。净额清算是指对同一清算日的交易按币种进行轧差,并根据轧差后的应收或应付资金进行结算。

(二) 远期外汇交易

远期外汇交易(forward foreign exchange transaction)即预约买卖外汇的交易,亦即外汇买卖双方先行签订合同,约定买卖外汇的币种、数额、汇率和将来交割的时间,到规定的交割日期或在约定的交割期内,再按合同规定条件,买卖双方办理交割的外汇交易。

1. 远期外汇交易的种类

根据远期外汇交易中交割日的不同,远期外汇交易可分为固定交割日期的远期外汇交易和不固定交割日期的远期外汇交易。

固定交割日期的远期外汇交易又称为定期远期外汇交易,是指买卖双方在成交的同时就确定了未来交割的日期;简单地说,就是成交日顺延相应远期的月数。而不固定交割日期的远期外汇交易又称为择期远期外汇交易,简称为择期,是指在外汇零售市场上,银行在约定期限内给予客户交割日选择权的远期外汇交易。也就是说,在成交日后的第三个营业日起至约定期限内的任何一个交易日,客户均有权按照双方预先约定的远期汇率进行外汇交割的交易。

2. 远期外汇交易的特点

(1) 远期外汇交易主要是在无形市场进行,通过电话、电报等通信工具,按照牌价成交。

(2) 在远期外汇合约中,货币种类、汇率、交易金额、交割日期等没有统一标准的限制,由买卖双方自行商定。

(3) 远期外汇交易是无限制的公开活动,任何人都可以参加,买卖双方可以直接进行交易,也可通过经纪人进行交易。但远期外汇交易主要为银行间同业市场业务,合同金额一般比较大,个人和小公司参与买卖的机会较少。

(4) 远期汇价由银行报出,买卖双方都要分别报出买入价和卖出价。

(5) 期汇交易到期后无论汇率有何变动,协议双方都必须以合约中规定的远期汇率进行交割。交易中没有共同的清算机构。

(6) 远期外汇交易除在个别情况下对小客户收取一点保证金外,银行做市商或中间商不要求合同双方交纳保证金,因此对入市的机构信誉要求比较高,款项交收全凭信用,所以有一定风险。

3. 远期交易的汇率与报价方法

远期交易下的汇率就是远期汇率。远期汇率的报价有两种方法:第一种是直接标出远期汇率的买入价和卖出价,瑞士和日本采用这种方法。第二种是报出远期差额来间接地表示远期汇率,远期差额分为升水、贴水和平价三种。通过远期差额计算远期汇率有以下几条原则。

(1) 直接标价法，远期差额数值小的在前，数值大的在后，表示基础货币远期汇率升水，具体计算方法如下。

升水时：

远期汇率＝即期汇率＋升水数

贴水时：

远期汇率＝即期汇率－贴水数

在直接标价法下，小数在前，大数在后时为升水；反之为贴水。

【例 15-4】 市场上 1 月期美元对港币汇率的报价为

即期 USD 1＝HKD 7.923 1/7.924 5，1 月期 20～30(即 0.002 0～0.003 0)

则 1 月期美元对港元的汇率为

USD 1＝HKD 7.923 1＋0.002 0～7.924 5＋0.003 0＝HKD 7.925 1～7.927 5

(2) 在直接标价法下，远期差额数值大的在前，数值小的在后，表示基础货币远期汇率贴水，计算方法为

远期买入价＝即期买入价－数值大的贴水点数

远期卖出价＝即期卖出价－数值小的贴水点数

【例 15-5】 在北京外汇市场上，3 个月远期美元的汇率为

即期 USD 1＝CNY 6.437 2/6.464 7，3 个月 40～30

则 3 月期美元对人民币的汇率为

USD 1＝CNY 6.437 2－40～6.464 7－30＝CNY 6.433 2～6.461 7

(3) 在间接标价法下，若远期差额数值小的在前，数值大的在后，则表示外币远期汇率贴水，计算方法为

远期汇率＝即期汇率＋贴水

(4) 在间接标价法下，若远期差额数值大的在前，数值小的在后，则表示外币远期汇率升水，计算方法为

远期汇率＝即期汇率－升水

拓展阅读

2023 年年末我国外汇储备保持在 3.2 万亿美元以上——国际收支有条件保持基本平衡

2023 年，我国非储备性质金融账户逆差 2 099 亿美元，与经常账户顺差形成自主平衡格局，储备资产保持稳定。一方面，来华各类投资总体呈现净流入态势。其中，外商股权性质直接投资保持净流入，四季度净流入规模较二、三季度平均水平增长近 2 倍；来华证券投资由 2022 年的净流出转为净流入，四季度外资投资我国债券净流入 595 亿美元，为 2020 年四季度以来的最高值。另一方面，境内企业等主体对外投资有序开展。对外直接投资稳定在较高水平，企业“走出去”步伐保持稳健；受国际市场环境和外部流动性变化影响，对外证券投资有所减少，对外存贷款等其他投资呈现净回流。

“我国国际收支结构保持稳健，体现了稳经济、稳外贸、稳预期等政策成效，也反映了提升外汇市场韧性的积极作用。”报告称，一方面，我国顶住压力推动经济回升向好，稳步推进高水平对外开放，多措并举促进外贸平稳发展，不断提升境内外投资者信心，稳定了市场预期。另一方面，我国外汇市场韧性持续提升，人民币汇率弹性增强，更好发挥调节国际收支的自动稳定器作用；企业汇率风险管理水平不断提高，人民币跨境收付增多，有助于更好应对外部环境波动。此外，我国不断完善外汇市场“宏观审慎＋微观监管”管理框架，有效维护跨境交易理性有序。

资料来源：经济日报. 去年末我国外汇储备保持在 3.2 万亿美元以上——国际收支有条件保持基本平衡[EB/OL]. (2024-04-07)[2024-04-24]. https://www.gov.cn/lianbo/bumen/202404/content_6943779.htm.

本章小结

1. 外汇是国际汇兑的简称，是指把一个国家的货币兑换成另一个国家的货币，借以清偿国际债权债务关系的行为或活动。一种资产成为外汇必须具备国际性或普遍接受性、可自由兑换性、可偿付性等前提条件。

2. 汇率是各国货币之间相互交换时换算的比率，即一国货币单位用另一国货币单位所表示的价格。

3. 汇率的标价方法有直接标价法、间接标价法、美元标价法三种。

4. 影响汇率变动的因素主要包括经济增长率、国际收支、相对通货膨胀率、相对利率水平、政府干预、市场预期和政治因素。

5. 外汇市场具有以无形市场为主、24 小时交易机制、汇率波动频繁、政府干预频繁等特点。

复习思考

1. 外汇市场的参与者有哪些？

2. “货币疲软(贬值)国家的经济状况总是更糟糕。”你同意这种说法吗？请阐述你的观点。

3. 影响汇率波动的主要因素有哪些？

第十六章

国际收支及国际货币制度

学习目标

- 了解国际收支的含义。
- 理解国际收支平衡表编制的基本原理。
- 了解国际收支持续失衡对一国经济的影响。
- 了解国际货币制度发展历程。

素养目标

- 具备前瞻性的金融思维和战略眼光。
- 具备全球化意识和国际视野。

本章导读

国际收支是指一个国家在一定时期内由对外经济往来、对外债权债务清算而引起的所有货币收支。国际收支平衡表是国民经济核算体系中基本核算表的组成部分，可综合反映一国的国际收支状况、收支结构及储备资产的增减变动情况，为制定对外经济政策，分析影响国际收支平衡的基本经济因素，采取相应的调控措施。如果一国的国际收支出现过大的顺差或逆差，都会对经济发展产生重大影响。国际货币制度的演变经由金本位制、金块和金汇兑本位制、布雷顿森林体系和管理浮动汇率制度。

第一节　国际收支与国际收支平衡表

一、国际收支的含义

国际收支是指一个国家在一定时期内由对外经济往来、对外债权债务清算而引起的所有货币收支。它有狭义与广义两个层次的含义。狭义的国际收支是指一个国家或者地区在一定时期内，由于经济、文化等各种对外经济交往而发生的，必须立即结清的外汇收入与支出。广义的国际收支是指一个国家或者地区内居民与非居民之间发生的所有经济活动的货币价值之和。它是一国对外政治、经济关系的缩影，也是一国在世界经济中所处的地位及其升降的反映。

二、对国际收支的解释

（一）国际收支记录的是对外的经济交往

判断一项交易是否应当包括在国际收支的范围内，所依据的不是交易双方的国籍，而是依据交易双方是否有一方是该国居民而另一方不是该国居民。在国际收支统计中，居民是指一个国家的经济领土内具有经济利益的经济单位，即在本国长期从事生产和消费的自然人或法人，符合上述情况的他国公民也可能属于本国居民。这里的居民可分为自然人居民和法人居民。自然人居民是指那些在本国居住时间长达一年以上的个人，但官方外交使节、驻外军事人员等一律是所在国的非居民；法人居民是指在本国从事经济活动的各级政府机构、企业和非营利团体，但是国际性机构，如联合国、国际货币基金组织等组织，是任何国家的非居民。

国际收支所记载的经济交易必须是在本国居民与非居民之间发生的，只有居民与非居民之间的经济交易才是国际经济交易。即使是外国公民，只要他在本国长期从事生产、消费行为，就属于本国居民（尽管他们不属于本国的公民，没有参与本国政治的权利）。例如，英国人辛拉在中国学习和生活，他就属于中国的居民。但官方外交使节和驻外军事人员就不属于所在国的居民。例如，美国驻华大使同样也在中国购物和消费，但不属于中国的居民。企业也属于从事经济活动所在国的居民。例如，微软在中国的分公司就属于中国的居民，而不属于美国的居民。

（二）国际收支是系统的货币记录

所谓系统的货币记录，就是不论是否发生商业性的交易，都要以货币形式记入国际收支。国际收支反映的内容以经济交易为基础，而不是像其字面所表现的那样以货币收支为基础。这些交易既包括涉及货币收支的对外往来，也包括未涉及货币收支的对外往来，未涉及货币收支的往来须折算成货币加以记录。这里所指的经济交易，包括以下四类。

1. 交换

交换即一个交易者（经济体）向另一个交易者（经济体）提供一种经济价值并从对方得到价值相等的回报。这里所说的经济价值，可概括为实际资源（货物、服务、收入）和金融资产。

2. 转移

转移即一个交易者向另一个交易者提供了经济价值，但是没有得到任何补偿。

3. 移居

移居是指一个居民把住所从一个经济体搬迁到另一个经济体的行为。移居后，该居民原有的资产负债关系的转移会使两个经济体的对外资产、负债关系均发生变化，这种变化应记录在国际收支之中。

4. 其他根据推论而存在的交易

在某些情况下，可以根据推论确定交易的存在，即使是实际流动并没有发生也需要在国际收支中予以记录。以国外直接投资者收益的再投资为例：投资者的海外子公司所获得的收益中，部分是属于投资者本人的，如果这部分收益用于再投资，则必须在国际收支中反映出来，尽管这一行为并不涉及两国间资金与劳务的交流。

（三）国际收支是一个流量的概念

根据统计学的定义，流量是一定时期内发生的变量变动的数值。国际收支一般是对一年的交易进行总结，因此它是一个流量的概念。

（四）国际收支是个事后的概念

国际收支定义中的“一定时期”一般是指过去的一个会计年度，它是对已发生事实进行的记录，因此是事后概念。

三、国际收支平衡表

国际收支平衡表(balance of payments accounts)是国民经济核算体系中基本核算表的组成部分，是反映一定时期一国(或地区)同外国的全部经济往来的收支流量表。它是对一个国家与其他国家进行经济技术交流过程中所发生的贸易、非贸易、资本往来以及储备资产的实际动态所做的系统记录，是国际收支核算的重要工具。通过国际收支平衡表，可综合反映一国的国际收支平衡状况、收支结构及储备资产的增减变动情况，为制定对外经济政策，分析影响国际收支平衡的基本经济因素，采取相应的调控措施提供依据。

国际收支平衡表是按照复式簿记原理，以某一特定货币为计量单位，运用简明的表格形式总括地反映某一经济体在特定时期内与世界其他经济体间发生的全部经济交易的统计报表。根据资金平衡表的一般编制原理，所有项目都可以归纳为两类，一类是资金来源类项目即贷方项目，另一类是资金占用类项目即借方项目。国际收支平衡表在反映和记录一个国家的对外经济交易时，将所有收入项目或负债项目的增加、占用项目或资产项目的减少都列入贷方，用“＋”号表示；将所有支出项目的增加、收入项目的减少都列入借方，用“－”号表示。由于每一笔经济交易的发生都要同时以相同的金额记录在借贷两方，因此，国际收支平衡表的借方总额和贷方总额必然相等，净差额为零。

拓展阅读

2024年，外汇管理部门坚持以习近平新时代中国特色社会主义思想为指导，坚决贯彻落实中央经济工作会议和中央金融工作会议精神，加强党中央对金融工作的集中统一领导，坚定不移走中国特色金融发展之路，坚持稳中求进、以进促稳、先立后破，更好统筹高质量发展和高水平安全，稳步推进外汇领域深层次改革和高水平开放，加强外汇市场“宏观审慎＋微观监管”两位一体管理，助力经济回升向好，维护经济金融稳定。

持续推进跨境贸易和投融资便利化，夯实国际收支稳健运行的基本面。一方面，稳步扩大跨境贸易投资高水平开放试点，着力提升资本项目开放的质量，吸引更多外资金融机构和长期资本来华展业兴业；推动外汇市场高水平对外开放，建设开放多元、功能健全、竞争有序的外汇市场；支持海南自由贸易港、粤港澳大湾区等重点区域建设，支持高水平自由贸易试验区建设，支持上海、香港国际金融中心建设。另一方面，加大外汇便利化政策和服务供给，扩大优质企业贸易外汇收支便利化政策覆盖面，以支持科技创新和中小微企业为重点提升跨境贸易投资便利化水平；支持贸易新业态新模式规范发展，助力加快培育外贸新动能，优化跨国公司跨境资金集中运用管理，巩固外贸外资基本盘；完善企业汇率风险管理服务，降低中小微企业汇率避险成本；加大外币现钞兑换服务力度，优化移动支付使用体验，进一步便利外籍人员来华旅游消费和在华工作生活。

有效防范化解跨境资金流动风险，维护外汇市场稳定和国际收支平衡。一是密切关注内外部经济金融形势，强化跨境资金流动监测预警和响应机制。二是完善宏观审慎逆周期调节，合理引导外汇市场预期，保持人民币汇率在合理均衡水平上的基本稳定。三是强化外汇领域监管全覆盖，完善"实质真实、方式多元、尽职免责、安全高效"的跨境交易管理机制，开展银行外汇展业改革，推动商业银行外汇业务流程再造，严厉打击地下钱庄、跨境赌博等外汇违法违规活动，维护外汇市场健康秩序。四是完善中国特色外汇储备经营管理，保障外汇储备资产安全、流动和保值增值，更好发挥外汇储备维护宏观经济金融稳定的"压舱石"作用。

资料来源：国家外汇局网站. 2023 中国国际收支报告[EB/OL].（2024-03-30）[2024-04-24]. https://www.gov.cn/lianbo/bumen/202403/content_6942633.htm.

四、国际收支失衡

国际收支失衡是指一国经常账户、资本与金融账户的余额出现问题，即对外经济出现了需要调整的情况。一国国际收支失衡的经济影响不是会计账面上借贷双方出现不平衡，而是要从对外、对内两个方面来看。对外，国际收支失衡造成汇率、资源配置、福利提高的困难；对内，国际收支失衡造成经济增长与经济发展的困难，即对外的失衡影响到国内经济的均衡发展，因此需要进行调整。在 1977 年的传统国际收支表中，只要基本差额即经常账户与长期资本账户的差额出现不平衡，人们便认为国际收支需要调整了。国际收支失衡是与"国际收支平（均）衡"相对而言，国际收支失衡（不平衡）是一国经常发生的，不可避免的。这种国际收支失衡表现为顺差或逆差，如果一国的国际收支出现过大的顺差或逆差都会对经济发展产生重大影响。国际收支失衡的原因是多种多样的，因国家、经济周期不同而异。

（一）国际收支失衡原因

1. 结构性失衡

一国的国际收支状况往往取决于贸易收支状况。如果世界市场的需求发生变化，本国输出商品的结构也能随之调整，该国的贸易收支将不会受到影响；相反，如果该国不能适应世界市场的需求而调整商品的输入结构，将使贸易收支和国际收支发生不平衡。由这类因为一国国内生产结构及相应要素配置未能及时调整或更新换代，导致不能适应国际市场的变化，而引起本国国际收支不平衡，称为结构性不平衡。假设中国在玩具、纺织等产品上相对于美国具有比较优势，美国在汽车和信息技术产品上具有比较优势，因此，中国更多的是向美国出口纺织品和玩具等，美国则向中国出口汽车和信息技术产品。如果美国对纺织品和玩具的需求下降，中国由于经济的高速增长，人们对汽车和信息产品的需求越来越高，这就造成中国纺织品和玩具的出口减少，而对汽车和信息产品进口需求增加，从而造成中国国际贸易的赤字。

2. 周期性失衡

西方国家经济受再生产周期规律的制约。在再生产周期的各个阶段，由于人均收入和社会需求的消长，会使一国的国际收支产生不平衡。由于生产和资本国际化的发展，主要西方国家经济周期阶段的更替会影响其他国家经济，致使各国发生国际收支不平衡。这种跟经济周期有关，因经济发展的变化而使一国的总需求、进出口贸易和收入受到影响而引发的国际收支失衡情况，称为周期性不平衡。

3. 收入性失衡

一国国民收入发生变化而引起的国际收支不平衡，可能是由于经济周期阶段的更替，也可能是由于经济增长率的变化所引起的。一国国民收入的增减，会对其国际收支产生影响：国民收入增加，贸易支出和非贸易支出都会增加；国民收入减少，则贸易支出和非贸易支出也会减少。这种由于国民收入的变化所引起的国际收支不平衡，称为收入性不平衡。在追求经济增长和消费水平增长的前提下，储蓄率较低的国家容易产生国际收支逆差，而储蓄率较高的国家容易产生国际收支顺差。较高的经济增长需要较多的投资，较高的消费会造成较大的需求，这些都会引起资本和商品进口的较快增长；从而有助于形成国际收支逆差。

4. 货币性失衡

在一定的汇率水平下，一国货币如果高估，则该国商品的货币成本与物价水平高于其他国家，必然不利于出口而有利于进口，从而使出口减少和进口增加；相反，则出口增加和进口减少。这种由于货币对内价值的高低所引起的国际收支不平衡，称为货币性不平衡。

5. 政策性失衡

由于一国推出重要的扩张或紧缩的财政或货币政策，或者实施重大改革而引发的国际收支不平衡。

6. 贸易竞争性失衡

由于一国商品缺乏国际竞争力所引起的国际收支失衡。

7. 过度债务性失衡

一些发展中国家在发展民族经济的过程中，违背了量力而行原则，借入大量外债，超过了自身的承受能力，同时一些发达国家实施高利率政策和保护主义措施，结果使发展中国家的贸易条件进一步恶化，从而使国际收支逆差不断扩大。

8. 偶发性原因

除以上各种经济因素之外，政局动荡和自然灾害等偶发性因素，也会引起贸易收支的不平衡和巨额资本的国际移动，因而使一国国际收支不平衡。

就上述各原因来说，经济结构性因素和经济增长率变化所引起的国际收支不平衡，具有长期、持久的性质，因而被称为持久性不平衡；其他因素所引起的国际收支不平衡，仅具有临时性，因而被称为非持久性不平衡。

（二）国际收支持续失衡对一国经济的影响

1. 国际收支持续逆差对国内经济的影响

(1) 导致外汇储备大量流失，意味着该国金融实力甚至整个国力的下降，损害该国在国际上的声誉。

(2) 导致该国外汇短缺，造成外汇汇率上升，本币汇率下跌。一旦本币汇率过度下跌，会削弱本币在国际上的地位。导致该国货币信用的下降，国际资本大量外逃，引发货币危机。

(3) 使该国获取外汇的能力减弱，影响该国发展生产所需的生产资料的进口，使国民经济增长受到抑制，进而影响一国的国内财政以及人民的充分就业。

(4) 持续性逆差还可能使该国陷入债务危机。因此，国家需要采取积极的措施来应对贸易逆差和债务风险，以确保经济的稳定和可持续发展。

2. 国际收支持续顺差对国内经济发展的影响

国际收支持续顺差对国内经济发展的影响是多方面的，可以从积极影响和消极影响两方面来分析。国际收支持续顺差能够弥补财政赤字，有助于国家经济总量的平衡，避免双赤字现象的发生。然而国际收支持续顺差破坏总需求与总供给的均衡，持续顺差会使国内总需求迅速大于总供给，冲击经济的正常发展。

第二节 国际货币制度及其作用

一、国际货币制度的演变

国际货币制度的演变经历了多个阶段，从早期的金银本位制，到布雷顿森林体系，再到现行的牙买加体系，每一次变革都深刻影响了全球经济的格局和走势。

（一）金银本位制

金银本位制是以黄金和白银作为国际储备和结算货币的制度。在这一制度下，各国货币都与金银挂钩，金银之间的兑换比率也相对固定。然而，随着国际贸易的扩大和金银产量的波动，金银本位制逐渐暴露出其局限性。

（二）布雷顿森林体系

布雷顿森林体系是在“二战”后建立起来的国际货币制度，其核心是美元与黄金挂钩，其他国家货币与美元挂钩，实行固定汇率制度。这一制度在一段时间内稳定了国际金融市场，促进了全球经济的复苏和发展。然而，随着美国黄金储备的减少和贸易逆差的扩大，布雷顿森林体系逐渐陷入危机，最终在 1971 年宣布崩溃。

（三）牙买加体系

牙买加体系是现行国际货币制度，也称为浮动汇率制度。在这一制度下，各国货币汇率由市场供求决定，国际货币基金组织（IMF）和世界银行等国际金融组织在维持国际货币和金融秩序方面发挥着重要作用。牙买加体系增强了各国货币政策的独立性，但同时也带来了汇率波动和金融市场动荡的风险。

二、国际货币制度的作用

国际货币制度在维护全球经济稳定、促进国际贸易和投资、推动国际金融合作等方面发挥着重要作用。

（一）维护全球经济稳定

国际货币制度通过规定各国货币的汇率和兑换规则，减少了国际的经济摩擦和冲突。同时，国际货币基金组织等国际金融组织通过提供贷款和援助等方式，帮助成员国应对经济困难和金融危机，维护了全球经济的稳定。

（二）促进国际贸易和投资

国际货币制度为国际贸易和投资提供了便利和保障。各国货币之间的汇率相对稳定，使得国际贸易和投资的成本和风险降低。此外，国际货币基金组织等国际金融组织还为跨国公司提供融资和担保等服务，促进了国际资本流动和跨国企业的发展。

（三）推动国际金融合作

总体来说，国际货币制度推动了国际金融合作和协调发展。各国政府和金融机构通过加强沟通和协调，共同应对全球金融挑战和危机。同时，国际货币基金组织等国际金融组织还通过提供政策建议和技术援助等方式，促进了各国金融市场的改革和发展。

三、未来展望

随着全球化和数字化的不断发展，国际货币制度面临着新的挑战和机遇。一方面，数字货币和区块链等金融科技的兴起为国际货币制度的创新提供了可能；另一方面，全球经济的不平衡和不确定性也对国际货币制度的稳定性和有效性提出了新的要求。因此，各国政府和国际金融组织需要不断加强合作和协调，推动国际货币制度的改革和完善，以更好地适应全球经济发展的需要。国际货币体系是各国政府为适应国际贸易与国际结算的需要，对货币的兑换、国际收支的调节等所做的安排或确定的原则，以及为此而建立的组织形式等的总称。国际货币体系的主要内容包括各国货币比价的确定，包括汇率确定的原则、波动的界限、调整的幅度等；各国货币的兑换性与对国际收支所采取的措施，如本国货币能否对外兑换以及是否限制对外支付等；国际储备资产的确定以及储备资产的供应方式；国际收支的调节方法，包括逆差国和顺差国承担的责任；国际金融事务的协调、磋商和有关的管理工作。第一次世界大战前，资本主义国家普遍实行金银本位制。当时，金银在国际的支付原则、结算制度与运动规律都是统一的，从而形成了国际金银本位制。

▶四、区域性货币一体化

区域性货币一体化(regional monetary integration)又称货币集团化,是国际货币体系改革的重要内容和组成部分,是指一定地区内的有关国家和地区在货币金融领域实行协调与结合,形成一个统一体,最终实现统一的货币体系。在经济竞争日益全球化、区域化、集团化的大趋势中,统一货币是最有力的武器之一。欧盟从1979年建立欧洲货币体系以来,一直是世界一体化程度最高的区域集团,但对国际金融市场动荡的冲击仍然缺乏抵御能力。

区域性货币一体化是在战后国际金融权力日益分散化、国际货币关系趋向区域化的背景下,一定地区的国家为建立相对稳定的货币区域而进行的货币协调与合作,其最终目标是组建一个由统一的货币管理机构发行单一货币、执行单一货币政策的紧密的区域性货币联盟。

拓展阅读

稳慎扎实推进人民币国际化　助力金融强国建设

2023年中央金融工作会议提出"稳慎扎实推进人民币国际化"。国际货币是全球范围内被普遍用于商品计价、跨境结算、国际储备、境外流通和清偿债务的货币。人民币国际化,体现为人民币走出境外、成为国际货币的历史进程。货币走向全球通常伴随着国家经济实力和国际影响力的提升,17—18世纪的西班牙银元、第一次世界大战前的英镑和第二次世界大战后的美元,都以本国强大的经济基础为条件成为国际货币。随着我国经济实力和国际影响力的不断提升,稳慎扎实推进人民币国际化成为全面建设社会主义现代化国家的重要内容。

稳慎扎实推进人民币国际化,有利于促进国际货币平衡,维护国际关系稳定;稳慎扎实推进人民币国际化,促进国际货币竞争格局变迁、支付体系多元化,不仅有助于扩大中国在国际事务中的话语权,而且有利于促进国际货币平衡、促进国际经济和政治关系的稳定,充分展示我国在国际事务中的软实力以及在维护国际公平正义中的突出作用。

稳慎扎实推进人民币国际化,有助于密切中国与其他国家的经贸关系,维护世界经济稳定发展。当前,世界经济面临越来越多的不稳定因素,一些发达经济体为维护自身霸权和经济优势,违背市场、科技创新和人类社会发展规律,以各种名义行贸易保护主义之实,为世界经济发展带来极大不确定性。他们总是从有利于本国经济增长的角度推行"以邻为壑"的货币政策,单方面贬值或升值,由此产生的溢出效应加剧了发展中国家的经济波动和债务危机。稳慎扎实推进人民币国际化,提升人民币在国际货币中的地位,有利于通过货币计价、贸易结算等路径,更好发挥中国经济发展对维护世界经济稳定的作用。

资料来源:光明网.稳慎扎实推进人民币国际化　助力金融强国建设[EB/OL].(2024-01-30)[2024-04-24].https://www.ts.cn/xwzx/gnxw/202401/t20240130_18902112.shtml.

本章小结

1. 国际收支是指一个国家在一定时期内由对外经济往来、对外债权债务清算而引起的所有货币收支。它有狭义与广义两个层次的含义。狭义的国际收支是指一个国家或者地区在一定时期内,由于经济、文化等各种对外经济交往而发生的,必须立即结清的外汇收入与支出。广义的国际收支是指一个国家或者地区内居民与非居民之间发生的所有经济活动的货币价值之和。它是一国对外政治、经济关系的缩影,也是一国在世界经济中所处的地位及其升降的反映。

2. 国际收支平衡表是国民经济核算体系中基本核算表的组成部分,是反映一定时期一国(或地区)同外国的全部经济往来的收支流量表。它是对一个国家与其他国家进行经济技术交流过程中所发生的贸易、非贸易、资本往来以及储备资产的实际动态所做的系统记录,是国际收支核算的重要工具。

3. 国际收支失衡是与"国际收支平(均)衡"相对而言。国际收支失衡(不平衡)是一国经常发生的,不可避免的,这种国际收支失衡表现为顺差或逆差,如果一国的国际收支出现过大的顺差或逆差都会对经济发展产生重大影响。国际收支失衡的原因是多种多样的,因国家、经济周期不同而异。

4. 国际失衡的原因包括结构性失衡、周期性失衡、收入性失衡、货币性失衡、政策性失衡、贸易竞争性失衡、过度债务性失衡、偶发性原因等。

5. 国际货币制度的演变经历了多个阶段,从早期的金银本位制,到布雷顿森林体系,再到现行的牙买加体系,是各国政府为适应国际贸易与国际结算的需要,对货币的兑换、国际收支的调节等所做的安排或确定的原则,以及为此而建立的组织形式等的总称。

6. 区域性货币一体化是国际货币体系改革的重要内容和组成部分。

复习思考

1. 什么是国际收支?
2. 国际收支失衡对于国家经济的影响有哪些?
3. 布雷顿森林体系瓦解的原因是什么?
4. 什么是区域性货币一体化?

第十七章

金融创新与金融发展

学习目标

- 掌握金融创新理论的基本概念和理论框架。
- 了解金融创新的历史发展和当前趋势。
- 理解金融创新的正面和负面经济效应。
- 掌握金融创新对金融机构运作效率、金融改革和金融深化的影响。
- 了解金融发展趋势。

素养目标

- 增强金融伦理意识,理解金融创新中的道德和法律边界。
- 培养国际视野,理解全球金融创新趋势及其对本土金融市场的影响。
- 激发创新精神,鼓励在金融领域探索新思路和新方法。
- 培养批判性思维,能够理性分析金融创新的利弊和潜在风险。
- 通过挖掘中国金融发展中的历史成绩,提高同学的民族自豪感与爱国主义情怀。

本章导读

当今社会,经济与金融紧密地结合在一起,任何国家的经济发展都离不开金融的大力支持。因此,对金融创新及金融发展的研究也就成为国际经济学界的一个热门课题。

始于20世纪60年代的当代金融创新至今仍在蓬勃发展。在发展过程中,西方经济学界对金融创新成因和发展开展了理论探讨和分析,并由此形成了系统的金融创新理论。本章在对金融创新理论进行介绍和评价的基础上,分析和阐述金融创新的主要内容和效应。

就我国的现状而言,推动金融改革的深化,加快金融创新的步伐已成为当务之急,研究和借鉴这一理论对我国金融创新与金融发展无疑也会起到有益的作用。

第一节 金融创新理论

“创新”和“创新理论”是由美籍经济学家熊彼特(Joseph Alois Schumpeter)在其1921年所写的《经济发展理论》一书中首次提出,之后在其1939年所著的《经济周期》中系统完成。按照熊彼特的观点，创新是指富有冒险精神的企业家建立一种新的函数，即把生产要素与生产条件进行新的组合并引入生产体系，从而引起对原有生产体系的震荡效应。由此引申，可将金融创新定义为金融业内部通过对金融机构的组织形式、经营管理机制、金融工具与服务、金融业务及融资方式等一系列创造性变革，重新组合、重新设计和重新开发各种金融要素，从而构筑新的金融函数的总称。在规避管制、规避市场风险以及技术进步推动等推动下，层出不穷的金融创新改变了早期金融业的格局，衍生出大量金融工具，对各国的金融体制，宏观经济发展造成了深远的影响。究竟是什么因素导致金融创新如此蓬勃发展，从 20 世纪 50 年代末开始，经济学家通过不同的理论对金融创新进行了探索，进而产生了大量早期理论流派。20 世纪 80 年代中期以来，在早期金融创新理论基础上，经济学家对金融创新的动因进行了更为深入的研究，建立了更为具体的金融创新实证模型。本节将分别对早期金融创新理论与当代金融创新理论进行讨论，以深化对金融创新的理解。

一、早期金融创新理论(20 世纪 50 年代末—80 年代)

(一) 凯恩的规避管制型金融创新理论

美国经济学家凯恩(E. J. Kane)于 1977 年提出了规避管制的金融创新理论。所谓“规避”就是对各种规章制度的限制性措施进行回避。“规避创新”则是回避各种金融控制和管理的行为。经济个体为了追求自身利益，通过有意识地寻求绕开政府管制的方法来对政府的限制做出反应，从而获取最大利润。凯恩的规避型金融创新理论主要是从外部环境制约影响的角度来认识金融创新行为，这一理论敏锐地把握了金融创新行为的一些动因，并得到客观实际的验证。

(二) 西尔柏的约束诱导型金融创新理论

美国金融学家西尔柏(W. L. Silber)主要从供给角度来探索金融创新的成因。他从寻求利润最大化的金融公司创新这一最积极的表象开始研究，并由此归纳出金融创新是微观金融组织为了寻求最大的利润，减轻外部对其产生的金融压制而采取的“自卫”行为。

西尔柏的约束诱导型金融创新理论从本质上(即追求利润最大化)指出了金融创新的动因。西尔柏指出，企业内在的压制措施也会促使金融机构进行金融创新，其中利润动机是关键因素。然而，金融创新活动并非金融企业的孤立行为，而是经济活动在金融领域内各种要素重新组合的反映。因此，这一理论也存在局限性，即其适用范围仅限于金融企业，而对其他与之相关联的市场及企业不适用，因此也不适用由宏观经济环境变化而引起的金融创新。

(三) 希克斯和尼汉斯的交易成本创新理论

交易成本理论的代表人物是英国经济学家希克斯(J. R. Hicks)和瑞士经济学家尼汉斯(J. Niehans)。交易成本理论从微观经济结构变化的角度来研究金融创新，并把金融创新的动因归结为交易成本降低，从另一个角度说明了金融创新的根本原因在于微观金融机构的逐利动机。该理论认为降低交易成本是金融创新的主要动因，表现在：①降低交易成本是金融创新的首要动机，交易成本的高低决定了金融业务和金融工具的创新是否具有实际价值；②金融创新实质上是对科技进步导致交易成本降低的反映。

（四）制度学派的金融创新理论

以美国经济学家道格拉斯·诺斯(Douglass North)等为代表的制度学派认为，作为经济制度的一个组成部分，金融创新实际上是一种与经济制度互相影响和互为因果关系的制度变革，因此金融体系的任何制度变革都可视为金融创新。制度学派理论的特点在于抓住制度创新这一关键因素来探讨金融创新成因，这是上述其他理论学派所忽略的。制度学派的一个优势在于它将成本-效益方式引入制度变革过程的分析，从而开创了一种新的经济分析方法。并在实际中显示出比其他分析方法更具有说服力的优势。

（五）米尔顿·弗里德曼的货币促成理论

美国经济学家米尔顿·弗里德曼(Milfon Friedman)的货币促成理论认为，金融创新的出现主要是由货币方面因素的变化所引起的。20 世纪 70 年代的通货膨胀、利率，以及汇率反复无常的波动是金融创新的重要成因，金融创新是作为抵制通货膨胀、利率和汇率波动的产物而出现的。

货币促成理论可以解释为布雷顿森林体系解体后出现的多种转嫁汇率、利率和通货膨胀风险的金融创新工具和业务，但是其对于 20 世纪 70 年代以前的规避管制以及 20 世纪 80 年代产生的信用和股权的金融创新则无法解释。

上述西方金融创新理论的主要流派对金融创新动因的解释各不相同，但不同流派提出的金融创新理论内容又有着相似之处，它们都指出了在金融创新进程中科技进步不可磨灭的特殊贡献，以及金融管制与金融创新的相互促进作用。

但是，西方金融创新理论对金融创新的研究主要侧重于金融创新的生成机制，对于金融创新的效应及后果则很少涉及，因而其研究不够系统。此外，除了西尔柏的约束诱导型金融创新理论外，其他理论都忽视了金融机构的趋利动机是金融创新的根本原因这一核心问题。

▶二、当代金融创新理论（20 世纪 80 年代中期之后）

（一）不完全市场论

许多学者把金融创新看作在不完全市场上对金融产品或服务的组合与分解的过程，代表人物主要有杜费、吉迪、德赛、洛等。

杜费与吉迪（1985 年左右）认为大部分金融创新是由新的基本服务通过“打包”的方式发展而成。尽管这种组合和分解的过程存在着无限的可能性，但是基本产品本身没有发生很大的变化。此外，大多数金融产品能用一些具体特征如定价、期限和流动性等来进行描述，金融创新就以这些特征的不同组合出现。

德赛和洛(1988 年)认为金融创新是完善金融市场的一种手段,是现有金融产品的重新组合。由于市场需求的不同,这种组合过程也就为金融创新提供了无限的可能。他们还认为监管、通货膨胀、利率变化、技术进步、经济活动水平的变化以及金融学术研究的进展都会改变现有金融产品之间的边际替代率或发掘出新的特征,从而创造出对新组合的新需求,而新需求的产生就促进了金融创新。

美国金融学家斯蒂芬·罗斯(Stephen A. Ross)(1989 年)提出了一种代理理论模型,他认为公司和机构的行为受到一系列复杂的合同关系的监督与控制。正是由于这些委托代理关系的存在,金融市场上的制度行为并不简单地反映出个人偏好,而是制度偏好产生了对新金融工具的需求。

(二)一般均衡论

金融创新的一般均衡论主要从供求均衡分析的角度对问题进行分析。当一种金融产品的出现既反映了金融创新的需求,又反映了金融市场上供给者的意愿和能力时,才达到了金融创新的均衡。这与经济学原理中的供求平衡非常相似。

多数一般均衡模型由投资银行建立,假设创新者需要使其新发行获得的销售收入效用最大,其中比较有代表性的是美国经济学家沃尔夫冈·佩森多弗于 1995 年提出的模型,他认为有两个原因推动金融创新:①对风险分担、风险集中、套期保值等的需求;②降低交易成本的需求。该理论从金融市场的不完全性出发,由追求利润的金融中介机构通过金融创新获得因市场不完全而产生的盈利机会,从而使不完全市场向完全市场转变,金融创新就在这个过程中发挥着重要作用。

(三)理性效率假说和群体压力假说

20 世纪 90 年代后期,一些西方学者运用产业经济中的创新理论分析研究金融业创新的运用和扩散,具有代表性的有莫利纽克斯和沙姆洛克于 1998 年提出的理性效率假说和群体压力假说。

理性效率假说认为,早期未进行创新的公司,由于经营环境的变化导致预期创新成本下降或预期创新收益上升。因此公司对创新的营利性有了新的评价,继而决定创新。而先行创新的公司因为拥有了先行者的优势,后加入的公司如果要进行有效的竞争就不得不增加开支,支出的增加会增加创新的预期成本,因而限制了后来的创新。

群体压力假说认为,一个机构采用或拒绝创新不是由他们对创新的效率和收益的评价决定,而是由已进行创新的公司净数目所带来的群体压力决定。群体压力分为两类:一类是制度性群体压力,另一类是竞争性群体压力。前者来自失去合法性或股东支持的压力,后者来自失去竞争优势的威胁。群体压力越大,单个机构进行金融创新动机就越大,反之亦然。

可见,这两种假说主要从微观层面(单个机构)的内部和外部的激励来分析单个机构是否进行金融创新活动,以应对激烈的市场竞争,提高其市场盈利能力。

第二节　金融创新的效应

金融创新作为现代金融体系发展的核心动力，对全球经济格局产生了深远的影响。近年来，随着科技的进步和市场需求的变化，金融创新在提高金融机构运作效率、推动金融改革、促进金融深化以及风险管理等方面发挥了重要作用。当然，金融创新是一个双刃剑，它在提高金融机构运作效率、推动金融改革和深化金融体系的同时，也带来了新的风险和挑战。因此，金融机构和监管者需要在推动金融创新的同时，加强对风险的识别、评估和管理，以确保金融市场的稳定和健康发展。

▶一、金融机构运作效率提高效应

金融机构的运作效率可以通过金融机构的活动能力及活动效用表现出来。前者反映了金融机构服务领域的拓宽、服务品种的增加及服务渗透力的增强等金融"投入"；后者则反映消费者对金融机构提供服务的便利和满足程度的金融"产出"。如果金融创新使金融机构的"投入"有了明显的"产出"，就可以认为金融创新提高了金融机构的运作效率。

首先，金融创新造成金融机构业务的多元化。传统的业务分工被打破，金融机构的服务功能不再局限于传统的信用中介和信用创造，除传统的存、贷、结算功能外，还向证券、租赁、房地产、信托等方面拓展，业务领域大大拓宽。另外，金融工具的创新、金融业务的创新及金融交易方式的创新使金融机构的渗透力大大增强。一些金融机构过去无法介入的领域、无法提供的服务、无法动员的资源、无法转嫁的风险等问题，通过金融创新都可以得到解决。如金融市场的系统性风险、浮动利率，以及浮动利率下的跨国融资的汇率、利率风险及全球范围内的资金调拨与转移等，在金融创新以前都是金融业面临的行业难题，而通过金融创新，如期权期货交易、交换交易、全球清算系统等，这些过去无法解决的问题迎刃而解。

其次，金融创新使消费者对金融机构提供服务的便利和满足程度提高。这是因为：第一，当代金融创新具有密集性和广泛性的特点，金融创新使新的金融工具、服务品种、金融交易不断涌现，金融机构提供的金融商品与服务不断增加，并且突破了时间和空间的限制；第二，金融业务的创新使金融机构业务多元化，从而可以满足不同类型消费者不同层次的消费需求；第三，金融创新使金融机构间的竞争加剧，金融机构服务的成本下降，与此同时，促进了金融机构经营管理观念的改革与创新。

▶二、推动金融改革的效应

在当代金融创新过程中，金融创新与金融改革二者相互促进，相辅相成。一方面，金融创新是金融改革的结果，正是由于金融改革使金融体系发生了深刻变化，才出现了金融机构的多元化、金融业务的全能化及金融工具的多样化等方面的金融创新；另一方面，金融创新又促进了金融改革，金融业务和金融工具的创新使传统的金融制度成为金融业进一步发展的障碍，促进金融制度进行相应的改革和调整，并鼓励和刺激新一轮的金融创新。

在金融创新步伐不断加快的同时，金融市场的风险性也日益显露出来。只有通过补充和修改现有的金融法规，改善内部控制制度，提高市场透明度，才有可能成功地控制金融市场的系统风险。

三、金融深化效应

金融深化一般可用货币化比率、金融相关比率（金融资产与国内生产总值之比）、金融资产的多样化、金融机构种类和数量的增加及金融资产发展的规范化来衡量。金融创新通过 M 的扩张提高了货币化比率，并且随着新的金融工具和金融市场的出现，货币市场和资本市场的金融资产都会增加。这样，金融创新的结果是增加了金融资产总额，进而提高了金融相关率。

金融工具、金融市场与金融机构的创新是互动的，同时配之以相适应的金融制度并提供相应的金融技术支持，这就构成了一个较为完整的金融创新系统。这个金融创新系统的直接结果是提高了金融资产与金融机构的多样化。因此，金融资产发展的规范化可以定性地评价金融深化的质量。

四、风险积累和传染效应

金融创新的风险积累和传染效应主要是由金融创新工具的特点和金融创新所带来的交易方式的改变所决定的。首先，金融创新工具“以小博大”的杠杆性可能给交易者带来高收入，也可能带来巨额损失。在东南亚金融危机中，韩国金融机构和大企业就是高杠杆借贷的牺牲品。其次，金融创新工具具有虚拟性，由此产生的后果是，金融创新市场的规模大大超过原生市场的规模，甚至远远地脱离原生市场。

金融创新一方面在金融机构之间创造出了远比过去复杂的债权债务链条，直接加强了金融机构之间、金融市场之间、金融机构和金融市场之间的密切联系；另一方面间接推动了以金融业务国际化、金融市场国际化、资本流动国际化为主要特征的金融国际化趋势。加之在场外交易市场中因信息不对称引起的公众对其他金融机构信用的心理预期作用，将使局部性的金融风险更易转化为全局性的金融风险，从而削弱了金融体系抵御局部风险的能力，整个金融体系的稳定性也随之降低，这就是金融创新的风险积累和传染效应。

第三节　金融发展

金融发展理论是发展经济学在金融领域的延伸和扩展，它与经济增长之间存在着密切的关系。金融结构对经济增长与波动的影响及其作用机制是金融发展理论的关键部分。通过国际比较和具体案例研究，可以展示不同国家金融发展的异同，这对于理解金融结构的静态特征和动态变化具有重要意义。美国经济学家雷蒙德·W. 戈德史密斯（R. W. Goldsmith）于 1968 年出版《金融结构与金融发展》一书，在该书中，戈德史密斯通过对长达百余年、多达数十个国家的统计资料进行横向和纵向的比较研究，揭示了金融发展过程中带有规律性的结论。他的研究开创了金融发展研究的新领域，为后续的金融研究提供了重要的理论框架和方法论。本小节聚焦于雷蒙德・W. 戈德史密斯的开创性理论。

▶一、金融结构分析与金融发展

金融结构是指一国金融资产与金融机构的现状、特征和相对规模。金融结构理论运用比较研究方法,着重分析不同国家金融发展的特点,并从中总结出一般规律和金融发展的一般结构模式。研究金融发展的结构模式,对于指导发展中国家从事金融研究和改革,具有积极的现实意义。

美国经济学家戈德史密斯认为,金融发展就是指金融结构的变化,而金融结构就是金融工具和金融机构的总和。一个国家金融发展的状况可以通过该国与别国,或者该国不同历史时期金融结构变化的情况反映出来,它包括各种金融工具,金融机构的性质、经营方式及其规模的变化,各种金融中介分支机构的情况及其活动的集中程度,金融工具总额及其占国民生产总值、资本总额、储蓄总额等经济总量的不同比重等。

戈德史密斯认为,为了比较各国金融结构的异同,并从中找出规律性的东西,需要研究和计算以下数量关系:金融资产总额占真实资产总额的比重;金融资产与负债在金融机构间的分布状况;金融资产与负债在金融机构与非金融经济单位间的分布状况;由金融机构发行,特有的金融工具的总额,即各经济部门拥有的金融资产与负债总额。

史密斯从这些数量关系出发,将定量分析与定性分析结合起来,主要研究以下几个方面。

(1) 决定一国金融结构最基本的方面,是一个国家金融与经济之间的关系。这种关系可用金融相关率来表示。金融相关率等于某时期金融资产总值除以国民生产总值。一国金融结构与实体结构的关系是通过金融相关率体现的。

(2) 同样重要的是金融结构的内部构成。研究金融结构内部构成的意义在于,尽管所研究的金融总体结构有可能相同,金融相关率也相同,但由于其内部构成的差别,其经济内涵往往不同,并且对经济增长的作用也不一样。金融结构的内部构成首先是指上市金融工具总量在种类上的分布比例。其次是指金融资产总量在主要经济部门及其内部的分布比例。各个部门在某种金融工具余额中所占的比例,以及这种金融工具的个人持有者的数目和金融工具在持有者中的分布状况等信息都是非常重要的线索,它们可以反映出不同金融工具的偏好。再次是指各种金融工具上市量在各经济领域的渗透力,或者说,可以反映各经济部门及其内部对金融工具的偏好状况。当然,这种渗透力和偏好是随经济发展水平变动而变化的。最后,在内部构成中还有一个重要方面,即各个部门及其内部的资金来源状况。资金来源实际上是资金积累问题。分析资金来源结构主要是计算出不同部门内部融资(储蓄)和外部融资(借款或发行债券和股票)的比例。通过研究资金来源结构,可以反映资金的积累状况,有助于分析资金的运用结构。

(3) 各种金融机构的相对重要性是反映一国金融结构特点的重要方面,这种相对重要性是通过计算各类型的金融机构持有的金融资产数量占金融资产总额的比重,以及几类重要的金融资产之间的相对比重来反映的。这方面的衡量指标是,各种金融中介机构在所有金融机构资产总额中的比例、在金融工具总额中的比例及在几种主要金融工具余额中的比例等。

(4) 金融机构的活动能力的大小也是反映一国金融机构及其发展水平的重要方面。这种活动能力的大小反映金融活动在整个国民经济活动中的地位，它是通过测算金融机构发行、持有金融工具的总量来衡量的。金融机构是理解金融结构与金融发展的关键，因此，金融机构在金融工具存量中拥有份额的大小是金融结构的另一个重要特征指标。一般多以所有金融机构在金融资产总额中的比例作为度量标准。这一标准是反映一国金融机构在全部金融活动中作用程度大小的最简单、最全面的指标，因而同金融相关率一样，为人们普遍所接受。

(5) 金融相关矩阵。将金融资产存量按金融工具种类和经济部门分类组合得到一个金融相关矩阵，在该矩阵中每种金融工具的持有者和发行者一目了然。金融工具种类分得越细，相关矩阵分析的价值也越大。在分析过程中，既可运用时点存量指标，也可运用时间流量指标。事实上，流量指标可看作两个时点存量指标的差额。

(6) 金融结构的流量关系比率。前面五点都涉及金融结构的存量关系比率，在金融结构的存量与流量的各比率之间，存在着密切的联系。实际上，某一时期里的流量可被看成该时期终点与始点上的存量之差(扣除市场价值的变化)，而存量又可以看成前期流量变化的结果(含市价的变动)。从一般的角度看，衡量金融资产存量与实物资产存量之间关系的金融相关率在流量方面的对应指标是金融资产的新发行额与国民生产总值之比。各种金融资产和负债之间的存量关系也都有其相应的流量指标。这样，在某一既定时期内，一国金融结构的主要特点又可以通过金融总流量在各种金融工具、各个经济部门之间的分布、金融机构的金融交易额在金融工具总流量和每种金融工具流量中所占的比重以及各种金融工具在每个部门和子部门金融交易总额中所占份额等方面体现出来。

(7) 金融交易矩阵。资金来源与运用报表显示了各经济部门的资金来源及运用的情况，利用该表可以了解不同部门的内部融资(储蓄)与外部融资(借款或发行股票)各占的比重，也可以确定其外部融资中来自金融机构的资金总量占多大比例。资金流量表还能够反映通过购买非金融企业和政府的证券而进行的直接融资与通过金融机构进行的间接融资各自所占的比例。将各部门的资金流量表合并在一起，就构成了一个金融交易矩阵，它与金融相关矩阵相对应，可反映出各部门之间的债权变化情况(不考虑市场价格的变化)，这是研究金融结构的基础。

总的来说，采用上述指标不仅可以描述一国在某一时点上的金融结构现状和这种金融结构的变迁，如果将上述指标以适当的方式结合起来，还可以区分出不同类型的金融结构。

二、金融发展趋势分析

从静态角度分析各国金融结构的差异只是研究的一个重要方面，而不是唯一方面。静态分析本身并不难，通过对各国国民资产负债表进行分析比较，足以揭示各个国家在金融相关性、金融资产分布等方面存在的各种差异，然而，更重要的也更困难的是从发展角度出发，根据各国金融结构的发展变化从中找出有规律性的东西来，这就是动态研究方法。戈德史密斯对金融结构研究所做的重要贡献，就在于他回答了这样一个问题：我们现在能够观察到的各国金融结构的差异是金融发展过程中走同一条道路的时间性差异还是走不同发展道路的结果？戈德史密斯经过大量实证研究发现，从基本发展趋势上看，各国金融发展道路的差别并不是很大。他认为，各发达国家有着共同的发展趋势，而发展中国家迟早要走上发达国家已经走过的道路。

基于金融发展的基本趋势研究，戈德史密斯归纳了以下要点。

(1) 现代意义上的金融发展始于银行体系的建立及法定货币的发行。现金与国民财富的比率起初呈上升趋势，以后逐渐趋于平稳或下降；银行货币(活期和定期存款)与国民财富的比率也会经历类似的变化过程。随着经济发展，中央银行和商业银行的金融资产总额会不断提高，但其占全部金融机构资产总额的比重会逐渐下降。与此同时，更新型的金融机构，如储蓄银行、抵押银行、人寿保险公司、投资公司、金融公司、政府和私人退休基金等，其拥有的金融资产占金融机构资产总额的比重却会逐渐提高。因此，现代经济社会中最发达国家的中央银行和商业银行的资产总额通常远远低于所有其他金融机构的资产总额。但在发展中国家，情况则完全相反。

(2) 对许多国家来说，国际金融活动在其经济发展的某一时期作用突出，或者用于弥补本国资金不足，或者用以为本国过剩的资金寻找出路。19 世纪中叶，国际金融相对于国内金融的比率增长迅速；第一次世界大战后，这一比率趋于稳定，尤其是国际与国内的长期融资比率。国际资本转移的重要形式之一是资金从发达国家向发展中国家流动。金融机构和金融工具的国际化促进了资本与技术在国际上的转移。对发展中国家来说，引进国际化的金融机构比单纯引进资金具有更重要的意义。

(3) 金融发达国家的融资成本包括利率和其他费用，明显低于发展中国家。只有少数发展中国家的情况例外，那是因为发生了通货膨胀。不过自 19 世纪中期以来，在欧洲和北美的发达国家中，此类成本都未呈现长期下降趋势。而在世界其他地方，融资成本的变化状况比较复杂且不规则，难以得出一般性结论。

(4) 1860—1960 年的经济发展的研究表明，大多数国家的经济与金融发展大致保持平行状态。随着国民收入和国民财富在总量和人均水平上的增长，金融结构的规模和复杂性都会相应提高。尽管少数国家表现出经济的较快增长常伴随着金融的超常增长，但这还不能说明金融发展与经济增长属于何种因果关系，也就是说，还不明确究竟是金融发展促进了经济增长，还是经济增长推动了金融发展。对经济发展速度和方向产生明显影响的唯一金融现象就是通货膨胀。

本章小结

1. 金融创新是金融发展的世界性趋势。它的出现反映了金融活动追求利润最大化和规避风险的内在要求。关于金融创新的原动力，经济学家们提出了许多不同的假说。这些理论大多可以解释某一特定时间和空间所发生的金融创新，而缺乏系统性和全面性。

2. 金融创新的效应有利有弊，在使得金融机构运作效率提高、推动金融改革、金融深化的同时，对货币政策同样存在削弱效应。金融业获得长足发展的同时，也暗藏着对金融系统稳定性的挑战，同时，金融业务的复杂化和货币内涵的扩大化也对政府监管和政策制定提出了新的难题。但综合来说，金融创新对经济社会发展仍以积极效应为主。

3. 金融结构是指一国金融资产与金融机构的现状、特征和相对规模。金融结构理论运用比较研究方法，着重分析不同国家金融发展的特点，并从中总结出一般规律和金融发展的一般结构模式。戈德史密斯认为，金融发展就是指金融结构的变化，而金融结构就是金融工具和金融机构的总和。

复习思考

1. 什么是金融创新？
2. 简述金融创新理论。
3. 金融创新的效应体现在哪里？
4. 什么是金融结构？

参考文献

[1] 朴明根，邹立明，王春红. 证券投资学[M]. 北京：清华大学出版社，2010.

[2] 吴晓求. 证券投资学[M]. 4 版. 北京：中国人民大学出版社，2014.

[3] 叶永刚，张培. 衍生金融工具[M]. 2 版. 北京：中国金融出版社，2014.

[4] 戴国强. 商业银行经营学[M]. 5 版. 北京：高等教育出版社，2016.

[5] 米什金. 货币金融学[M]. 蒋先玲，等译. 北京：机械工业出版社，2016.

[6] 黄达，张杰. 金融学[M]. 4 版. 北京：中国人民大学出版社，2017.

[7] 殷孟波. 货币金融学[M]. 3 版. 成都：西南财经大学出版社，2017.

[8] 高鸿业. 西方经济学：宏观部分[M]. 7 版. 北京：中国人民大学出版社，2018.

[9] 蒋先玲. 货币金融学[M]. 3 版. 北京：机械工业出版社，2021.

[10] RONALD W M. Finance：Introductionto Institutions，Investments，and Management[M]. 9th ed. Cincinnati：South-Western Publishing Co，1997.

[11] ROBERT A H. Modern Investment Theory[M]. 4th ed. New York：Prentice-Hall Inc，1997.

[12] FREDERIC S M. The Economics of Money，Banking，and Financial Markets[M]. 6th ed. New York：Pearson Education North Asia Limited，2002.

[13] STEPHEN G C. Money，Banking and Financial Markets[M]. New York：McGraw Hill Higher Education，2006.